"十三五"国家重点图书出版规划项目

21世纪海上丝绸之路与广东发展研究丛书　　主编：张燕生　王义桅

21 Shiji Haishang Sichou Zhilu
Yu Guangzhou Guojihua Dadushi Jianshe

21世纪海上丝绸之路与广州国际化大都市建设

姚 宜 ◎ 著

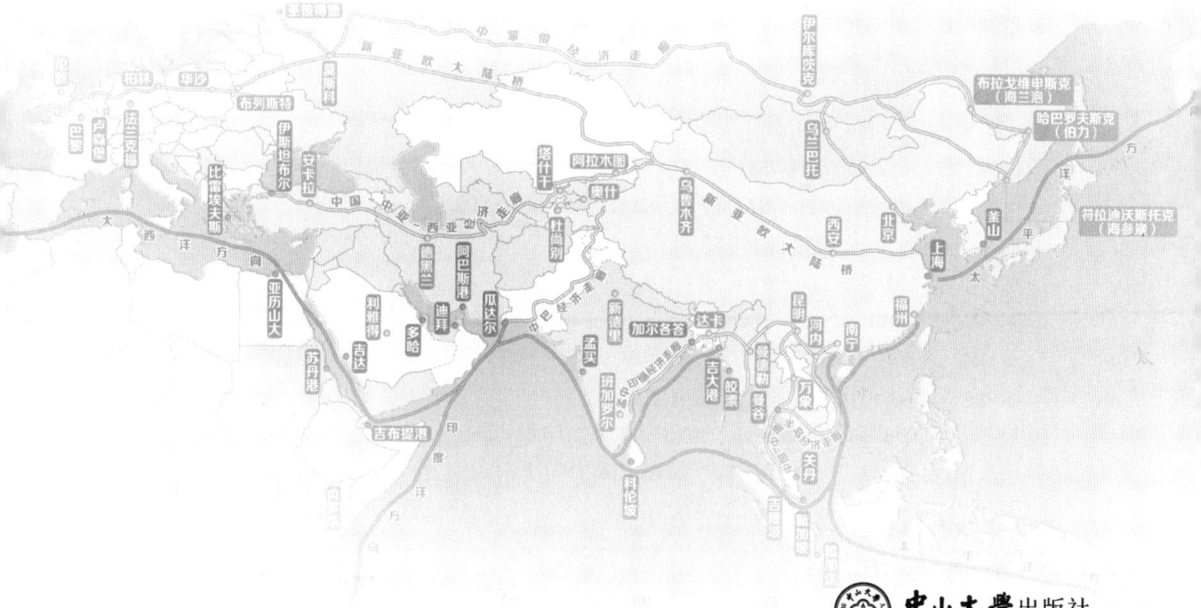

中山大学出版社

· 广州 ·

版权所有　翻印必究

图书在版编目（CIP）数据

21世纪海上丝绸之路与广州国际化大都市建设/姚宜著. —广州：中山大学出版社，2018.6

（21世纪海上丝绸之路与广东发展研究丛书/张燕生，王义桅主编）

ISBN 978-7-306-06343-4

Ⅰ.①21…　Ⅱ.①姚…　Ⅲ.①海上运输—丝绸之路—中国—21世纪②国际性城市—城市建设—研究—广州　Ⅳ.①K203②F299.276.51

中国版本图书馆CIP数据核字（2018）第098278号

出 版 人：	王天琪
策划编辑：	金继伟
责任编辑：	张　蕊　杨文泉
封面设计：	林绵华
责任校对：	李艳清
责任技编：	何雅涛
出版发行：	中山大学出版社
电　　话：	编辑部 020-84110771，84113349，84111997，84110779
	发行部 020-84111998，84111981，84111160
地　　址：	广州市新港西路135号
邮　　编：	510275　传　真：020-84036565
网　　址：	http://www.zsup.com.cn　E-mail：zdcbs@mail.sysu.edu.cn
审 图 号：	GS（2016）1766号
印 刷 者：	佛山市浩文彩色印刷有限公司
规　　格：	787mm×1092mm　1/16　18.125印张　280千字
版次印次：	2018年6月第1版　2018年6月第1次印刷
定　　价：	48.00元

如发现本书因印装质量影响阅读，请与出版社发行部联系调换

总序一

打开丛书,翻开一本本书稿,醒目的主题指引、鲜活的思想碰撞、深邃的智慧启迪、扑面而来的南国文采,深深吸引、打动和感染了我。"21世纪海上丝绸之路与广东发展研究丛书"是"十三五"国家重点图书出版规划项目、国家出版基金资助项目,包括了《21世纪海上丝绸之路与广州发展》《21世纪海上丝绸之路与广东自由贸易区》《21世纪海上丝绸之路与广东旅游发展》《21世纪海上丝绸之路与广州离岸文化中心》《21世纪海上丝绸之路与广州国际化大都市建设》,涵盖了经济、社会、文化等不同主题。这是一套值得仔细阅读、慢慢品味和深入思考的好丛书,实在令人惊喜。

2018年是我国改革开放40周年。在人类社会的历史长河里,40年可谓弹指一挥间。然而,在中华民族数千年上下求索、连绵不息的文明史中,这40年则有着非同寻常的重大意义。在历史上,中华民族在大多数时期执行的都是开放包容的政策体系,由此创造了人类社会唯一没有中断的灿烂的中华文明。然而,作为历史片段的一段闭关锁国政策,包括内部缺少变革活力和发展动力,最终造成了中华民族近代被动挨打的惨痛经历。习近平指出,人类社会发展的历史告诉我们,开放带来进步,封闭必然落后。中国开放的大门不会关闭,只会越开越大。这是中华民族从近代历史中汲取的惨痛教训,凝练成中国人民永世难忘的集体记忆,成为推动中华儿女前赴后继勇于变革的强大动力。

习近平指出,古代丝绸之路打开了各国友好交往的新窗口,书写了人

类发展进步的新篇章,"积淀了以和平合作、开放包容、互学互鉴、互利共赢为核心的丝路精神",这是人类文明的宝贵遗产。今天,我们要乘势而上、顺势而为,推动"一带一路"建设行稳致远,迈向更加美好的未来,将"一带一路"建成和平之路、繁荣之路、开放之路、创新之路、文明之路。①

历史之问,"古代海上丝路时期,广东海外贸易为什么长盛不衰"?广东是中国2000多年来唯一一个海外贸易长盛不衰的地区。只是在宋元时期,泉州曾经超过广州成为中国最大的海外贸易地区。即便如此,那个时期以广州为核心的广东地区海外贸易也没有衰落。② 这套丛书的作者告诉我们,唐宋时期在广州居住的外国商人和侨民有十几万人,占到广州居民的三成以上。广州在元朝已与众多国家和地区有贸易往来;在明朝成为我国朝贡贸易的第一大港;在清朝成为我国唯一的对外通商口岸,史称"一口通商";在19世纪中叶成为世界十大城市之一,是仅次于北京、伦敦、巴黎的世界性大城市。③

今日之问,广东作为21世纪海上丝绸之路最主要始发地,未来仍能够引领国家海外贸易乘势而上、顺势而为、高质发展吗?在新时代,广东站在了一个历史的新起点上,开始了现代化的新征程。无论是21世纪海上丝绸之路的建设,还是粤港澳大湾区世界级城市群的打造,推动高质量发展、建设现代化经济体系、解决不平衡不充分发展的矛盾都是新时代的新要求。习近平指出:"高质量发展,就是能够很好满足人民日益增长的美好生活需要的发展,是创新成为第一动力、协调成为内

---

① 习近平:《携手推进"一带一路"建设——在"一带一路"国际合作高峰论坛开幕式上的演讲》,载《人民日报》2017年5月15日。
② 王先庆:《21世纪海上丝绸之路与广东自由贸易区》,中山大学出版社2018年版。
③ 姚宜:《21世纪海上丝绸之路与广州国际化大都市建设》,中山大学出版社2018年版。

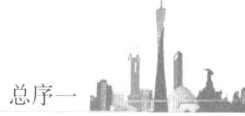

生特点、绿色成为普遍形态、开放成为必由之路、共享成为根本目的的发展。"

21世纪海上丝绸之路的相关经济体大多数是发展中国家。一方面，这里的制度风险、政治风险、经济风险、市场风险和经营风险在世界上是显著高发地区。越是风险越向前，是广东人的开放天性和独到本领。广东是我国第一侨乡，海外侨胞占全国的2/3，其中，在海上丝绸之路沿线东南亚国家的华侨占广东海外华侨人数的60%以上，因此，广东具有其他地区无可比拟的侨商优势。① 只要将广东人的特色与21世纪海上丝绸之路当地人的优势合作，加上与在海上丝绸之路相关地区有百年以上商业存在的欧洲、北美、东北亚的企业、金融机构和社会组织开展全方位国际合作，就能够取得双赢、多赢的结果。另一方面，21世纪海上丝绸之路相关经济体有着强烈的发展需要。广东可以聚焦于21世纪海上丝绸之路上的重点国家、重点地区、重点领域，开展双边、诸边、多边合作，尤其是推动第三方合作；基于共同合作意愿，推动交通、能源、电力、信息、通信基础设施建设、农业、先进制造业、服务业等领域的优势互补、互作互动、互利共赢的合作；通过构建21世纪海上丝绸之路建设的"项目群、产业链、经济区"等多种形式，打造利益共同体；通过最大限度发挥广东软实力优势，推动与21世纪海上丝绸之路相关经济体之间的人文交流、离岸文化、旅游休闲、社会民生、绿色发展等领域的合作。

21世纪海上丝绸之路建设的定位是"今后相当长时期对外开放和对外合作的管总规划"，"本质上是通过提高有效供给来催生新需求，实现世界经济再平衡"。广东在推动21世纪海上丝绸之路全方位国际合作方面有着独特优势和社会责任。我们期待，这套丛书能够从全球经济、社

---

① 秦学：《21世纪海上丝绸之路与广东旅游发展》，中山大学出版社2018年版。

会、人文等视野的角度,推动社会各界关心、关注、关怀21世纪海上丝绸之路建设的方方面面,最大限度满足人民日益增长的美好生活需要,推动高质量发展,建设现代化的经济体系。同时,祝愿广东人民、全国人民、"一带一路"沿线各国人民乃至全世界人民在合作中生活得更加美好。

张燕生

(张燕生,国家发展和改革委员会学术委员会委员,研究员、博士研究生导师,中国国际经济交流中心首席研究员)

"一带一路"建设是我国未来一段时期最重要的发展战略之一,对于世界有着深远的影响。围绕如何推进"一带一路"建设,很多专家学者高屋建瓴,从国家层面提出了合理化建议。各省份也在积极探讨如何融入和对接"一带一路",以期准确抓住经济社会发展新的战略机遇。在"21世纪海上丝绸之路"建设中,广东省无疑具有举足轻重、不可替代的作用。系统地研究"21世纪海上丝绸之路与广东发展",对作为我国改革开放前沿地、"海上丝绸之路"起点之一的广东省的未来发展具有极其重要的指导作用,对我国推进"一带一路"建设也将起到应有的促进作用。"21世纪海上丝绸之路与广东发展研究丛书"就是在这种背景下的及时之作。

广东作为改革开放的前沿地,在过去的40年里取得了辉煌的成就,为全国提供了重要的经验借鉴,也正在为"一带一路"沿线国家提供经济发展的样本。在建设"一带一路"的新历史时期,积极参与到国家的战略建设中,既是广东的机遇,也是广东的责任。广东地区的一批专家学者围绕国家的战略方向,结合广东地区发展的实际,从经济、文化、城市发展等角度,深入探讨"一带一路"建设带来的历史机遇,分析广东具有的优势,提出了一系列新观点、新思路和富有建设性的对策建议,在此基础上,汇集成为"21世纪海上丝绸之路与广东发展研究丛书",既有深远的学术价值,也有深刻的现实意义。

这套丛书的最大优点是把握住了国家战略与地方发展的互动。在我国当前的体制下,国家战略导向是地方发展的重要机遇,这也是各地已有许多研究成果的出发点。同时,地方在贯彻落实国家战略的过程中,形成各具特色的地方"走出去"模式,成为推进国家战略的有力支撑。广东由于其特殊地理位置和历史传统,在"一带一路"建设中,尤其是在21世纪海上丝绸之路的建设中,再次发挥着引领作用,甚至可以说在一定程度上影响着国家战略的实施效果。这套丛书对这种互动关系进行了深入阐发,具有较高的学术价值和指导意义。

作为"专题式系统研究之学术著作",这套丛书及时填补了"'一带一路'与区域发展"研究领域之空白,具有较高的史料价值。

这套丛书的鲜明特色是把握住了广东地方发展的实际与推进"一带一路"建设的优势。从国家层面来看,"一带一路"建设必须综合协调有序推进,但是从地方实践出发,必须扬长避短并形成区域优势。这套丛书的研究内容与广东地方实际结合得非常紧密,这也是广东最能发挥特长并在全国范围内形成示范的领域。相信这套丛书的出版,能助推广东再次成为改革开放的先锋,为全国各地贯彻落实"一带一路"倡议提供借鉴。

(王义桅,中国人民大学国际关系学院外交学教授、博士研究生导师,国际关系学博士)

21世纪海上丝绸之路建设是党中央总揽国家发展全局做出的重大倡议和部署，为我国城市迎来新一轮国际化发展高潮带来了宝贵契机。在不断深化的对外开放合作驱动下，我国城市的国际化建设步伐将持续加快。与此同时，在开放型经济、文化开放、社会管理、城市对外传播等诸多方面也将迎来前所未有的挑战与问题。广州作为我国对外开放前沿，城市国际化建设起步较早、发展程度较高，在世界城市等级划分中已处于区域性国际化大都市的层级。与国内其他城市相比，广州在开放型经济以及文化对外开放、外国人管理、城市外交等新兴领域开始相对较早，应对新情况、新问题的实践经验更为丰富。本书通过对21世纪海上丝绸之路建设中的广州开放型经济、文化对外开放、城市外交、外国人管理、城市国际形象传播和举办国际会议等领域带来的机遇、挑战以及相应对策的讨论分析，对新时期下我国城市国际化建设路径进行深入研究，一方面为当前全球城市国际化理论研究提供来自发展中国家城市的视角和案例分析，另一方面也为我国城市的国际化大都市建设实践提供有益的借鉴与参考。

第一章 国际化大都市概述 / 1
- 第一节 国际化大都市理论综述……………………………… 3
- 第二节 国际化大都市等级体系划分……………………… 10
- 第三节 国际化大都市发展模式及趋势…………………… 17

第二章 广州国际化大都市的发展演进 / 25
- 第一节 广州国际化大都市发展历程……………………… 27
- 第二节 广州国际化大都市建设的战略选择……………… 31
- 第三节 广州国际化大都市发展水平分析………………… 35

第三章 21世纪海上丝绸之路战略下广州国际化大都市建设的路径 / 53
- 第一节 21世纪海上丝绸之路建设的广州机遇…………… 55
- 第二节 国内外国际化大都市建设的启示………………… 59
- 第三节 广州加快国际化大都市建设的路径……………… 68
- 第四节 广州加快建设国际化大都市的对策建议………… 74

第四章 21世纪海上丝绸之路建设与广州开放型经济发展 / 81
- 第一节 开放型经济内涵与发展途径……………………… 83
- 第二节 21世纪海上丝绸之路建设的机遇与挑战………… 87
- 第三节 广州开放型经济发展情况分析…………………… 90
- 第四节 广州开放型经济战略转型的目标与任务………… 102
- 第五节 加快广州开放型经济战略转型的举措…………… 106

第五章　21世纪海上丝绸之路建设与广州文化对外开放 / 111

　　第一节　21世纪海上丝绸之路建设的机遇与挑战 ………………… 113
　　第二节　广州文化对外开放的条件分析……………………………… 116
　　第三节　广州文化对外开放的思路与发展路径……………………… 129
　　第四节　广州文化对外开放的战略重点……………………………… 134
　　第五节　扩大广州文化对外开放的对策措施………………………… 145

第六章　21世纪海上丝绸之路建设与广州外国人管理服务创新 / 151

　　第一节　广州外国人总体状况与发展趋势…………………………… 153
　　第二节　广州外国人管理服务现状…………………………………… 157
　　第三节　21世纪海上丝绸之路建设的机遇与挑战 ………………… 162
　　第四节　创新外国人管理服务的思路与对策………………………… 165

第七章　21世纪海上丝绸之路建设与广州城市国际形象 / 173

　　第一节　城市国际形象与对外传播…………………………………… 175
　　第二节　21世纪海上丝绸之路建设的机遇与挑战 ………………… 177
　　第三节　广州城市国际形象调查……………………………………… 179
　　第四节　广州城市国际形象及其对外传播分析……………………… 206
　　第五节　广州城市形象及其对外传播的新思路……………………… 212

第八章　21世纪海上丝绸之路建设与广州城市外交 / 217

　　第一节　城市外交理论探讨…………………………………………… 219
　　第二节　广州城市外交发展实践……………………………………… 222
　　第三节　21世纪海上丝绸之路建设的机遇与挑战 ………………… 226
　　第四节　广州深化发展城市外交的思路与对策……………………… 229

第九章　21世纪海上丝绸之路与广州举办国际高端会议 / 235

　　第一节　高端国际会议的内涵与意义………………………………… 237

第二节　国内城市举办高端国际会议情况……………………242

第三节　广州举办高端国际会议现状及条件………………249

第四节　广州举办高端国际会议的路径选择………………255

第五节　广州举办高端国际会议的对策建议………………258

参考文献 / 264

第一章

国际化大都市概述

在经济全球化背景下，城市化进程加快进入国际化发展新阶段。国际分工进一步向广度和深度发展，经济要素的国际流动空前活跃，产业转移和贸易拓展日益深化，多重动力作用催生了一系列国际化城市，导致了世界城市体系的出现。随着发展中国家群体性崛起，世界经济发展重心东移，发展中国家大城市纷纷加快国际化大都市建设步伐，在世界城市体系中的地位和作用迅速上升。近年来，我国改革开放不断深化，经济社会持续快速发展，综合国力实现质的飞跃，对全球政治经济的参与度和国际影响力日益扩大，城市国际化程度大幅提升，进入了强化城市功能、参与全球竞合的新阶段。进入21世纪后，国内城市竞相以建设国际化大都市为目标，大力实施城市国际化发展战略，深化对外开放合作，促进经济增长和结构转型，增强城市综合竞争力，以提升城市在国内外城市体系中的地位和影响力。随着国内城市体系布局逐渐清晰，各城市对国际化发展资源的争夺日益激烈。加快国际化大都市建设，提升城市国际化发展水平，在全球城市布局中抢占有利位置，进一步增强自身的国际竞争力，已成为城市发展战略的关键环节。

第一节 国际化大都市理论综述

一、国际化大都市相关概念及其内涵

根据美国学者卡尔·艾博特（Carl Abbott）的研究，国际化大都市的概念雏形最早出现于1889年，当时德国学者歌德（Goethe）使用"世界城市"一词来描述当时的罗马和巴黎。进入20世纪，随着城市国际化的不断发展，世界城市（World City）、全球城市（Global City）、国际性城市（International City）、国际化城市（International Metropolis）和全球城市区域（Global City Region）等相关概念不断涌现。这些术语的内涵有共同之处，但也存在着显著区别和不同侧重；要研究国际化大都市，首先要明晰"国际化大都市"的概念及其与"世界城市""全球城市""国际性城市"等定义以及"城市国际化"等概念之间的关系。

（一）世界城市和全球城市

1915年，英国城市和区域规划大师帕特里克·格迪斯（Patrick Geddes）在其所著的《进化中的城市》一书中提出"世界城市"的概念，即"世界最重要的商务活动绝大部分都须在其中进行的那些城市"。此后，英国地理学家彼得·霍尔（Peter Hall，1966）对国际城市做了经典解释，专指已对全世界或大多数国家发生全球性经济、政治、文化影响且拥有巨大人口规模的国际第一流大都市。彼得·霍尔在《世界城市》一书中对国际城市应具备的特征进行了概括，并列举了伦敦、巴黎、纽约、东京等7个城市，将其视为世界城市。[①] 彼得·霍尔的研究成果激发了全球学者

[①] Peter Hall. The World Cities, Heinemann, 1966.

对世界城市理论研究的关注。1986年，弗里德曼（J. Friedman）在《世界城市假说》一文中阐述了有关世界城市的几个基本观点，认为世界城市是全球经济系统的中枢或组织节点，集中了控制和指挥世界经济的各种战略性功能，并从新的国际劳动分工角度着重研究了世界城市的等级层次结构和布局。《世界城市假说》将城市化过程与世界经济直接联系起来，为世界城市研究提供了一个基本理论框架。[①] 世界城市理论研究的另一著名学者西蒙（D. Simon，1995）将世界城市概念进行高度凝练，指出世界城市是全球化经济社会活动在空间上的基点。

"全球城市"的概念源于美国经济学家科恩（R. B. Cohen），他认为全球城市是作为新的国际劳动分工的协调和控制中心而出现的，这表明全球城市与世界城市的内涵是一致的，这一点也得到了弗里德曼的赞同。此后美国学者萨森（Sassen，1991）对纽约、伦敦、东京进行了实证研究，将全球城市定义为能为跨国公司全球经济运作和管理提供良好服务和通信设施的地点，是跨国公司总部的聚集地，高度集中化的世界经济控制中心、金融和特殊服务业的主要所在地，包括创新在内的主导产业的生产场所，以及产品和创新的市场等，其概念与世界城市也具有一致性。

（二）国际化城市和城市国际化

与世界城市/全球城市相比，国际化城市、国际性城市这些术语的内涵并不十分严密。世界城市/全球城市是整个世界经济的控制中心，伦敦、纽约是学术界公认的世界城市，而国际化城市、国际性城市通常指国际政治、经济、文化生活中具有一定影响力的城市，既可以是区域性的，也可以是世界性的。因此，国际化城市、国际性城市代表的并不是一种类型、一个等级的城市，而是多类型、多等级、多元化的城市的集合。这两者可以通用，又存在意义重点的不同，国际化强调的是城市向世界城市发展的过程，具有持续性；国际性则主要针对城市当前的地位和作用，具有阶段

---

① Friedman J. The World City Hypothesis, Development and Change, 1986（17）.

性。学者于涛(2011)认为,国际化城市的概念可以从静态和动态两个角度去定义:从静态角度看,国际化城市是一个绝对且静止的概念,是指在国际政治、经济、社会和文化等领域具有全局性控制力或局部性影响力的城市;从动态角度看,国际化城市是一个相对且运动的概念,是指一个城市参与国际产业分工,并在国际政治、社会和文化交流等领域不断扩大辐射力与影响力的国际化过程,即处在国际化进程中的城市。①

相对于静态的国际化城市、国际性城市定义,城市国际化是一个动态概念,指的是城市各个要素通过自身变革主动融入世界城市体系,并且在该体系中的地位由边缘向核心逐步提升的动态过程。它同时也是一个城市经历的深刻的变革过程,是城市政治、经济、金融、贸易、交通、科技、教育、文化、艺术等活动的辐射力、影响力和控制力冲破国界,走向世界的过程。②这一过程中,城市不断扩张和深化国际经贸联系,参与国际分工和资源要素分配,加强跨国政治文化交流,促进城市运行体制和机制与国际最新发展潮流兼容,畅通物流、人流、资金流、技术流和信息流的跨国互动,树立城市在国际事务中的影响力、话语权和控制力,提升在全球城市网络体系当中的重要节点功能和地位,最终成长为具有强大控制力和辐射力的国际城市。城市国际化是全球化浪潮推动下当代城市的发展趋势,其目标是不断增强城市个体实力和辐射能力,最终发展成为在国际经济和政治体系中占据决策地位的世界城市。

(三) 国际化大都市

国内城市在推进城市国际化过程中则常使用"国际大都市"等提法,代表性观点主要有两种。一种观点认为,所谓国际化大都市是指那些有较强经济实力、优越的地理位置、良好的服务功能、一定的跨国公司和金融

---

① 于涛、徐素、杨钦宇:《国际化城市解读:概念、理论与研究进展》,载《规划师》2011年第2期。

② 盛文、翟宝辉、张晓欣:《城市国际化评价研究述评》,载《中华建设》2009年第4期。

总部，并对世界和地区经济起控制作用的城市。郭建国（1998）在《中国国际化城市研究述略》一文中对国际化城市的定义进行了总结，认为大多数学者比较倾向于认为国际化大都市主要指那些国际知名度高，依靠强大的经济实力或现代化的服务功能和城市特色成为国际人流、物流、资金流、信息流等聚散枢纽的城市；或者简而言之，是指经济、社会、文化活动与国际交往密切的大都市，其实质是国际行业聚集量大，跨国交流活动频繁，辐射力和吸引力影响到国外，主要表现为城市功能国际化、城市社会和经济运行机制国际化、城市产业结构国际化、城市法规和管理国际化以及城市居民素质国际化等方面。① 单国铭（2004）认为国际大都市是指国际性非政府和跨国公司总部的集聚地，是世界金融、贸易、交通、运输、信息和文化中心。② 另一种观点将"国际化城市"分解后认为，国际化指的是大都市的性质、功能地位和作用，具体表现为三个特征：一是拥有雄厚的经济实力，位列世界经济、贸易、金融中心之一，对世界经济有较大竞争力和影响力；二是经济运行完全按国际惯例，并有很高的办事效率；三是第三产业高度发达，综合服务功能强。③ 综上所述，尽管国内外学者有世界城市、全球城市、国际化城市、国际性城市和国际化大都市等不同的提法，不同定义表述各有侧重，但实际上，其内涵具有一致性。

二、国际化大都市的特征

国内外学者对国际化城市的特征进行了深入的研究探索，比如弗里德曼、萨森等著名学者。弗里德曼（1986）提出了7项衡量国际化城市的

---

① 郭建国：《中国国际化城市研究述略》，载《中山大学研究生学刊》1998年第19期。

② 单国铭、梅广清：《国际大都市及其中心区发展的特点与借鉴》，载《上海综合经济》2004年第9期。

③ 李拉：《国际化城市建设的金融支持综述》，载《中国管理信息化》2013年第16期。

标准：主要的金融中心，跨国公司总部所在地，国际性机构的集中地，第三产业的高度增长，主要制造业中心（具有国际意义的加工工业等），世界交通的重要枢纽（尤指港口与国际航空港），城市人口达到一定标准。萨森（1991）认为，国际化城市具有以下4个基本特征：高度集中化的世界经济控制中心，金融和特殊服务业的主要所在地，包括创新生产在内的主导产业的生产场所，作为产品和创新的市场。在这两位著名学者之外，对国际化城市特征研究的学者甚多。彼得·霍尔（1966）将政治要素作为区别世界城市与其他类型城市的重要基础，他认为世界城市应是主要的政治权利中心、国际最强势政府和国际商贸等全球组织的所在地。国内学者郭建国（1998）对众多研究者的观点进行了总结，认为国际大都市的两大特征为："城市发展水平现代化和城市职能运行的国际化"，其中，"城市发展水平现代化"表现在经济实力雄厚、城市基础设施高度发达、科技力量强大、人力资源丰富；"城市职能运行国际化"表现在产业结构高度化、具有很高的开放度和较强的国际化行为能力、城市运行机制和法规管理国际通行。[1] 单国铭（2004）指出现代国际化大都市具有多方面特征，主要包括具有雄厚的经济实力，集中了较多的跨国公司和国际金融机构及国际经济组织；具有很高的开放度，生产性服务业发达；是国际性的商品、资本、技术、信息和劳动力集散中心，国际性新思想、新技术、新体制的创新基地；拥有世界一流的现代化城市基础设施和综合服务网络体系，对外交流广泛、便捷；城市的科技、教育、文化、卫生等发展处于国际先进水平，是国际性的科技、教育、文化、体育、会议和会展中心；具有一定的人口规模，城市面积巨大，具有广阔的发展纵深腹地。谢守红（2008）认为，国际化大都市的本质特征是拥有全球经济控制能力，这种控制能力主要来源于聚集其中的跨国企业和跨国银行总部。因此，金融中心、管理中心是世界城市最重要的经济功能，金融中心构成了最高等

---

[1] 郭建国：《中国国际化城市研究述略》，载《中山大学研究生学刊》1998年第19期。

级的世界城市体系,并以它们之间强烈的相互作用为特征。①

总的来说,国际化城市的主要特征包括城市经济实力雄厚,基础硬软设施建设较为完善,资本、商品、信息、人力等要素配置具有国际性;对外交往频繁,主导和控制经济、科技、人力、信息等资源的国际流向和国际配置,往往是世界经济、贸易、金融中心之一;政治、经济、金融、商贸、科技、文化等方面的辐射半径超出国界,在世界经济格局中有较强的竞争力和影响力,且其影响力和控制力有明显的国际性等。具体来说,目前公认的综合性国际化城市,如纽约、伦敦、东京、巴黎等城市,全部具有以下特征:

(一) 经济实力雄厚

经济实力是衡量国际化城市的基本指标,著名的国际大都市大多为经济实力雄厚的大城市,对世界经济具有较高的参与度和控制力,大多位于GDP在1万亿美元以上或者人均GDP在2万美元以上的国家或地区人均生产总值是反映经济发展整体水平的重要指标,国际化城市人均生产总值为10000~12000美元。②

(二) 第三产业占比高且生产性服务业发达

第三产业增加值占GDP比重是反映经济发展水平和结构变化的重要指标,全球国际化程度高的城市第三产业占GDP的比重都在70%以上,且生产性服务业,特别是金融、物流、咨询、会计、法律服务等行业较为发达。

(三) 人口规模大且国际化流动人口多

国际化城市人口规模普遍大,联合国把800万人口以上的城市定为特

---

① 谢守红:《西方世界城市理论的发展与启示》,载《开发研究》2008年第1期。
② 杨殿钟:《关于西安打造国际化城市的思考和展望》,载《西安日报》2010年1月22日。

大城市，国际化城市人口规模一般应在800万~1500万。除此之外，国际化城市一般还有比较高的国际化人口，国际化城市常驻外籍人口比重通常在5%~20%，人口的国际流动性也比较大。

（四）交通网络及信息化高度发达

国际大都市普遍拥有现代化空港、海港，高度发达的铁路、公路运输网，是国际交通网络的重要节点。以信息资源、信息网络、信息技术、信息产业等为内容的信息化程度高，汇集了庞大信息，是全球的信息交流中心，同时也是全球信息服务业的主要生产中心。

（五）城市软实力较强

城市软实力水平较高，具有全球性的文化支配力，有符合国际惯例的经济、民事、商事管理法规，居民整体文化素养、文明程度较高。

（六）对外交往中心

国际城市对国际组织和人才具有很强的吸引力和聚合力，国际交流活跃。国际化城市往往是众多大型跨国公司总部所在地，对国际事务具有协调和控制力，是国际组织的集中地。国际组织在国际化城市集聚，加强了国际化城市在国际政治中的决策地位。国际性城市也是国际性旅游、会展中心，海外游客人数多，是国际性会议的重要举行地。

（七）全球或区域性金融中心

国际化大都市的金融业普遍较为发达，大部分国际化大都市都是国际或区域性金融中心，集中了较多国际金融机构，是国际资本集散中心。弗里德曼、萨森等国际著名学者都将金融中心作为衡量国际大都市的重要因素，金融中心构成了最高等级的世界城市体系，纽约、伦敦和东京三大金融中心城市被认为是"三大顶级世界城市"。

（八）国际科技文化中心

国际化城市作为全球经济发展的重要据点，大部分都拥有雄厚的科学技术实力和文化教育资源，汇集了众多的高等院校、科研机构、图书馆以及各种类型的文化设施，是全球的科技创新、文化中心。

第二节　国际化大都市等级体系划分

一、国际化大都市等级划分方法

根据发展水平、城市规模、功能定位和辐射影响等的不同，可对国际化大都市进行进一步的等级体系划分。对国际化大都市的分类事实上构成了对现有世界生产、贸易分工格局和体系的描述。国内外学术界对国际化大都市的等级分类方法主要有两种：一种是建立综合指标体系，根据综合评价结果进行分类，代表性学者及研究有弗里德曼、萨森及近期的美国《外交政策》报告[①]等；另一种是以某一特征进行衡量与划分，例如英国全球化与世界城市研究小组与网络（GaWC）对全球主要城市的分级。[②]实际上，这两种分类方法都是根据衡量国际化城市的指标表现划分城市等级，并无本质差别，只不过前者涵盖的指标更综合、更全面，而后者选择

---

① 美国《外交政策》对世界60座国际城市进行了排名，纽约、伦敦、巴黎、东京、香港分别位居前5，北京因其较高的政治参与度排在第12位，上海因其活跃的商业活动排在第20位，广州和深圳则分别排在第52和54位。

② 根据"先进的生产性服务业"的发达程度，GaWC将国际城市分为"Alpha""Beta"和"Gamma"三大等级，每大等级再细分出若干次级。在GaWC2008年的评级中，纽约和伦敦是"Alpha"等级中最高级别的国际城市，香港、巴黎、新加坡、悉尼、东京、上海和北京则排在"Alpha"等级中的第二次级，广州排在"Beta"等级中的第三次级，深圳则排在"Gamma"等级中的第一次级。

某几个研究者更看重的指标。

从划分评价指标的选取看,各研究学者或研究机构在指标选取上有一定的差异。1986年,弗里德曼选取了以下7个指标,包括主要的金融中心、跨国公司总部、国际性机构的集中度、商务服务部门的快速增长、重要制造业中心、主要的交通枢纽和人口规模,并按照核心国家和半边缘国家对资本主义世界的主要城市进行分类。伦敦规划咨询委员会(The London Planning Advisory Committee,1991)在讨论如何促进伦敦可持续发展、维持其世界城市地位时,从基础设施、财富创造能力、增加就业和收入及提高生活质量4个方面对世界城市进行比较和分类。诺克斯(Knox,1995)认为以功能分类的方法来界定世界城市可能更有效,于是他提出了世界城市的3个判别标准:①跨国商务活动,由入驻城市的世界500强企业数来衡量;②国际事务,由入驻城市的非政府组织和国际组织数来衡量;③文化集聚度,由该城市在国家中的首位度来体现。西蒙(D. Simon,1995)认为,世界城市就是全球化经济社会活动在空间上的基点,世界城市的判别标准如下:存在一个完整的金融和服务体系,服务于国际机构、跨国公司、政府和非政府组织等客户;发展成一个全球资本流、信息流和通信流的集散地;有高质量的生活环境,能够吸引和挽留有专长的国际移民、技术人才、政府官员和外交官等。Beaverstock J. V.,Taylor P. J. 等(1999)则从会计业、广告业、银行业和法律服务业等高等级服务业方面对世界城市进行等级划分。由于学者对评价指标的选取有所不同,侧重点也各不相同,因此对国际化大都市的分类结果也有一定的差异。

二、国际化大都市等级划分

1995年,弗里德曼在《我们身在何处:世界城市研究的十年》一书中,认为最高等级的城市是全球经济的控制和指挥中心,如纽约、伦敦和东京;第二等级城市是较强大的国家经济与世界经济的连接点,如巴黎、马德里、圣保罗;另外一些具有多国经济指挥功能,如迈阿密,以及一些具有国内地区性意义的城市，如香港、芝加哥等。斯威夫特（N. J. Thrift, 1989）接受了弗里德曼的基本思想，但更强调城市服务功能的重要性，据此，他选择了公司总部数量和银行总部数量两个指标界定世界城市，将世界城市分为三类：全球中心（纽约、伦敦、东京）、洲际中心（巴黎、新加坡、香港、洛杉矶）、区域中心（悉尼、芝加哥、达拉斯、迈阿密、檀香山、旧金山）。以研究大都市带著称的美国学者戈特曼（Gottman, 1989）也提出了界定世界城市的三大指标，除了人口指标外，他认为脑力密集型产业是世界城市最重要的标志，同时他还注意到政府权力中心对世界城市形成的重要作用。在他列出的世界城市名单中，除了伦敦、巴黎、纽约、东京、莫斯科、兰斯塔德、莱茵-鲁尔区以外，还包括北京、圣保罗、首尔、墨西哥城等新兴的世界城市。（见表1-1）

表1-1 国际化大都市等级划分

研究者	第一等级	第二等级	第三等级
弗里德曼	纽约、东京、伦敦	迈阿密、洛杉矶、法兰克福、阿姆斯特丹、新加坡、巴黎、苏黎世、马德里、墨西哥城、圣保罗、首尔、悉尼	大阪、神户、旧金山、西雅图、休斯敦、芝加哥、波士顿、温哥华、多伦多、蒙特利尔、香港、米兰、里昂、巴塞罗那、慕尼黑、莱茵-鲁尔区
斯威夫特	纽约、东京、伦敦	巴黎、新加坡、香港、洛杉矶	悉尼、芝加哥、达拉斯、迈阿密、檀香山、旧金山
戈特曼	伦敦、巴黎、纽约、东京	莫斯科、兰斯塔德、莱茵-鲁尔区	北京、圣保罗、首尔、墨西哥城

近年来，致力于城市国际化研究的研究机构也陆续提出国际化大都市的体系划分。英国拉夫堡大学（Loughborough University）的全球化及世界级城市研究组与网络（Globalization and World Cities Research Network, GaWC）自1998年起，持续对国际化城市进行分类跟踪研究，陆续发布

了 *The World According to GaWC* 系列研究报告。在1998年的《世界城市目录》（*Inventory of World Cities*）一文中，将国际化城市分为国际大都会、一般性国际大都市、国际城市、准国际城市和地区类国际城市五大类。①（见表1-2）

表1-2 国际化城市分类

序号	城市等级	代表性城市
1	国际大都会	伦敦、纽约、巴黎、东京、芝加哥、法兰克福、香港、洛杉矶、米兰、新加坡
2	一般性国际大都市	旧金山、悉尼、多伦多、苏黎世、布鲁塞尔、马德里、墨西哥城、圣保罗、莫斯科、首尔
3	国际城市	阿姆斯特丹、波士顿、加拉加斯、达拉斯、杜塞尔多夫、日内瓦、休斯敦、雅加达、约翰内斯堡、墨尔本、大阪、布拉格、圣地亚哥、台北、华盛顿、曼谷、北京、蒙特利尔、罗马、斯德哥尔摩、华沙、亚特兰大、巴塞罗那、柏林、布达佩斯、布宜诺斯艾利斯、哥本哈根、汉堡、伊斯坦布尔、吉隆坡、马尼拉、迈阿密、明尼阿波利斯、慕尼黑、上海
4	准国际城市	雅典、奥克兰、都柏林、赫尔辛基、卢森堡、利昂、孟买、新德里、费城、里约热内卢、特拉维夫、维也纳、阿布扎比、阿拉木图、伯明翰、波哥大、布拉索夫、布里斯班、布加勒斯特、开罗、克利夫兰、科隆、底特律、迪拜、胡志明市、基辅、利马、里斯本、曼彻斯特、蒙得维的亚、奥斯陆、利雅得、鹿特丹、西雅图、斯图加特、海牙、温哥华
5	地区类国际城市	阿德莱德、安特卫普、奥尔胡斯、巴尔的摩、班格洛、波隆纳、巴西利亚、卡尔加里、开普敦、科伦坡、哥伦布、德累斯顿、爱丁堡、热那亚、格拉斯哥、哥森堡、广州、河内、堪萨斯城、利兹、里尔、马赛、里士满、圣彼得斯堡、塔什干、德黑兰、蒂华纳、都灵、乌得勒支、惠灵顿

---

① GaWC. Inventory of World Cities（1998）. http://www.lboro.ac.uk/gawc/citylist.html.

2012年,全球化及世界城市研究组尝试为世界级城市定义和分类,确认了世界级城市的3个级别及数个副级别,由高到低的顺序为Alpha级(下设4个副级别:Alpha++、Alpha+、Alpha和Alpha-)、Beta级(下设3个副级别:Beta+、Beta和Beta-)、Gamma级(下设3个副级别:Gamma+、Gamma和Gamma-)[①]。(见表1-3)

表1-3 世界级城市分类

级别	副级别	代表性城市
Alpha	Alpha++	伦敦、纽约
	Alpha+	巴黎、东京、香港、芝加哥、上海、北京、新加坡、悉尼、迪拜
	Alpha	米兰、悉尼、多伦多、莫斯科、法兰克福、阿姆斯特丹、首尔、布鲁塞尔、旧金山、华盛顿、吉隆坡、雅加达、圣保罗
	Alpha-	迈阿密、都柏林、墨尔本、苏黎世、新德里、慕尼黑、伊斯坦布尔、波士顿、华沙、达拉斯、维也纳、亚特兰大、巴塞罗那、台北、圣地亚哥、里斯本、约翰内斯堡
Beta	Beta+	广州、杜塞尔多夫、斯德哥尔摩、布拉格、蒙特利尔、罗马、汉堡、马尼拉、休斯敦、柏林、雅典、特拉维夫、班加罗尔、哥本哈根、开罗、波哥大、温哥华、曼谷、开普敦、费城
	Beta	布达佩斯、贝鲁特、里约热内卢、卢森堡市、西雅图、澳门、加拉加斯、胡志明市、奥克兰、奥斯陆、基辅、钦奈、布加勒斯特、曼彻斯特、卡拉奇、利马、开普敦、利雅得、蒙得维的亚、明尼阿波利斯
	Beta-	阿布扎比、尼科西亚、伯明翰、布里斯班、日内瓦、加尔各答、底特律、丹佛、蒙特雷、布拉迪斯拉发、路易港、卡萨布兰卡、麦纳麦、斯图加特、索菲亚、科隆、圣路易斯、赫尔辛基、巴拿马城、圣迭戈、拉各斯、珀斯、克里夫兰、圣胡安、卡尔加里、危地马拉城、大阪、深圳

---

① The World According to GaWC 2012.

续表 1-3

级别	副级别	代表性城市
Gamma	Gamma +	格拉斯哥、内罗毕、布里斯托尔、河内、辛辛那提、夏洛特、安特卫普、多哈、拉合尔、巴尔的摩、吉达、爱丁堡、安曼、海得拉巴、萨格勒布、阿德莱德、科威特城、波特兰、贝尔格莱德、圣约瑟、突尼斯、圣何塞、里加
Gamma	Gamma	巴伦西亚、堪萨斯城、菲尼克斯、阿拉木图、瓜达拉哈拉、里昂、基多、圣彼得堡、利兹、圣多明各、圣萨尔瓦多、维尔纽斯、鹿特丹、坦帕、哥伦布（俄亥俄州）、印第安纳波利斯、匹兹堡、埃德蒙顿
Gamma	Gamma -	塔林、天津、普纳、波尔图、阿雷格里港、奥兰多、歌德堡、马赛、科伦坡、卢布尔雅那、特古西加尔巴、里士满、伊斯兰堡、马斯喀特、德班、奥斯汀、贝尔法斯特、瓜亚基尔、名古屋、都灵、南安普顿、密尔沃基、惠灵顿、库里提巴、阿克拉、乔治城

国内学者对国际化大都市的体系划分也进行了较多探讨。于涛、徐素等（2011）从静态的国际化城市定义出发，认为可以将国际化城市从能级上分为两种类型：一种是对世界经济、政治、社会和文化等领域起全面控制作用的综合型国际化城市；另一种是只在世界经济、政治、社会和文化等某个领域或只对世界局部区域起控制作用的专业型国际化城市，并以此为基础，从世界城市体系的职能结构出发，对国际化城市类型进行了进一步细分。① （见表 1-4）

---

① 于涛、徐素、杨钦宇：《国际化城市解读：概念、理论与研究进展》，载《规划师》2011 年第 2 期。

表1-4 国际化城市类型分类

序号	类型	代表性城市
1	综合型	对世界多数国家的经济、政治、社会和文化生活等领域起全面控制或影响作用的城市,如伦敦、纽约、东京、巴黎等
2	经济型	国际性或区域性的经济活动与资本集聚城市,如香港、苏黎世、法兰克福、卢森堡等
3	政治型	国际性组织所在地或国际交流频繁的城市,如布鲁塞尔、日内瓦、哥本哈根、柏林等
4	文化型	文化遗产与传统底蕴丰厚或处于时代文化潮流之巅的城市,如维也纳、威尼斯、戛纳、米兰、罗马、雅典、开罗等
5	旅游型	以旅游业为城市发展支柱的国际旅游城市,如拉斯维加斯、摩纳哥、澳门、悉尼等
6	交通型	国际性的交通枢纽城市,如法兰克福、新加坡、鹿特丹、巴拿马、新加坡、大阪等
7	宗教型	以宗教地位而蜚声全球的城市,如梵蒂冈、耶路撒冷、麦加等

从以上国内外学者的研究可得知,国际城市的等级主要取决于以下因素:一是国际城市的规模和功能;二是国际城市的辐射范围;三是国际城市在世界经济体系中的地位。根据表现不同,处于国际化进程中的城市大致可以分为三个等级:

第一级为全球性国际城市,即世界城市,是城市国际化的最高级发展阶段,具有全球性的服务功能,辐射范围广,是全球政治经济活动的控制中心,如伦敦、纽约。

第二级为区域性国际城市,其功能全面或在某一领域功能突出,辐射面波及大洲区域,是区域的政治经济控制中心和世界经济循环网络的重要空间节点,如新加坡、香港、东京、北京等。

第三级为次区域性国际城市,其功能和辐射力次于区域性国际城市,虽尚未达到区域性政治经济控制中心的高度,但已经跨越本国的界线,并对国际社会具有一定的影响力。许多发展中国家的国际城市属于这一级别,如广州、迪拜等。

第三节　国际化大都市发展模式及趋势

一、国际化大都市发展模式

纽约、伦敦、东京、巴黎等是普遍公认的国际化大都市,这些城市无一例外是世界的经济中心、金融中心,或商贸中心、创新中心等。在走向国际化大都市的过程中,这些城市基于自身基础与条件,发展出不同的城市国际化模式。

(一) 纽约:原发创新与城市圈协同发展模式

纽约是全球资本的聚汇及发散地,也是第二次、第三次科技革命的主要发源地之一,是率先进行城市产业调整的代表。纽约是美国制度创新性原发型动力输出的最典型城市,它代表美国运用原创的金融体系掌控全球金融,并以此占据产业竞争结构的高端位置。原发型的国际商贸中心城市具有资本、技术标准、市场规则、法律法规、品牌垄断、渠道控制权、商品定价权及文化优势等原发动力,其在向外输出商品、资本、技术等的同时,也具备了对外输出风险的能力。纽约除自身的原发创造力的高能量集聚外,还是"波士华"大都市带的经济扩散中心,两者协同发展确立在全国的主导地位。"波士华"大都市带由纽约(金融、贸易)、波士顿(微电子工业)、华盛顿(政治文化)、费城(重化工业)等著名城市连成一片,构成了美国东北沿海多样化的制造业带。另外,这个大都市带集聚了大学、出版业、信息传播公司总部等科技文化机构,形成了世界级科技文化中心,让城市具有了技术创新的原发竞争力,使之参与全球城市分工合作时,处于收益金字塔顶端地位。纽约就是这个大都市带原发创造力

的高能量聚汇与发散经济中心。①

(二) 伦敦：集群多点发展模式

伦敦大都市同样是公认的国际化大都市，早在17世纪，伦敦就是闻名世界的商业中心。19世纪至今，金融业在伦敦打造国际化大都市过程中发挥了重要作用，特别是1870—1914年之间，伦敦金融中心达到鼎盛，为伦敦现代服务业集聚发展、城市功能地位、城市国际知名度提升奠定了坚实基础。在伦敦的城市规划中，除了突出金融中心大量迁移制造业的特点外，其还致力于建设能够集中商贸活动的特别分区，在西敏寺城区形成了与伦敦金融中心相对应的公司总部和专业服务业主体的商务活动集中区，在办公区和居住社区之间，伦敦采用抑制市场的策略对待商务区的渗透，将商务活动分区限制在伦敦城和西敏寺区等单纯的CBD内，以保证居住区公共环境不受高强度和高密度商业开发的影响。20世纪10—80年代，为了进一步适应商务办公区的膨胀需求，一方面，伦敦形成了以泰晤士河矛头区域为代表的新城市化中心区，并逐步成为伦敦第二个商务区，凸显了伦敦国际化大都市发展模式一个较为显著的特点，即形成了城市中心、内城区、郊外新兴商务区的多点发展模式；另一方面，伦敦这种依靠金融、商务等服务业的"集群多点"式发展模式，由于缺乏新兴产业创新发展的后续支撑，也给城市后续发展带来了一定的困惑。②

(三) 东京：产业结构调整发展模式

东京是日本太平洋沿岸都市带经济中心，集聚了金融与管理中心的五大功能，即最大的工业中心、最大的商业中心、最大的政治和文化中心、最大的交通中心（冯春萍、宁越敏，1998）。1999年全球化与世界城市研

---

① 邱伟年、隋广军：《广州建设国际商贸中心城市研究——国际大都市发展转型的经验与启示》，载《国际经贸探索》2012年第5期。

② 杨亚琴、王丹：《国际大都市现代服务业集群发展的比较研究——以纽约、伦敦、东京为例的分析》，载《世界经济研究》2005年第1期。

究小组的研究报告表明,生产者服务业是世界城市的决定性因素,明确了生产者服务业是服务业发展的核心。东京大城市的发展不是如纽约、伦敦一样大量转移制造业,而是以金融业为纽带、生产者服务业为主导,充分发挥后发优势,承接西方原发制度和技术,再开发并形成独特的产品核心竞争力,进而形成东京制造业服务化升级演化的独特产业发展道路,是承接型发展的典型城市。到 2005 年,东京城市 GDP 位居世界城市 GDP 第一,并持续保持高位。东京城市在产业结构调整过程中采取合理布局原则,而不仅仅是把制造业转换成服务业,同时在东京都市圈形成过程中,政府积极、适时、主动地实行产业结构调整政策,从而促进了产业结构的优化升级,并充分重视与构筑合理产业链,以优化的城市职能分工促进区域间共同发展。

(四)巴黎:复合型发展模式

巴黎大都市的发展不同于纽约、伦敦以金融原发动力为主导的发展路径,也不同于东京以承接创新技术在制造业基础上的服务化升级转型发展路径,而是处于两者之间组合的原创与继承相结合的复合型发展路径。巴黎相比东京拥有更多原创技术,例如核电工业代表世界最完整的核电设计,作为世界四大"时尚之都"之一的巴黎拥有世界最前沿的设计能力;相比纽约拥有更多承接的制造业,如整合德国的发动机、瑞士的仪器形成自身特色的飞机制造业。这些世界最先进的设计、制造水平已成为巴黎城市发展的动力。巴黎现行的产业广泛分布于轻工业、重工业、生产者服务业、消费服务业,并全面囊括原创设计、工业生产、物流、会展、零售等完整的产业环节。此外,巴黎政府计划在周边的 8 个副中心和 60 个地区中心为企业提供全欧洲最现代化而且布局合理的多样化企业用房和办公设施,同时发挥巴黎地区的经济优势以及就业人员素质高的优势,吸纳更多的国际型企业进入巴黎。在巴黎都市圈的建成过程中,政府首先运用法律手段支持都市圈的规划执行,以法律形式规范城市规划是成就巴黎都市圈最重要的特征,这是城市区域得以平衡发展的关键要素;巴黎前后用了

60年完善这一机制，从而形成巴黎独特的城市面貌。

（五）新加坡：创新驱动发展模式

新加坡1965年建国时工业基础仍十分落后，1979年政府宣布实行"第二次工业革命"，推行"产业高端环节战略"，淘汰传统低端产业，在本土集中发展技术密集型、高附加值产业。到20世纪90年代，电子电气、化工、船舶已成为新加坡制造业三大支柱；留在本土的制造业基本上被改造为高附加值的先进科技产业，成为具有强劲国际竞争力的产业。1997年东南亚金融危机以后，政府启动"创新驱动型经济战略"，瞄准生物制药、新能源等高科技产业，向知识密集型产业转型，到目前已实现了由制造业基地向研发中心、区域总部的成功转型。

二、国际化大都市发展趋势

经济全球化是当代世界经济的重要特征之一，也是21世纪世界经济发展的主要趋势。全球化打破了国家的界限，促使资源和生产要素在全球有效配置，推动了资本、产品、技术、信息、人才的全球性流动。以信息技术革命为中心的高新技术迅猛发展，极大地缩短了世界的距离，加快了经济全球化的步伐，使国际社会越来越融为整体，国际化大都市在经济全球化、国际一体化的背景下也呈现出新的发展趋势。

（一）经济发展支柱地位更加牢固，对世界经济控制力进一步增强

国际化大都市本身就是经济全球化的产物，随着全球化的深入发展，跨国公司在将其产品生产分布在世界各个角落的同时，在国际化大都市建立起严格的中央控制体系和网络服务体系。国际化大都市成为金融机构、跨国公司总部的集聚地，以目前公认的国际化城市纽约、东京和伦敦等为例，这三个城市集中了远远超出常规比例的世界上最重要的经济组织，这

使得国际化大都市在世界经济中的地位和作用愈来愈重要,逐渐成为国际贸易、金融、科技、信息和文化中心。在未来的经济社会中,金融机构、跨国公司总部在国际化大都市聚集的趋势将越发明显,国际化大都市仍将是世界经济发展的中心,对世界经济的控制作用将更加强大。

(二) 国际社会网络连接点地位进一步凸显,在区域协调发展上发挥更大作用

随着全球一体化的发展,国家间、地区间的地缘政治经济关系将更为错综复杂,国际组织在协调国家与国家、地区与地区之间的关系方面将扮演更重要的角色。在未来发展中,国际组织在国际化大都市集聚的趋势不会改变,国际大都市凭借着国际组织的云集成为国际社会网络的重要连接点,成为区域协调的重要力量。国际化大都市一般也是一个国家的政治、经济中心,其本身具备的经济和政治实力也将使其在国际事务和区域协调发展上发挥更大作用。

(三) 从以金融和商务服务业为主导,向多元产业综合发展趋势明显

高端服务业中最具特色、最有影响的是金融业和商务服务业。国际金融业让伦敦等国际化大都市声名显赫,伦敦的国际金融业已成为世界范围的高端服务产业的代表,被世界金融界巨头奉为"全球动力之都"。高端服务业中商务服务的典型代表是纽约,纽约专业服务、辅助服务、计算机服务等商务服务业高度发达、享誉世界。近年来,国际化大都市呈现出从以金融业和商务服务业为主导的建设模式外,向多元化和综合化的趋势发展。彼得·霍尔和乌尔里希·费佛(Peter Hall and Ulrich Pfeiffer, 2000)指出,随着市中心建设和发展压力的增强,国际化城市正在走向多中心的空间发展模式。① 国际大都市的城市中心正在出现由商务和金融服务业为

---

① Peter Hall, Ulrich Pfeiffer. Urban Future 21: A Global Agenda for Twenty-First Century Cities, E&FN Spon, 2000.

主导的经济功能向商务和金融服务业、文化创意产业、旅游业、娱乐休闲业和零售会展产业等多种产业并进的经济多元化格局的转变，特别是随着全球化进程的深入和国际大都市后工业化经济建设步伐的加快，文化创意产业、零售会展产业和娱乐休闲业等的重要性正日益凸显。国际城市经济功能日益多元化综合发展的趋势，在国际大都市新一轮的发展战略规划和城市建设的实践中也得到了充分阐释。从伦敦、纽约等城市的发展目标来看，突破单一的以金融和商务服务为主导的功能格局，实现公司总部经济、文化创意产业和旅游业等多元产业的协调共进发展，已经成为新一轮国际大都市城市建设的重要策略和趋势。

（四）CBD功能凸显，产业结构向轻型化、高技术、服务性发展

通过对世界各大国际都市圈的观察，可发现其中心城市均存在不同程度的CBD功能凸显现象，即中心城市的核心区域在很小的土地面积上集聚了大量的就业人口，喧闹繁华的CBD成为城市景观的亮丽风景。形成这一现象的主要原因在于CBD是城市的核心区，是城市功能的主要承担者。在这一高度集聚的区域内，各种都市型产业，如文化创意产业、金融业、批发业、商业服务、法律服务和专业技术服务等众多高端服务业高度集聚，能够产生高强度的经济势能，有利于确立国际大都市世界经济中心的地位。随着CBD在大都市中心的兴起，制造业等传统产业已经逐步退出国际化城市，其产业结构逐渐呈现轻型化的特点。在未来的发展中，这一趋势将更加明显，以信息产业、生物技术产业和文化创意产业等为代表的知识产业以及以金融、会计、法律等为代表的先进生产性服务产业将构成国际化大都市产业结构的核心。

（五）创新驱动发展，巩固国际化大都市核心地位

创新是城市发展的动力，也是国际化大都市保持其在都市圈中的核心地位、稳定都市圈城市体系的重要基础。纽约、伦敦、东京、巴黎等知名

国际大都市,从其产生、发展至今天,都离不开创新能力的支撑,创新已成为城市推动经济可持续发展、摆脱危机影响的共同选择,也成为未来城市发展的全新理念并被越来越多的城市所接受。[①] 自20世纪90年代开始,世界进入"知识经济"时代,特别是到了21世纪,以美国为策源地和发达国家为中心的科技创新活动仍然方兴未艾,例如美国实施"重振制造业"战略,部署制造业创新计划,欧盟于2014年开始实施第八框架计划,企图确保欧洲在全球创新层面的领导者地位等。从国际化城市建设趋势看,创新驱动发展将在国际化大都市建设进程中扮演着更加重要的角色,将成为城市经济持续健康发展的泉源,也是高能级国际化城市稳固核心地位的重要基础。

(六)塑造个性化城市文化,助推国际化大都市发展

文化建设作为城市软实力的重要体现,在国际化大都市建设中的作用日趋凸显。由于文化关联度的不断延展,城市文化发展已逐步超越狭义的文化领域,向产业、基础设施、社会建设、城市复兴和城市总体定位渗透;文化建设成为城市功能发挥合力的重要推动力量并越来越受到国际大都市的普遍重视。城市文化是城市特性等的凝练与综合体现,没有文化个性的城市就没有生命力;城市文化使城市的"神"得到充分展现,也塑造了国际化大都市的鲜明形象。美国《财富》周刊曾经评选出20世纪世界10座最佳城市,分别是伦敦、纽约、巴黎、东京、法兰克福、新加坡、旧金山、香港、亚特兰大、多伦多。这10座城市除了具有良好的基础设施、发达的商贸金融等因素以外,几乎都有各自独特的个性。例如"万都之都"——纽约、"优雅之都"——巴黎、"旅游之都"——新加坡、"动感之都"——香港,这些形象的城市定位充分体现了这些国际大都市良好的人文环境以及与众不同的文化风格。未来国际化大都市的发展在不

---

① 屠启宇:《全方位把握世界城市发展新趋势》,载《解放日报》2012年4月9日。

断提升城市的经济国际竞争力的同时，需要更加注重城市文化的塑造和开放。融合提炼城市历史传统、标志、文化底蕴、市民风范、生态环境等要素，塑造出可以感受的城市形象，形成个性化的城市文化并加以推广传播，将是未来国际化大都市发展的一大趋势。

（七）优化人居环境建设，增强国际化大都市可持续发展能力

随着城市国际化进程的加深，人口猛增、生态环境急剧恶化等负外部性，伦敦等国际化大都市人居环境曾一度让人十分忧虑，人居环境建设也被提上了国际化城市建设的日程。20世纪90年代后，巴黎、莫斯科、伦敦等城市越来越重视城市人居环境建设，在城市规划和管理、基础设施建设、公共服务设施以及城市环境的治理等方面都取得了极大的成效。例如，20世纪90年代，德国开始推行适应生态环境的住区政策，以切实贯彻可持续发展战略，其中包括"特别强调城市内发展，通过城市更新、城市改造和城市边缘发展等途径挖掘和保护市镇中富有价值和吸引力的地区"；大巴黎地区制定了包括城市绿色空间、自然环境在内的区域性绿色系统结构规划；莫斯科市通过了"莫斯科生态综合规划"，随后采取了一系列措施，在垃圾治理、排水系统的建设和改造、清洁质量和生态安全标准建设等方面大力推进；日本在各大城市建立了包括水质、大气、噪声、地表沉降等项目的自动观测网络；等等。随着人们对人居环境发展提出更高的要求，以人与自然协调为宗旨的发展理念成为趋势，建设居民满意、经济高效、环境适宜、生态良性循环的人类居住区，将成为国际化大都市发展的必然趋势。

第二章

广州国际化大都市的发展演进

城市国际化是城市发展的动态历史进程，城市经济、政治、金融、贸易、交通、科技、教育、文化、艺术等活动的辐射力、影响力和控制力不断冲破国界、走向世界，同时又不断受到世界影响。一方面，城市经济贸易要在与国际市场密切协调的基础上，形成一个完整的统一的市场；另一方面，通过广泛的国际交流与合作，科技文化等城市软实力国际交互作用明显，城市的运行体制和机制与国际最新发展潮流兼容，使物流、人流、资金流、技术流和信息流在国际上互动畅通，形成符合国际化发展趋势和方向的城市形态。因此，城市国际化与城市现代化建设息息相关，与城市对外开放和交流交往紧密相连。

广州作为拥有两千多年悠久历史的南国古都，对外交往传统源远流长，在历史上曾经历过"国际大都市"的发展高潮。广州是中国最早的对外通商港口和古代海上丝绸之路的起点，早在汉唐时期已发展成为对外贸易第一大港，来穗贸易的番船达千艘之多，珠江上"大舶参天""万舸争先"；唐宋时期居住在此的外国商人和侨民有十几万，占到广州人口三成以上，有"城外番汉数万家"之称；元代时期已与众多国家和地区有贸易往来；明代成为我国朝贡贸易第一大港，当时来广州入贡的国家占全国的80%[1]；清代作为全国唯一的对外通商口岸，史称"一口通商"。纵观历史长河，广州在唐宋时期已经历了国际化大都市的历史辉煌，19世纪中叶广州更成为世界十大城市之一，是当时仅次于北京、伦敦和巴黎的世界性城市。[2]

改革开放以来，广州在城市经济持续高速增长、对外开放交往纵深发展和经济社会发展模式不断转型升级的过程中，形成了具有自身特色的城市国际化发展战略和模式，具有国际竞争力的现代化大都市始终是广州建设国际化城市的方向和最终目标。

---

[1] 广州市人民政府外事办公室网站，http://www.gzwaishi.gov.cn/Item/1595.aspx。
[2] 黄启臣：《广东在贸易全球化的中心市场地位——16世纪中叶至19世纪初叶》，载《岭南文史》2004年第1期。

第一节 广州国际化大都市发展历程

城市现代化建设的深入发展、现代化水平的持续提高加快了广州国际化大都市的建设步伐；在全球一体化浪潮冲击下，要实现更高程度的现代化，走国际化之路是城市发展必然的战略选择。广州国际化大都市建设是与改革开放历程紧密相连、与城市现代化建设息息相关的。

一、中华人民共和国成立后30年：以城市现代化建设为目标

城市国际化是以城市现代化为基础的，城市现代化是建设国际化大都市的前提条件，而城市国际化是城市现代化的必然发展。中华人民共和国成立后30年间，社会稳定、经济进步是广州城市发展的主要目标，这一时期广州在建设"四个现代化"总目标下集中力量进行城市现代化建设，虽尚未形成国际化发展的概念，但在此期间广州的对外贸易和对外交往仍取得了一定突破。中华人民共和国成立初期，广州是全国急需进出口物资的集散地；1957年起又作为中国出口商品交易会（"广交会"）的所在地，肩负着扩大对外贸易、开辟对外交往通道的使命；广州也是全国最大的侨乡城市，毗邻港澳，特殊的亲缘、地缘优势极大地促进了广州的对外交流和友好交往。可以说，在中华人民共和国成立后相当一段时期，虽然经济发展和现代化建设水平落后于上海、北京、天津、武汉等国内大城市，但是广州在进出口贸易、对外交往等方面名列前茅，相对达到较高水平，为日后改革开放奠定了良好基础。

二、改革开放初期：国际化大都市建设酝酿阶段

从1978年改革开放到1992年的十几年，既是广州40年改革开放历

程的开始阶段,也是韬光养晦、促进广州国际化城市建设的准备阶段。回望广州经济社会发展进程,到20世纪70年代,广州经济取得了一定发展,但整体上并不发达,综合实力在全国大城市中位居第6、7位,远远落后于上海、北京和天津等大城市,科学、教育、文化等社会事业发展也比较缓慢,人民生活水平普遍较低,建设国际化城市仍是一个遥不可及的梦想。1984年广州成为全国沿海港口开放城市、计划单列市和经济体制综合改革试点城市,开始奋起直追,随着改革开放的全面铺开,广州对外交往和交流合作日渐活跃,在全国最早承接港台及外国制造业转移,"三资"企业尤其是随后入驻的大型跨国公司给广州带来了国际资本流、商品流和技术流,有效地推动了广州经济的国际化发展,使广州迅速成长为珠江三角洲乃至华南区域的中心城市。到1992年,广州城市综合实力已跃居全国第三位,城市现代化水平有了极大的提升,为促进广州建设国际性大都市的远大目标打下了坚实的基础。

三、1992—2006年:国际化大都市建设起步阶段

广州在改革开放中先行一步,经济持续高速增长,GDP年均递增超过17%,不仅高于全国9.7%的增长速度,也高于亚洲"四小龙"经济起飞阶段的年平均增长速度。到1992年,广州已经发展成为经济实力仅次于上海、北京,人均收入全国第二的经济强市,为城市发展步入新阶段提供了雄厚的实力基础,城市建设全面提速,城市文化品位和城市文明程度不断提升,中心城市地位明显提高,对周边地区的带动力和辐射力显著增强,广州建设国际化大都市的条件逐步成熟。20世纪80年代末至90年代初,世界格局巨变揭开了国际新秩序进程的序幕,经济与社会成为世界发展的主旋律;经济全球化进程大大加快,国际化城市纷纷涌现。作为中国改革开放的前沿,广州通过对外交往参与国际分工的深度和广度日渐加大,面临着提升城市国际化水平的历史新机遇。随着珠三角其他城市的迅速崛起,广州作为中心城市的功能被严重分流;在全国沿海、沿江、沿

边全方位开放的情况下,广州的先发优势进一步削弱。在机遇与挑战并存的形势下,确立建设国际化大都市的发展目标,实施城市国际化发展战略,是广州抓住机遇、深化发展的必然选择。

为赢得21世纪的竞争优势,广州在1992年提出了建设现代化国际大都市的战略构想,1993年通过了《广州市十五年基本实现现代化总体发展方案》,提出要"初步建成具有强大内外辐射能力的现代化国际大都市",明确了国际化大都市建设发展道路。此后,在充分认识到自身薄弱方面的基础上,广州对国际化大都市发展目标进行了调整,1996年提出了"建设区域性中心城市"的战略目标,在继续深化改革促进发展,调整优化经济结构,加快经济国际化进程之外,加大基础设施建设力度,提高生态环境质量和城市管理水平,提高市民素质与城市文化实力,以期缩小与其他国际城市的差距。随着城市国际化战略的实施开展,广州城市综合实力跃上新台阶,区域中心城市地位凸显。到2002年年末,广州GDP比1997年增长85.3%,人均GDP突破5000美元,达到了国际上通行的对初级国家化城市的标准要求,2006年人均GDP超过7800美元;区域性金融中心地位不断提高,对外开放实现新的飞跃。世界500强公司中有142家落户广州,在广州设立企业和机构的国家超过60个,"走出去"的企业分布在40多个国家和地区。对外科技、文化交流和合作进一步扩大,广州在国内外的影响力日益增强,现代化国际大都市面貌初步显现。

四、2006年至今:国际化大都市建设提速阶段

在经济全球化、区域一体化及我国改革开放不断深入发展的时期,地区经济的开放度逐步提高,珠三角城市群发展迅猛,广州中心城市地位日益凸显。知识经济、信息社会的发展及我国加入WTO,为广州带来城市发展的新机遇,特别是随着CEPA的签订、泛珠江三角洲经济区和东盟自由贸易区的合作深化,一个背靠广阔腹地、借力香港与澳门、深入东南亚地区的蓝图展现在广州面前,建成辐射华南乃至全国的国家中心城市,影

响东南亚乃至世界的国际性大都市的目标不再遥远。2006年，广州以"十一五规划纲要"的形式明确了城市国际化发展目标，提出要"建设现代化大都市"；2008年年底，《珠三角地区改革发展规划纲要》赋予广州"国家中心城市"的定位，确立了广州"国际化大都市"的发展目标，广州城市国际化发展进入提速发展阶段。

2010年，广州继首都北京之后，成为第二个成功举办亚运会的中国城市，也是继广岛、釜山之后第三个举办亚运会的非首都城市。亚运会的举办极大地促进了广州经济社会发展和城市建设，提升了广州城市国际化发展水平，扩大了国际知名度和影响力。在此基础上，2011年广州"十二五规划纲要"进一步指出，要"率先加快转型升级、建设幸福广州，全面提升城市核心竞争力、文化软实力和国际影响力，推动现代化国际大都市建设迈向新阶段"，并提出了"国际商贸中心"和"世界文化名城"的建设目标；2011年的《全国主体功能区规划》提出要强化广州作为国家中心城市、综合性门户城市和区域文化教育中心的地位，建设国际大都市。随着城市国际化发展战略的深入实施，广州国际化大都市建设突飞猛进，成绩斐然，2014年以来广州GDP超过1.67万亿元，人均GDP突破10万元，非农业劳动力比例超过80%，综合实力跃上新的台阶；对外开放实现新的飞跃，"走出去"的企业遍布全球各地。对外科技、文化交流和合作进一步扩大；区域性金融中心地位不断提高，外国金融机构数量大幅增加，广州在国内外的影响力日益加强。此外，广州对行政区划进行了重大调整，萝岗区和黄埔区合并为新的黄埔区，从化市、增城市撤市改区，广东自贸区方案获批，南沙成为广东自贸区三大重点之一和优质资源集聚区，广州从"十区二县级市"变为"十一个城区"，市辖面积由3843.43平方公里扩大到7434.4平方公里，总面积超过上海，奠定了现代化国际大都市发展的新格局；城市环境综合整治取得良好成绩，城市面貌发生深刻变化，"青山、名城、良田、碧海"的山水生态城市初步形成；城市基础设施建设日趋完善，港口货物吞吐量在全球排第五位，集装箱排第八位，机场吞吐量达到5500万人次，同时也是高铁枢纽站、铁路

枢纽站、高速公路的枢纽中心,逐步建成现代化空港、海港、陆运三大枢纽,基本形成高速路、快速路、城市干道、地铁组成的功能明确、高效便捷的城市交通路网。经济社会持续快速健康发展、开放发展对外交往活跃、宜居宜业城市建设和生态良好、国际地位凸显与影响力日益提升的现代化大都市已经出现,与前一个时期相比,广州拥有了国际化大都市的实力,具备了国际化大都市的风范。

未来一段时期,将是广州城市国际化建设的重大机遇期。2013年,党中央提出"一带一路"倡议构想,在《推动共建丝绸之路经济带和21世纪海上丝绸之路的愿景与行动》中提出广州要做21世纪海上丝绸之路建设的"排头兵"和主力军;2014年,广州南沙自贸试验区经国务院批准成立,广州新一轮改革开放先行地、21世纪海上丝绸之路重要枢纽和粤港澳深度合作示范区呼之欲出。2016年,广州"十三五规划纲要"设立了建设国际航运枢纽、国际航空枢纽、国际科技创新枢纽"三大战略枢纽"的发展目标。目前,在广州投资发展的世界500强企业达288家,与广州有贸易和投资往来的国家和地区达220个;广州已成为我国与东南亚、印度洋周边国家以及澳洲联系的重要航空、航运枢纽,同时还是我国第四大铁路枢纽、高铁枢纽、高速公路枢纽和第三大电信枢纽以及国际互联网接入枢纽;国际科技创新枢纽建设24个工程项目,完成投资229亿元,琶洲互联网创新集聚区9个项目先后开工。"三大国际战略枢纽"建设成效日益显现,枢纽型网络城市功能逐步提升,随着重要国家中心城市建设的全面发展水平,可以预计,广州将迎来国际化大都市建设的新一轮高潮。

第二节 广州国际化大都市建设的战略选择

国际化是世界经济社会发展的大趋势,国际化大都市是当代城市发展的最终目标。中国经济的发展需要依托自己的国际化城市,在全球化发展

背景下,广州要进一步增强自身的综合实力和国际竞争力,提升城市辐射力和影响力,必须走国际化发展的道路。建设国际化大都市,实施国际化发展战略,是广州积极应对国内外形势发展带来的机遇和挑战、促进城市持续快速发展的必然选择。从广州建设国际化大都市实践来看,城市国际化战略的实施主要体现在以下几个方面。

一、深化国际经济合作,集聚国际化发展资源

保持广州在对外贸易、引进外资方面的领先地位,吸引更多的国际经济社会资源,提升城市国际地位。多年来,广州不断拓宽外资来源,提高利用外资水平,促进广州外向型经济走向成熟;加大力度,引进大型国际经济合作项目,带动产业的国际竞争力;实施多元化市场和"走出去"战略,促进进出口贸易高速发展;采取优惠政策,吸引跨国公司入穗,深入参与国际分工。到2016年,广州进出口总额达到8566.92亿元,外贸主体日益壮大,外贸企业从2008年的5000多家增长到18000多家;对外贸易结构不断优化,进出口总量均衡协调发展,逐步实现从传统劳动密集型代工生产为主到一般贸易和新兴贸易的过渡;服务贸易高速发展并持续向高端化升级,高新技术产品出口增势良好,跨境贸易电子商务等新兴业态发展快速;对外投资发展迅猛,尤其是对"一带一路"沿线国家投资跨越式增长,利用外资综合质量效益不断提升,并形成了增城国家级开发区、花都开发区、中国服务外包示范城市等一批开放型经济发展平台。广州经济外向度的持续增加,国际经济合作的逐渐加深极大地提升了广州的资源聚集和扩散功能,为推动广州城市国际化水平的提升提供了经济支撑。

二、加强国际组织合作,发展城市多边交往

充分利用政府间国际组织和非政府国际组织的资源,是广州实施城市

国际化战略的一个重要举措。广州与国际组织的交往范围和合作领域不断拓宽,目前已与130多个区域性国际民间组织、国外友好团体和机构建立了友好关系,并加入了世界经济论坛、国际公园协会等具有广泛国际影响力的世界性国际组织。通过主动加入国际组织,参与国际组织的评选活动,竞标国际性城市奖项,广州赢得了声誉,成为世界瞩目的焦点。例如,2001年获得国际公园协会组织的"国际花园城市奖",2002年被授予"联合国改善人居环境最佳范例(迪拜)奖",2009年获得"世界水论坛水治理奖"第一名,2012年荣获联合国应对气候变化"灯塔奖"等。此外,广州积极推动国际组织的成立,在国际组织和国际活动中的地位不断提升,在此基础上,创新与国际组织合作方式,2012年与世界城市和地方政府联盟(UCLG)合作设立了面向全球城市的广州国际城市创新奖,进一步提升了广州在国际组织中的核心影响力和话语权。与国际组织全方位的交流与合作,有助于广州在资金、技术、信息、对外关系等各个方面获得有益的城市国际化发展资源,也有助于加快城市基础设施建设、城市生态环境改善和市民素质提高的步伐,促进广州国际化大都市城市形象的提升。

三、拓展城市外交渠道,积极进行城市形象推介

广州推进国际化大都市建设的另一重要举措就是通过政府间的外交关系,与其他国际城市建立"友好城市"关系,进而增进国际城市间的经贸、文化、社会、科技和人员交流。友好城市交流拓宽了广州对外宣传的渠道,提升了对外交流的空间和水平,提高了广州的国际知名度,有力地推动了广州城市国际化的发展。广州不断加快友城建设速度,在交流形式和内容上发展创新,本着"友城共建、渠道共享、一方结好、多方受益"的宗旨,实行"政府搭台,经贸唱戏",通过举办城市推介等宣传和展览洽谈等经贸活动,推广广州城市形象,拓展合作渠道;采取灵活的城市结好方式,在缔结友城关系之外,以友好合作交流城市和友好城区的形式扩

大城市外交范围,通过促进城市间官方、民间等多方位的交流与合作,使友城交往成为世界了解广州、广州走向世界的重要途径。

四、举办高端会展,扩大城市国际影响力

广州以广交会为龙头,大力开拓经济贸易、文化教育、体育艺术、社会发展等各方面的国际会展资源,以举办高端国际会展的形式将广州推向国际经济文化舞台的最前沿。目前,广州已经形成了涵盖多种行业和领域、形式多样、内容丰富的国际会展格局,在举办规模和层次上取得了长足进展,成为华南地区最重要的"会展之都"。2010年第16届亚运会的举办,为广州赢得了全球关注和赞誉,广州的城市知名度在会后得到极大的提升,此后又在2012年举办了首届国际城市创新奖及广州国际城市创新大会暨世界大都市协会董事年会,掀起了国际盛会新高潮。2016年度,广州举办各类盛会一百余项,借助国际会展带动物流、人流、资金流、技术流和信息流以广州为中心在国际范围内聚集和扩散,极大地促进了广州的城市国际化进程。

五、加强城市基础设施建设,打造国际化大都市形象

首先是推进环境建设,实施了"青山绿地、蓝天碧水"工程,大大提升了人均公共绿地面积,以"畅游珠江"的形式加快珠江综合整治,持续推进城市空气治理,PM 2.5等主要污染物平均浓度持续下降,垃圾分类、污水处理建设等成效良好;其次在完成基础设施战略性布局的基础上抓紧建设,以白云国际机场二期工程、南沙港、铁路新客站等枢纽建设为重点进一步优化了海陆空立体式交通网络和以"双快"为骨干的城市道路网络;再次是推进"城中村"和旧城区改造,打造现代化大都市的城市面貌。2008年荣获"国家园林城市"和"国家森林城市"称号,并在努力多年之后"创卫"成功,城市建设取得了可喜成

绩；2012 年广州以 BRT 项目获得联合国"灯塔奖"等 3 个国际奖项，在城市持续发展和创新方面获得了国际肯定。此外，加大社会治安综合治理力度，提升政府服务质量和效率，提高城市管理现代化水平，有力地促进了城市软实力的全面增长。在此基础上展开新一轮塑造和推广城市形象互动，打造了电视塔等地标建筑，展开广州形象大讨论活动并向全球征集形象表述词，结合地域、历史和人文特色打造城市国际形象，这既是对广州国际化大都市形象的一次宣传与推广，也是对城市国际化发展的一次成果总结。

第三节　广州国际化大都市发展水平分析

一、国际化大都市发展水平研究

对城市国际化发展水平进行分析比较，首先需要设立一套科学、全面的评价指标。国外学者和机构对城市国际化评价指标体系的研究和实践十分丰富，从不同侧重角度出发建立了具有较为完善的指标体系。1966 年，霍尔提出"世界城市"概念，并将全球性经济、政治、文化影响力作为衡量城市发展水平的评价标准；在此基础上，弗里德曼于 1986 年提出了衡量国际城市的 7 个指标：主要的金融中心，跨国公司的总部，国际性机构，第三产业高速增长，重要的制造业中心，主要交通运输节点，城市人口达到一定规模。[①] 以当前角度看，除了第五条"制造业中心"由于科技进步和经济发展彻底改变了世界经济结构，国际城市的生产性功能弱化、服务性功能增强而显得有些过时以外，其他 6 条仍是现代化国际大城市应具备的重要条件。萨森在 1991 年首先提出用定量的方法研究国际城市，

---

① Friedman J. The World City Hypothesis. Development and Change, 1986 (17).

用"银行数"和"跨国公司总部"2个指标来衡量国际城市的地位。可以看出，国际著名学者普遍认为金融中心和跨国公司总部是衡量城市发展水平的主要指标。

国际知名研究机构纷纷构建了较为完善的指标体系对城市发展水平进行研究。1996年，联合国伊斯坦布尔城市年会提出城市发展水平指标体系，从城市的经济发展水平、产业结构、基础设施水平、社会开放水平和经济对外交流水平等5个方面，选定了17个相关指标，将城市划分为初、中和高3个等级。较早系统化地采用量化指标对国际化大都市进行研究的是全球化与世界城市研究小组与网络（GaWC），1998年该研究组开创性地使用关系数据对世界城市进行定义分类，通过在"世界城市网络"概念下对城市的会计、金融、广告、法律等"先进生产性服务业"量化分析和比较，于1998年开始发布有关国际城市定义、分类和排序报告。2008年，美国《外交政策》杂志（Foreign Policy）联合全球管理咨询公司科尔尼公司（A. T. Kearney）、芝加哥全球事务委员会（Chicago Council on Global Affairs）在咨询萨森和雷布金斯基的基础上，推出全球城市指数（Global City Index），该指数设置了商业活动、人力资源、信息交换、文化体验和政治参与共5个方面的24个指标，每两年发布一次，对全球60多个城市进行国际化发展水平分析和排序。英国《经济学人》杂志（The Economist）旗下的《经济学人》信息部（Economist Intelligence Unit）委托花旗集团（Citigroup Inc.）推出全球标杆城市竞争力指数（Benchmarking Global City Competitiveness Index），以经济实力、固定资本、金融成熟度、制度有效性、社会与文化、人力资源、环境与自然风险以及全球事务影响等8个指标衡量全球120个城市的国际竞争力。这些实证研究对现阶段国际城市发展水平的判断和评估具有重要的指导意义。

与国外相对成熟的研究相比，近年也有国内学者从实证的角度进行了探索，如中国人民大学舆论研究所1994年通过专家打分法，对城市发展水平的评价指标进行排列，得出最为关键的5项指标是年资金融通总量、年人均生产总值、港口吞吐量、外汇市场日交易量、外贸转口额。张程睿、林睦曾（1997）从政治、经济、文化、信息、基础设施等8个方面共58项指标来评价城市发展水平。杨立勋（1999）从基础指标（城市现代化指标）和核心指标（城市国际化指标）两部分对深圳的国际化水平进行了评价。

进入21世纪以来，对国内城市发展水平的实证研究日益增多，主要集中在城市发展水平和国际化水平的评价研究。如吴志强（2000）通过质与量结合的原则构建了包括52项指标的城市发展水平评价体系；北京市经济与社会发展研究所课题组（2001）提出北京建设国际化城市的4大类评价指标体系：经济发展指标、生活水平与社会发展指标、城市基础设施与生态环境指标、反映国际开放交流程度的指标，其中国际开放交流程度主要采用跨国公司总部、外国金融机构数量、国际旅游业的发展水平、年举办国际会议次数等指标来衡量；肖耀球（2002）以城市现代化发展水平和国际化职能两个标准构建了综合评价指标体系；顾朝林等（2003）从经济发展水平、服务业水平、劳动力素质、金融资本国际影响力和国际交流水平5个方面构建国际化城市评价指标体系；刘晓明（2006）在建构武汉市国际性城市目标体系时，将国际城市目标体系分为基础性目标（包括经济发展、生活水平与社会发展、人口素质、城市交通与基础设施、生态环境及保护五部分）和特征性目标（包括经济国际化和社会国际化两部分）；倪鹏飞（2006）提出从城市经济国际开放度、人文国际开放度方面来评价城市的国际化水平和国际影响力，其中经济国际开放度用对外贸易依存度、外资占固定资产投资的比重、外企占城市总企业的比重等指标来衡量，人文国际开放度用移民人口指数、外语普及率、外来文化影响度等指标来衡量；刘玉芳（2007）根据国际化城市的概念和判断标准，以城市现代化和国际化的角度，提出从经济发展、基础设施、社会进步和国际化水平4个方面综合评价城市的国际化程度。汪欢欢等（2012）将联合国伊斯坦布尔城市年会提出的城市国际化指标体系与上海社科院发布的《国际城市发展报告2012》中关于城市国际化的新趋势相结合，构建了城市国际化综合评价指标体系，对国内主要城市的国际化水平进行了初步评价,并查找出了中西部城市国际化的差距,进一步提出了关于适合中西部城市的国际化路径;陈怡安等(2013)通过基础指标和核心指标构建了城市国际化水平评价体系,基础指标主要包括经济规模与结构、居民生活水平与质量、城市基础设施建设、科技与教育水平指标,核心指标主要包括贸易国际化、生产与投资国际化、技术与信息国际化、人员国际化指标等,对天津滨海新区与我国其他城市国际化水平进行了比较研究。这些针对我国国情、结合了各地城市发展实践的研究,为建立适用于我国城市的城市国际化评估指标体系提供了重要借鉴。(见表2-1)

表2-1 国内学者的城市评价指标

序号	研究主体	指标
1	中国人民大学舆论研究所(1994)	年资金融通总量、年人均生产总值、港口吞吐量、外汇市场日交易量、外贸转口额
2	张程睿、林睦曾(1997)	政治、经济、文化、信息、基础设施等8个方面共58项指标
3	杨立勋(1999)	从城市现代化指标和城市国际化两个指标对深圳的国际化水平进行了评价。城市现代化包括政治、经济、社会、科技、教育、基础设施、环境等方面的现代化;城市国际化包括城市基础设施、经济、贸易、金融、第三产业、科教文、外语环境的国际化
4	北京市经济与社会发展研究所课题组(2001)	经济发展指标、生活水平与社会发展指标、城市基础设施与生态环境指标、国际开放交流程度指标
5	肖耀球(2002)	城市现代化发展水平和国际化职能两个标准
6	顾朝林等(2003)	经济发展水平、服务业水平、劳动力素质、金融资本国际影响力和国际交流水平5个方面构建国际化城市评价指标体系

续表 2-1

序号	研究主体	指标
7	倪鹏飞（2006）	从城市经济国际开放度、人文国际开放度方面来评价，其中经济国际开放度用对外贸易依存度、外资占固定资产投资的比重、外企占城市总企业的比重等指标来衡量，人文国际开放度用移民人口指数、外语普及率、外来文化影响度等指标来衡量
8	刘玉芳（2007）	从经济发展、基础设施、社会进步和国际化水平4个方面综合评价城市的国际化程度
9	陈怡安等（2013）	通过基础指标和核心指标构建了城市国际化水平评价体系，基础指标主要包括经济规模与结构、居民生活水平与质量、城市基础设施建设、科技与教育水平指标，核心指标主要包括贸易国际化、生产与投资国际化、技术与信息国际化、人员国际化指标等

二、国际化大都市评价指标体系构建

从国内外学者的研究情况看，对比国际化城市发展水平最普遍的做法是构建指标体系，通过各指标的表现进行对比评价；国际化大都市建设是一个动态的过程，国家之间、城市之间在不同时期存在很大差别，因此国内外学术界至今也未就城市国际化评价指标达成共识。评价我国城市的国际化发展水平，十分有必要在综合国内外已有研究的基础上，针对我国特点设置适合国情的一套指标体系进行评估。

城市国际化发展水平是一个综合性、系统性的概念，具有丰富的内涵，要构建一个层次分明、结构完整、具有可比性、能够全面反映我国城市国际化发展水平的指标体系，首先，必须对国际化大都市的特征与功能进行深入分析，选取具有代表性的指标因素，保障指标体系完整地反映国

际化大都市的内涵；其次，要充分考虑国际间比较，注意与国际上有影响力的指标体系接轨，选取国际上通行的统计指标；最后，要兼顾我国国情与城市基本特征，不能机械地照搬国外标准，要充分考虑指标的可度量性，力求真实、全面地反映我国城市特点。

受世界经济和社会发展变化的影响，不同时期对城市国际化发展水平衡量标准的侧重点也有所不同。在世界城市概念提出的前期阶段，对其考量的标准偏重于经济因素，如 GaWC 报告基于"先进性服务业"这一衡量标准，其排序并未考虑城市金融产出、生活质量、交通基础设施、科技能力等影响城市发展水平的重要因素；《外交政策》杂志在 2001—2007 年的评估报告中指标的选取也赋予经济类指标大于社会、文化类指标的权重。进入 21 世纪以来，在经济全球化和科技高速发展的带动下，城市发展进入了全面竞争的时代，对城市国际化的研究也由偏重经济发展向社会发展、城市管理等领域拓展，《外交政策》2008 年的指标选取就加入了文化体验和政治参与两个领域的指标，这不仅是对过去 7 年指标体系的更新，也是对城市国际化评估体系的一个创新，代表着城市国际化发展的时代特点和未来取向，对本研究指标项的选取具有重要的启发意义。

在总结和借鉴国内外相关研究的基础上，根据城市国际化理论及其特征、职能，提出衡量我国城市国际化发展水平的指标体系（见表 2-2）。国际化大都市是国际化职能效应极强的现代化城市，建设国际化大都市就是要同时提升城市的现代化质量和国际化职能效应。对国际大都市发展水平的评估应包括两个基本要素：一是城市综合实力雄厚，具有较高的现代化水平，城市现代化是国际化的基础，提升城市的现代化质量就是要夯实城市经济基础，提高城市文明程度，以宜居为目标加快城市建设，以科技创新为驱动促进城市发展；二是城市要有较大国际知名度和国际影响力，即城市对发展资源的聚散和辐射能力、对国际事务的参与和控制能力、对全球文明的传播和影响能力等国际化职能突出。因此对城市国际化发展水平的评估应从城市现代化水平和国际化职能两个方面进行；城市现代化水平分为经济现代化、文明现代化、建设现代化和创新能力 4 个子系统；城市国际化职能分为经贸、文化、社会和政治领域4个子系统；子系统下28个具体指标的选取本着公认性、科学性、可度量性和可比性原则，取自《中国城市统计年鉴》《广州统计年鉴》等统计文献。

表2-2 城市国际化发展水平评价指标体系

总目标	分目标	子目标	指标项	单位
国际化城市发展水平评价指标体系	城市现代化水平	城市经济	人均GDP	元/人
			第三产业增加值占GDP比重	%
			人均地方财政收入	元/人
			非农业劳动力比例	%
		城市文明	人均住房使用面积	m²
			每万人拥有医生数	人
			每100人公共图书馆藏书	册
		城市建设	建成区绿化覆盖率	%
			人均交通道路占有面积	m²
		城市创新	R&D投入占GDP比重	%
			每万人专利授权量	个
	城市国际化职能	经贸领域	大学以上学历占人口总数比重	%
			进出口贸易额占GDP比重	%
			世界500强企业集团总部	个
			跨国公司地区总部	个
		社会领域	实际利用外资占GDP比重	%
			外国金融机构数量	个
			对外直接投资占GDP比重	%
		文化领域	外籍人员占总人口比重	%
			国际会议数量	个
			国际通航点数量	个
		政治领域	接待国际游客人数	万人次
			国际互联网用户普及率	%
			国际艺术展演数量	个
			国际新闻机构办事处	个
			友好城市数	个
			使领馆数量	个
			国际组织数量	个

三、广州国际化大都市发展水平比较

(一) 全球城市网络中的广州

国内外众多学者、机构研究构建指标体系对城市发展水平进行评价,虽然至今仍没有统一的标准和排名,但根据权威机构的评价结果,基本可以看出广州在全球城市网络中所处的位置。美国 2012 年发布的"全球城市指数"全球国际城市 65 强中,广州名列第 60 位;英国全球化与世界城市研究小组与网络(GaWC)从 2008 年开始连续两次将广州与西雅图、奥克兰、曼彻斯特等城市并列为 Beta 级别国际城市,2012 年将广州上升为 Beta+ 级别城市,2016 年最新排名又将广州列入 Alpha- 序列。(见表2-3)

表2-3 城市国际化评价指标体系主要城市排名

世界城市等级体系划分	国际城市	英国 GaWC "世界城市排名"① (2016)	美国"全球城市指数"② (125 个) (2016)	日本"全球城市实力指数"③ (42 个) (2016)
第一层级:全球城市	伦敦	Alpha++	1	1
	纽约	Alpha++	2	2

---

① "世界城市排名"(World City Rankings),由英国拉夫堡大学的全球化与世界城市研究小组与网络(GaWC)发布,从会计、广告、金融、法律等 4 个生产性服务业方面对国际城市进行分类排行。

② "全球城市指数"(Global City Index),由美国《外交政策》杂志、全球管理咨询公司科尔尼公司和芝加哥全球事务委员会联合推出,2008 年起每两年发布一次,从工商业活动、人文因素、信息流通、文化氛围和对全球政治的影响等 5 个方面衡量全球主要城市的国际化发展水平。

③ "全球城市实力指数"(Global Power City Index),由日本森纪念财团发布,从经济、研究与开发、文化交流、宜居性、环境和交通通达性等 6 个指标衡量全球主要城市的全球影响力。

续表 2-3

世界城市等级体系划分	国际城市	英国 GaWC "世界城市排名"（2016）	美国"全球城市指数"（125 个）（2016）	日本"全球城市实力指数"（42 个）（2016）
第二层级：洲际性国际城市	东京	Alpha +	4	3
	香港	Alpha + +	5	7
	新加坡	Alpha + +	8	5
	首尔	Alpha	11	6
	北京	Alpha +	9	17
	洛杉矶	Alpha	6	13
	上海	Alpha +	20	12
第三层级：区域性国际城市	莫斯科	Alpha	18	35
	马德里	Alpha	13	26
	休斯敦	Beta +	38	—
	大阪	Beta -	52	22
	台北	Alpha -	43	33
	曼谷	Alpha -	41	34
	开罗	Beta +	53	41
	雅加达	Alpha	56	40
	里约	Beta -	50	—
	广州	Alpha -	71	—
	深圳	Beta	83	
	成都	Beta -	96	

　　从以上城市国际化各评价指标排名来看，当前广州处于世界城市等级体系划分中的第三层级，即"区域性国际城市"，与卢森堡市、布达佩斯、胡志明市等城市和曼彻斯特、西雅图、奥克兰、福冈等发达国家重要城市位置相当。广州的城市国际化水平在中国内地城市中仅次于北京、上海两市，领先于深圳、成都等城市。综合其他城市综合实力评价体系中的表现来看，广州的城市国际化发展水平已初步获得国际社会认可，广州在全球国际城市网络中已占据一定地位。同时也应看到，广州的城市国际化

水平与纽约、伦敦这两个世界城市的差距巨大,与第二层级中的香港、新加坡和首尔也有相当大的距离,在第三层级中也仅处于后列位置,与处于前列的马德里、台北、大阪、曼谷等城市也有一定差距。在我国内地城市中,广州的城市国际化水平虽然仅次于北京、上海两市,领先深圳、成都等城市,但与北京、上海这两个已上升到第二层级的国内城市相比,尚有较大距离。

(二) 广州城市国际化水平比较分析

要明确广州城市国际化发展水平,可在城市国际化发展评价指标体系框架下,以北京、上海、深圳等先进城市为参照,对广州的城市国际化发展水平进行综合比较分析(见表2-4)。北京、上海是全国综合实力最强的城市,在全球城市体系中已经处于较高级别并逐步走向世界城市的发展目标;深圳近年发展快速,城市对外开放度和城市国际化程度显著提高,逐渐出现追赶并超越广州的趋势。通过与以上城市的对比分析,可在一定程度上了解广州城市国际化建设中的优势与不足,并据此提出加快广州城市国际化发展的路径与对策。

从表2-4数据可知,28个指标项中广州有23项指标表现差于北京(1项指标由于北京数据缺失未做比较),21项指标差于上海(1项指标由于上海数据缺失未做比较),只有人均GDP、每万人拥有医生数和城市电话普及率等几项指标表现较强。广州超过三分之一的指标表现位居尾位,一半左右的指标表现处于中间位置,只有一成半的指标领先。从整体来看,广州的城市国际化发展水平与北京、上海相比仍有一定差距,这一判断与英国GaWC和美国《外交杂志》相关研究结果一致,也与中国城市竞争力研究会等国内科研机构目前开展的有关城市开放度等研究成果吻合。[①] 具体到子系统和单项指标,广州城市国际化发展表现出以下不足:

---

① 中国城市竞争力研究会发布的"2009中国国际化城市排行榜"将上海、北京列为"世界级大都市",广州为国际化城市,排名为国内城市第二。

表2-4 广州、北京、上海、深圳城市国际化发展水平比较（2013年）

总目标	分目标	子目标	指标项	广州	北京	上海	深圳
城市发展水平评价指标体系	城市现代化水平	城市经济	人均GDP	100	82.2	80.6	116.4
			第三产业增加值占GDP比重	100	120.3	94.4	102.8
			人均地方财政收入	100	164.1	116.8	126.2
			非农业劳动力比例	100	91.8	102.8	114.6
		城市文明	人均住房使用面积	100	130.3	77	124.2
			每万人拥有医生数	100	87.9	50.5	50.5
			每100人公共图书馆藏书	100	149.4	168.3	142.2
		城市建设	建成区绿化覆盖率	100	114.1	94.6	111.1
			人均交通道路占有面积	100	44.6	189	101.1
		城市创新	R&D投入占GDP比重	100	256.2	139.8	168.6
			每万人专利授权量	100	143.4	127.1	271.3
			大学以上学历占人口总数比重①	100	254.9	114.2	89.4

数据来源：广州、上海、北京各市《2010年第六次全国人口普查数据》。

① 数据来源：广州、上海、北京各市《2010年第六次全国人口普查数据》。

续表 2-4

总目标	分目标	子目标	指标项	广州	北京	上海	深圳
城市发展水平评价指标体系	城市国际化职能	经贸领域	进出口贸易额占 GDP 比重	100	264	250.3	417
			世界 500 强企业集团总部①	100	2400	400	200
			跨国公司地区总部②	100	226.8	728.6	53.6
			实际利用外资占 GDP 比重	100	129.2	238.4	115.3
			外资金融机构数量③	100	—	520	112.5
			对外直接投资占 GDP 比重	100	121.6	153.7	127.5
		社会领域	外籍人口占总人口比重	100	137	98.6	26
			国际会议数量④	100	1155	811	—
			国际通航点数量⑤	100	191.5	152.5	33.9
			接待国际游客人数	100	138.9	214.2	59.8

① 数据来源：《2013 年进入世界 500 强广州只两家北京占 48 家》，载《羊城晚报》2014 年 5 月 6 日。
② 数据来源：同上。
③ 数据来源：《广州市金融业发展第十二个五年规划》；"外资金融机构集聚上海发展"，上海市金融工作委员会网站，http://sjr.sh.gov.cn/Category/Detail?informationid=104622。
④ 数据来源：The International Association Meetings Market 2013. ICCA Statistic Report.
⑤ 数据来源：《国内三大枢纽国际航线竞争力》，载《中国民航报》2015 年 7 月 3 日；《深圳机场国际通航点增至 20 个》，载《深圳商报》2015 年 4 月 17 日。

续表 2-4

总目标	分目标	子目标	指标项	广州	北京	上海	深圳
城市发展水平评价指标体系	城市国际化职能	文化领域	国际互联网用户普及率	100	106.5	102.7	105.3
			国际艺术展演数量①	100	376.8	286	—
			国际新闻机构办事处②	100	1020.4	1971.5	—
		政治领域	友好城市数③	100	218.2	340.9	72.7
			使领馆数量	100	2075.0	287.5	0
			国际组织数量④	100	300	—	—

资料来源（除注明外）：

广州有关数据来源于《2013年广州统计年鉴》或根据年鉴数据间接计算得到；

上海有关数据来源于《2013年上海统计年鉴》或根据年鉴数据间接计算得到；

北京有关数据来源于《2013年北京统计年鉴》或根据年鉴数据间接计算得到；

深圳有关数据来源于《2013年深圳统计年鉴》或根据年鉴数据间接计算得到。

注：部分数据因没有准确的官方统计数据暂缺。

---

① 数据来源：广州、上海、北京政府外事办公室调研资料。

② 数据来源：广州市人民政府外事办公室网站；《上海年鉴》资料1999—2013年；北京数据根据互联网资料汇编整理。

③ 数据来源：分别来源于北京、广州，上海和深圳外事办公室网站最新统计数据。

④ 数据来源：北京数据根据中华人民共和国外交部网，http://www.fmprc.gov.cn/chn/gxh/tyh/资料整理。

第一，整体上看，城市现代化建设不输其余三市，国际化职能薄弱。衡量城市现代化水平的12项指标项中，广州在2项指标（人均GDP、每万人拥有医生数）上较为领先，在4项（人均地方财政收入、每100人公共图书馆藏书、R&D投入占GDP比重和每万人专利授权量）上明显弱于其余三市，在其余6个指标项上与其余三市表现相近。由此可见，广州与北京、上海、深圳在城市现代化建设方面相差不大，四市各有优缺点，大致处于同一水平。在城市对外交往能力方面，从指标数据表现来看，"经贸领域"6项指标中广州除了在"跨国公司地区总部"一项上位于深圳之前，其余各项均排在末尾；在社会、文化和政治领域虽好于深圳，但与北京、上海两市差距甚大。可以说，广州的城市国际化职能和对外交往能力明显薄弱，不仅与北京、上海相比差距较大，在经济对外交往方面也落后于深圳。

第二，经济国际化程度偏低，制约城市辐射力和控制力。雄厚的经济实力是城市国际化的基本条件，高能级国际城市通常都具有巨大的经济体量。虽然广州经济持续快速增长，但经济总量与高能级国际城市相比差距较大，当前GDP总量仅相当于纽约的5.8%、东京的5%，在世界经济体系中的影响较为弱小。从指标表现来看，广州在经济贸易国际化方面表现较差，3项指标严重低于北京和上海，其中"进出口贸易额占GDP比重"与"世界500强企业集团总部"指标更排在末位。"进出口贸易额占GDP比重"是衡量贸易开放程度的一个基本指标，近年来我国的外贸依存度保持在60%～70%，广州的这一指标表现与全国平均水平相当，但与北京、上海、深圳相比则大幅落后，反映了广州与国际市场的联系程度和开拓海外市场的能力尚未达到较高水平，严重制约了广州的对外辐射能力。

国际城市聚集了众多跨国公司总部，是全球生产经营和企业跨国运营的决策中心。"世界500强企业集团总部"和"跨国公司地区总部"这2项指标能够反映出城市的国际经济控制力，例如世界500强企业中有44家落户纽约，15家总部设在巴黎。2013年世界500强总部广州仅有2家，北京有48家，上海有8家。这虽然具有一定的历史和政治原因，但国家商务部门认可的跨国公司地区总部也甚少落户广州，而上海的总部经济发展迅猛，相形之下，广州已远远落后于北京、上海，一定程度上说明广州在投资环境和经济繁荣程度上的不足，反映了广州参与国际经济活动的深度与广度。在衡量资本构成国际化的3项指标中，广州均处于落后地位，表明广州吸引外资的集聚力和资本"走出去"的能力相对较弱。国际城市应是国际资金融通、集散和交易的中心城市，"外国金融机构数量"指标可以考察城市金融的市场辐射和对外开放程度。目前，驻穗外国金融机构数量不到上海的五分之一，反映出广州金融业发展相对滞后，金融国际影响力偏低。深圳综合开发研究院发布的"中国金融中心指数"中，广州位居北京、上海、深圳三大金融中心之后，远未进入国际甚至亚洲金融中心的行列。

第三，科研创新能力不足，影响城市现代化水平提升。城市国际化是以相当程度的现代化发展为前提的。在衡量城市现代化水平的12项指标项中，广州的表现明显较弱，除了在"人均交通道路占有面积"1项指标上领先北京，有4项指标在四市中处于末位，包括"城市经济"子系统的"人均地方财政收入"指标，"城市文明"子系统的"每100人公共图书馆藏书"指标，以及"城市创新"子系统的"R&D投入占GDP比重"和"每万人专利授权量"指标。与2009年开展的研究相对照，结果显示，近年来北京、上海和深圳三市的城市现代化建设步伐较快，广州与其余三市的距离出现了拉大的趋势。尤其在城市科技发展和创新方面，广州的R&D投入强度为2.25%，仅相当于2007年世界平均水平，研发投入规模远远低于北京、深圳等市；专利授权量远落后于其他三市，反映出广州在自主创新能力方面存在较大差距。

第四，对外交往活跃度不足，制约城市影响力和沟通力。国际城市是国际交往中心，国际交流活动频繁，国际交往人口规模庞大。在城市对外交往方面，当前广州的友好城市和使领馆数量少于北京、上海，尤其是在常驻境外媒体方面与北京、上海具有较大差距，表明广州的对外交往途径相对狭窄,与国际社会的交往程度和信息交流程度相对较低。人口的国际交往指城市中国际性人口流动的状况,能够充分反映城市的国际交往能力和国际化水平。一般而言,国际大都市的外籍侨民占本地人口比重应在0.6%以上,入境旅游人口占本地人口比重应高于40%,市民运用英语交流的普及率应达到40%以上①,例如纽约和伦敦,国外出生人口占其人口总数的三分之一,新加坡外国人口近20%,香港外国人占7.8%;② 2010年,伦敦接待境外游客达1460多万,③ 纽约达970万,④ 广州当前的发展情况与以上标准尚有较大距离,在人员流动方面尚未具备高能级国际城市强大的吸引力和包容性。

国际城市往往是国际组织总部的所在地,城市拥有国际组织机构数量直接反映其在国际政治经济中的地位和影响力,例如巴黎,入驻国际组织机构多达200家;纽约是世界上最大和最具影响力的国际组织——联合国总部的所在地;东京有12个联合国机构。从国际组织入驻国内城市情况来看,北京当前有国际竹藤组织总部、联合国亚太地区农业工程与机械中心、上海合作组织秘书处等三个国际组织落户,亚洲论坛总部设在海南博鳌,而广州仅有世界大都市协会的亚太区域总部入驻,在全球国际事务中的作用与高能级的国际城市差距巨大,本土非经济组织也缺乏组织开展国际活动的能力,表明广州当前在国际社会中地位不高,对全球性事务的影响力和控制力较为微弱。

举办大型国际会议数量是城市对外交流频度的重要标志,据统计,巴黎每年举办的大型国际会议数量在200~300个,新加坡平均有130个左右。2013年广州举办的国际经贸、文化、学术交流等会展活动不仅在数

---

① 杨建、傅强、钱明辉:《国际化都市之路》,经济科学出版社2011年版。
② 刘玉芳:《北京与国际城市的比较研究》,载《城市发展研究》2008年第2期。
③ International Passenger Survey. http://www.londonandpartners.com/media-centre/press-releases/2011/overseas-visitors-to-london-spend-more-than-86-billion-in-2010-as-capital-bucks-uk-trend.
④ NYC Statistics. http://www.nycgo.com/articles/nyc-statistics-page.

第二章 广州国际化大都市的发展演进

量上远远低于这些国外先进城市以及北京、上海等市,在规模和影响力上也有较大差距,加上国际文化展演数量较少,表明广州当前对全球经济、文化和学术活动的影响力非常有限。

第五,基础设施建设仍有不足,影响城市聚散和交换能力。国际城市是世界或区域交通枢纽,要求城市内部与外部交通衔接情况良好,高速公路、世界级港口和国际航空运送能力强大。国际城市也是国际信息通信网络的重要节点,是全球信息交流中心和信息服务业的主要生产中心,因此,城市信息通信要设施先进、普及率高。从对外交通国际化指标来看,纽约、东京、伦敦、新加坡等国际城市都有两个以上国际机场,国际国内航线数量和运送旅客人次众多。2013年,纽约3个机场运送旅客接近1.05亿人次,香港机场客流量达到5400万人次,广州则刚刚突破5000万人次;新加坡樟宜机场与世界上60多个国家的180多个城市通航,香港机场每周有超过6000个航班飞往世界150多个城市,而广州白云机场目前开通的国际航线只有57条,国际通航点和接待国外游客数量大幅低于北京和上海。从信息国际化指标来看,广州的国际互联网普及率为71.2%,但与新加坡的77.8%、香港的87%还有一定差距。虽然广州城市基础设施整体上比较完善先进,但在对外交通和信息交换指标表现上与能级较高的城市相比仍有较大不足,说明广州与国际社会的人员和信息交换能力尚待提高。

综上所述,从当前发展水平来看,广州的城市国际化发展水平总体上低于北京和上海,局部低于深圳,在全球国际城市的体系划分中大致处于中级国际城市的位置。广州在城市现代化建设方面与北京、上海、深圳的水平大致相当,但在城市国际化职能方面表现较弱,尤其是文化软实力和对外传播能力有待提高,参与国际经济循环、国际资本聚散的能力有待加强,政府和民间对外交流交往的深度与广度需进一步拓展。

第三章

21世纪海上丝绸之路战略下广州国际化大都市建设的路径

海上丝绸之路是古代中国与外国贸易往来和文化交流的海上大通道，经由海上丝绸之路形成的世界性贸易网络，推动了沿线各国的共同发展。2013年10月，习近平主席在访问东盟国家时提出"发展好海洋合作伙伴关系，共同建设21世纪海上丝绸之路"的重大倡议；2015年3月，国务院发布《推动共建丝绸之路经济带和21世纪海上丝绸之路的愿景与行动》，将21世纪海上丝绸之路建设上升为国家战略。与历史上的海上丝绸之路相比，21世纪海上丝绸之路建设具有新的时代内涵，是党中央总揽国家发展全局做出的重大战略部署，是全面深化改革、拓展经济发展空间、构建和平稳定周边环境和部署全方位外交新格局的迫切要求。加快推进21世纪海上丝绸之路建设，是广州服务国家总体战略的必然要求，也是广州进一步深化对外开放、加快国际化大都市建设的重要战略机遇。

海上丝绸之路是中国历史上重要的海上通道，中外贸易和文化交流盛极一时。广州是古代海上丝绸之路的起点，中国最早的对外通商口岸的重要地位使得广州早在唐宋时期已发展成为国际性城市，19世纪中叶更成为世界十大城市之一。古代海上丝绸之路的历史辉煌，造就了广州源远流长的对外贸易和人文交往传统，形成了海上丝绸之路影响下的开放多元的岭南文化，使得广州在历史长河中经历了国际大都市的发展高潮。在建设21世纪海上丝绸之路的新的历史时期，随着沿线地区基础设施互联互通、产业金融合作、经贸合作和人文交流等建设的全面铺开，国际合作基础日趋坚实，国际发展空间进一步拓宽，外部发展环境将更加优良。广州作为对外开放前沿、重要的国家中心城市和21世纪海上丝绸之路建设战略枢纽城市，在深化开放合作、进一步提升城市国际水平的发展新阶段，要紧抓21世纪海上丝绸之路建设的宝贵机遇，加强城市国际化的区位、经济、文化、环境和城市外交路径建设，将广州打造成为全球影响力的国际化大都市。

第一节 21世纪海上丝绸之路建设的广州机遇

一、21世纪海上丝绸之路的时代内涵

21世纪海上丝绸之路建设为"海上丝绸之路"这一称谓注入了全新的时代内涵。在合作层面上，从历史上沿线各海港城市自发形成和参与到国家战略层面的宏观部署，中国与沿线各经济体将在国家层面上形成多领域、多元化、全方位的战略合作关系，合作层次高，合作机制和合作方式多元，双边或多边的区域经济一体化组织、自由贸易协定等都将成为合作探讨的内容。从覆盖范围来看，经济全球化时代的21世纪海上丝绸之路覆盖区域更加广阔，不再局限于古代海上丝绸之路能够直接影响的沿海地区，其辐射空间和区域将以沿线国家和地区为依托，以沿海港口为支撑点，呈现出立体化的网状辐射空间新格局。从合作方式来看，古代海上丝绸之路以海上贸易、商品输出为主，后期又发展为殖民活动和海上贸易垄断，而21世纪海上丝绸之路则是以和平发展、合作共赢为主题，以推动沿线国家间的经贸合作和文化交流，打造政治互信、经济融合、文化包容的命运共同体和利益共同体为主旨的发展新理念、新道路，必将赢得更多国家和地区的参与与合作。从合作范畴来看，历史上的海上丝绸之路主要是互通有无的商品贸易，而21世纪海上丝绸之路的合作范畴更广阔，在商品贸易种类极大丰富和多元之外，服务贸易也将蓬勃兴起，国家和地区间合作的内容将渗透到包括生产、经营、流通、销售等环节在内的整个产业分工体系；在贸易之外，还将延伸到基础设施的互联互通、人文交流和人员往来，农业、科技、教育、旅游、信息、能源等各个领域都将迎来互利合作的大好时机。总而言之，21世纪海上丝绸之路建设具有强烈的时代特色和丰富内涵，为广州国际化大都市建设带来了多重的宝贵机遇。广

州加快建设 21 世纪海上丝绸之路战略枢纽城市，实质上就是要借助新时期丝绸之路建设带来的世界范围内的大规模的经济贸易活动和人文交流，提升城市发展能力，优化城市功能和对外辐射影响能力，助推广州迈上全球城市体系的更高层级。

二、21 世纪海上丝绸之路为广州国际化大都市建设带来的发展契机

（一）有助于广州开放型经济转型升级

开放型经济的形成与发展不仅表现在货物贸易的进出口上，还包括服务、劳动力、资金等要素可以较自由地跨国界流动，在全球或区域大市场实现资源的最优配置。从体制机制的层面来看，开放型经济本质上是一种经济制度，致力于主动对接世界经济以及世界经济规则。共建 21 世纪海上丝绸之路是新形势下应对挑战、用开放倒逼改革的重要途径，有利于建立与国际接轨的投资管理体系和政府经贸管理体系。开放型经济是广州经济最根本的特征，21 世纪海上丝绸之路战略的实施有利于推动广州投资体制和政府管理体制的改革创新，加快形成与世界经济规则接轨的开放型经济体制，率先实现转型升级，有利于广州在改革创新中培育参与和引领国际合作与竞争新优势，更加紧密地把广州经济发展和世界经济体系联系在一起，在更深层次、更宽领域配置资源、组织市场，促进广州新型开放经济体系形成，全面提升经济发展的国际化水平。

（二）有助于加快广州国际贸易中心建设

海上丝绸之路首先是贸易之路，实施 21 世纪海上丝绸之路战略的目的在于打造一条中国连接世界的新型贸易之路，促进世界海洋贸易一体化发展的同时，提升中国在全球贸易格局中的地位和话语权。广州是中国的南大门，历来是重要的对外贸易中心，也是广交会这一中国对外贸易名片

的举办地,近年来对外贸易不断升级优化,在美国、欧盟、日本等传统主要贸易伙伴之外,与东盟地区国家合作逐渐升温,亚非拉地区新型市场增长趋势明显;海洋经济发展势头良好,整体实力位居全国前列,与海上丝绸之路沿线国家开展海洋新型产业和海洋科技合作具有较大发展前景;各类经济开发区、产业园区等经贸合作平台基础优良。21世纪海上丝绸之路建设的深入推进,将为广州进一步拓展和深化与沿线国家和地区的经贸合作创造有利条件,有助于广州加快形成在环南海地区乃至全球范围内具有重要影响力的国际贸易枢纽城市。依托中国与东盟等沿线国家的贸易一体化,广州可进一步扩大对外贸易往来,一方面为具有比较优势的制造业走出去创造国际市场空间,带动产业转型,提升国际竞争力;另一方面有利于引进和利用国外先进技术和廉价生产要素,促进进出口贸易量的增加和对外贸易结构升级,进一步凸显广州国际贸易中心作用。

(三) 有助于打造广州国际航运中心

21世纪海上丝绸之路建设以沿海港口为支撑点,以立体网状格局辐射沿线地区,为沿海港口城市和航运业发展带来新的动力,将促进港口城市发生质的变化和量的提高。广州历史上就是海上丝绸之路重要的枢纽港,当前作为国家中心城市,辐射带动功能突出,商业贸易发达、"千年商都"地位斐然,航运发展基础良好,腹地经济持续快速发展,21世纪海上丝绸之路战略的实施为广州进一步强化航运枢纽功能、建设国际航运中心提供了有力支持。《推动共建丝绸之路经济带和21世纪海上丝绸之路的愿景与行动》中明确提出要加强沿海港口城市建设,将广州打造为国际航运枢纽;广州作为21世纪海上丝绸之路建设的战略节点城市,借助战略契机,可充分发挥连接内地、辐射海外的枢纽功能和集散功能,利用穗港澳和泛珠三角区域合作以及南沙自贸试验区的独特优势,吸引航运高端产业要素集聚,优化航运资源配置,加强与世界各国港口的合作,打造对亚洲乃至全球商品具有聚散和辐射功能的国际航运枢纽,建设亚太地区最具活力和国际竞争力的国际航运中心,助推广州枢纽型网络城市建设。

(四) 有助于广州发展总部经济

总部经济是体现国际化大都市国际经济控制能力的一种重要经济形态。21世纪海上丝绸之路建设将推动物流、人流、资金流和技术流向沿海城市集聚，大量跨国企业也随之而来，一方面，广州作为国家中心城市和具有区域影响力的国际化大都市，必将承接各类资源的交割、中转或就地消化，成为跨国公司总部的优选所在地。另一方面，广州加快21世纪海上丝绸之路建设的过程也是全力支持珠三角地区从被动接受国际分工转向自主参与国际分工，从世界产业链、价值链的低端向中端和高端提升的过程。21世纪海上丝绸之路战略的实施，有利于广州在引领珠三角转型升级的过程中发展成为制造总部、研发总部和运营总部的集聚中心，有利于广州发挥综合服务功能的优势，成为航运、金融、贸易、高增值服务等领域的跨国公司总部的集中地，成为组织国内外经济活动的重要平台，对全国乃至全球经济的控制功能不断增强，进一步强化全球资源配置中心功能和地位。

(五) 有助于广州打造对外交往中心

古代海上丝绸之路既是贸易之路也是文化交流和人文交往之路，新时期海上丝绸之路建设不仅着眼于加强与世界的经济联系，更要筑牢深化合作的人文和民意基础。广州历史上是古代海上丝绸之路重要的对外交往枢纽，贸易往来和人文交流盛极一时，在建设21世纪海上丝绸之路的新时期，广州发挥对外交往传统优势和各类资源优势，建设中国海上丝绸之路经济带对外交往中心大有可为。21世纪海上丝绸之路建设的深入推进和全面铺开，有利于广州进一步加快文化对外开放，提高广州海上丝绸之路的文化影响力，掌握海上丝绸之路话语权；有利于深化城市外交，扩大与东盟国家等沿线国家城市的友好关系建设，增强在国际城市组织的决策权，提升城市国际影响力和辐射力；有利于广州塑造城市国际形象，提升城市美誉度，为广州开放发展打造优良的外部环境；有利于广州作为国际

化大都市在跨国人口流动管理服务方面做出有益探索,为中国城市做出经验积累和创新示范。

第二节　国内外国际化大都市建设的启示

从全球城市发展历程来看,无论纽约、伦敦等最高能级的世界城市,香港、新加坡等区域性国际城市,还是北京、上海、深圳等国内快速崛起的国际大都市,都以不断深化开放合作作为加快城市国际化进程的重要途径,这些城市的成功经验也为广州加快国际化大都市建设带来了有益的借鉴。

一、世界城市

伦敦和纽约是公认的两大世界城市,位于全球城市金字塔体系的最顶端。进入21世纪以来,面对经济一体化带来的世界城市间的激烈竞争,伦敦、纽约等城市纷纷采取主动措施,巩固和强化其世界城市地位,其中最具特色并具有借鉴意义的是伦敦以加强开放为核心实施改革,重拾和强化其世界金融中心地位,纽约则大力实施城市营销,以城市品牌建设增强城市软实力和国际影响力。

伦敦金融业历经数百年发展,曾一度受到纽约、东京等新国际金融中心的较大冲击而发展低迷。20世纪80年代末以来,英国政府以开放金融服务业为核心实施改革,加强稳定、开放、独创性和高水平技能的金融环境建设,保持相对宽松的监管规定以及具有竞争力的税收环境,使伦敦金融城在21世纪以来重拾全球最具竞争力金融中心地位。首先是放宽监管破除竞争壁垒,实施以《限制交易行为法》为标志的"金融大改革",放宽对金融机构经营业务的限制,对外国金融机构降低准入门槛、放开市

场;取消固定佣金制,使有实力的机构能集中业务获得规模效应,降低成本;成立金融城特别工作组,了解企业需求,及时调整完善应对全球竞争所必需的激励、监管机制。其次是加大金融国际化推进力度,改组英国贸易投资署(UKTI),扩大全球范围的伦敦金融服务宣传,尤其是聚焦中国、印度、东欧和海湾国家等关键市场;推动达成新的世界贸易协议,深化与欧盟、美国合作,推动金融服务业进一步对外开放。① 最后是吸引国际高端金融人才,以提高对外国高技术人才的开放程度为目标,出台新的记分制移民制度,吸引国际高端人才,为国际金融中心的运作与发展提供充足的人力资本。

城市营销是提升城市国际知名度、增强城市国际竞争力的重要手段。纽约将城市营销提升到城市发展战略的高度,通过塑造城市品牌形象,为城市带来良好的全球声誉和国际市场,城市整体软实力获得了巨大增益。一方面,实施城市营销专业化。纽约是首个成立专业城市营销推广机构的世界大都市,2003年纽约市营销开发公司成立以来,在整合全市营销资源和无形资产开创非传统财富收入、支持政府机构工作和重要激励政策、向全球营销纽约以增加就业机会和吸引游客方面均取得了极大成果;随后又将负责城市营销的3个专门部门——纽约营销开发公司、纽约重大活动公司和纽约旅游会展局合并成立新的纽约旅游会展局,集中人力、财力实施效益最大化,推动经济繁荣并在全球传播纽约市的良好形象。另一方面,积极创新营销策略,以体育运动、文化娱乐和社会公益行销为基础,创新营销城市的新方法,通过合作伙伴关系、媒介关系和许可证等方式,深入挖掘城市的有形和无形公共资产,为城市创造经济收益,进一步巩固纽约多元化的城市形象。② 目前,纽约已成为全球众多城市的楷模,新加坡、伦敦、洛杉矶、杜塞尔多夫等国际大都市纷纷效仿纽约模式和做法,

---

① 王朝阳:《英国金融服务业的产业发展和地理布局》,载《银行家》2001年第10期。
② 纽约市政府网站,http://www1.nyc.gov/nyc-resources/categories.page;纽约市营销开发公司网站,http://home.nyc.gov/html/nycmktg/html/home/home.shtml。

设立了类似的市政府机构进行城市营销和形象品牌推广。

二、区域性国际城市

新加坡和香港是区域性国际城市，在全球城市体系划分中仅次于伦敦、纽约等世界城市。不断深化开放合作，积极融入全球经济网络，是新加坡和香港在较短时间内快速崛起成为具有重大国际影响力的发展路径。

新加坡在对其区位优势、制度建设和经济政策选择等因素的综合考量下，大力发展总部经济，推动新加坡成为亚洲地区最具国际竞争力的城市之一。第一，发挥区位优势，定位全球化经济网络枢纽，利用连接东西方世界的有利地势，在经济发展战略上定位为连接东西方世界产业体系的枢纽，大力发展金融和商业服务总部经济。第一，鼓励跨国公司在新加坡从事生产以外的工作，推广新加坡制造方面的服务，如采购与测试；接着吸引独立的服务项目，如物流管理等；然后趁势推出总部计划，根据不同的企业总部类别采取各种针对性优惠措施。第二，高效廉政，为吸引国际投资打好制度基础，以机构精简、手续简便、工作效率高为政府机构工作准则，同时致力于廉政建设、立法健全、执法严厉，形成了强大的监督和制约机制。廉政、高效、制度化、可预见性强的行政环境对跨国公司产生了巨大的吸引力，优质的制度软环境吸引了大批跨国公司地区总部入驻，最新统计显示全球有 6000 多家跨国公司的区域总部设在新加坡。① 第三，基础设施和服务业发达，为总部经济发展提供重要支撑。新加坡拥有全球最繁忙的中转集装箱码头，处理着全球四分之一的转运量，能为客户提供通往 130 个国家 700 个港口的 200 多条航线；国际客、货航班往返于 50 个国家的 140 个城市，每周定期航班 3250 次；每秒 21 兆兆位的国际互联宽带基本普及；作为全球第四大外汇交易中心和亚太财富管理中心，有超

---

① 贺龙德:《台湾香港新加坡产业升级经验借鉴研究》，http://www.doc88.com/p-11746917820.html。

过 500 家的本地和外国金融机构提供金融产品和服务。发达的对外传输能力和生产性服务业保障了新加坡的资源聚散和生产要素配置能力,为总部经济的繁荣创造了动力和条件。

香港通过大力发展现代服务业,打造成为世界经济中心。现代服务业是香港的经济支柱,占本地生产总值比例超过 90%,金融、会展、物流、贸易等现代服务业水平处于全球领先地位。[①] 在高级化的生产和消费综合服务业的带动下,香港已发展成为世界金融中心、贸易中心、航运中心、旅游中心和信息中心。其采取的主要措施如下:一是专业配套强化集聚效应。香港政府为服务业市场的正常运作和发展提供了良好条件,不断完善投资和经营环境所必需的交通通讯等硬件设施,促进金融、法律和司法等制度与国际惯例接轨,提升教育、培训等服务业配套基础。完全的国际化市场和优良的营商投资环境吸引了市场信息、资金、技术和人才汇聚及自由流动,集聚效应明显且实现了良性循环,推动香港服务业的纵深发展,不仅是生产性服务业中心,而且涌现了大量为服务业服务的项目和机构,逐渐形成"服务业中的服务中心",成为全球服务业集聚度最高的地区之一。二是深化区域合作巩固服务中心地位,充分利用内地与香港的优势互补,积极开展区域合作,巩固国际服务中心的地位。特别是 2003 年 CEPA 签署以来,货物服务贸易自由化、贸易投资便利化政策的实施,为香港经济持续增长和服务业发展注入了强劲动力。借助在中国经济发展和区域经济合作中的重要中介功能的强化,香港进一步巩固了其世界经济中心的地位。

三、国内先进城市

国内外研究认为,在当前全球城市体系中,北京、上海、台北等已

---

① 香港贸易发展局网站,http://hong-kong-economy-research.hktdc.com/business-news/article。

处于较高层级,排名均高于广州,深圳、天津等城市则与广州不相上下或紧紧追赶。近年来,国内城市均加快国际化发展步伐,北京提出建设"中国特色世界城市"、上海以打造"卓越的全球城市"为目标、深圳着力"国际化城市"建设,这些城市的思路与做法也为广州提供了有益借鉴。

(一) 实施高规格开发区带动战略

上海以浦东新区开发引领经济腾飞。浦东开发开放的动力源自上海20世纪80年代面临的经济结构不合理、空间布局逼仄和体制机制局限等发展瓶颈和转型压力。从1990年作为国家发展战略、2005年获批综合配套改革试点开始,浦东获得了国家在财政税收和资金、对外开放、体制创新等一系列优惠政策支持,成为全国对外开放度和市场准入度最大的地区之一。浦东新区的开发开放有效带动了上海经济腾飞,促进了先进制造业和现代服务业主导的现代大都市型产业体系的形成,奠定了城市功能拓展的基础,彻底改变了上海的城市空间布局,提升了城市的服务功能,为上海打造国际经济、金融和贸易中心的城市国际化建设做出了卓越贡献。

天津以滨海新区打造经济高速发展引擎。滨海新区位于环渤海经济圈核心位置,依托北京、天津两大直辖市,土地、石油、海洋等自然资源丰富,工业基础雄厚,消费市场潜力巨大,城市配套设施完备。2005年滨海新区被纳入国家"十一五"规划,2008年经国务院批复成为国家综合配套改革实验区,在金融改革、土地管理、财政税收和对外开放等方面享有政策优势。在优越的基础条件和国家政策大力扶持的带动下,滨海新区获得了高速发展,成为天津建设国家中心城市的强力引擎。(见表3-1)

表3-1 滨海新区引擎作用显著

载体优势	拥有规划面积2270平方公里，1214平方公里可供开发的土地，3000平方公里海域面积，广阔的环渤海腹地，聚集了国家级开发区、保税区、高新区、出口加工区、保税物流园区和中国面积最大、开放度最高的保税港区
政策优势	是副省级区、国家综合配套改革试验区和国家级新区。在体制改革、科技体制改革、涉外经济体制改革、金融改革创新、土地管理制度、城乡规划管理体制改革、农村体制改革、社会领域改革、资源节约和环境保护等管理制度、行政管理体制改革等10个方面拥有国家大力支持
拉动效用	载至2011年，GDP占全市54.5%，工业占71%，外贸出口总额占62%，实际直接利用外资金额占65.7%，建成160家以上国家级、企业、博士后等研发机构及工作站

（二）大力发展现代服务业

首先，加快国际金融中心建设，增强国际经济控制力和辐射力。在以金融业为重点发展现代服务业的产业调整思路下，上海以建设国际金融中心作为转型发展的重要着力点，将建设国际金融中心上升到国家战略的高度，先行先试、开展一系列试点和创新，持续提升了上海作为金融中心的对外开放程度和市场辐射力。2011年第九次全球金融中心指数（GFCI）排名中，上海位居第5位，成为仅次于伦敦、纽约、香港、新加坡的重要国际金融城市，上海在全球经济中的控制力逐步显现。其次，大力发展总部经济，增强国际要素控制力。总部经济是助推北京产业升级和经济转型的重要战略。北京是全国率先提出发展总部经济的城市，1999年出台的《关于鼓励跨国公司在京设立地区总部的若干规定》及此后一系列政策措施建立了重要服务事项协调制度、重大项目绿色通道服务制度、政府奖励制度、人员通关和人才引进等管理和服务工作机制，有效地推动了总部经济的发展。目前，北京已形成了金融街、中关村科技园区、朝阳区CBD等国内外知名的总部经济基地。2016年，北京已有世界500强企业总部

52家，超越东京，连续三年位列全球城市第一位；[①] 总部经济能力连续多年全国第一。由此可见，总部经济已成为首都经济的重要特征，随着聚集高端要素能力的增强，北京将吸引更多全球跨国公司地区总部和国际机构，占据全球产业链和价值链高端，在更高层次、更高水平上融入全球经济。第三，建设国际航运中心，强化要素聚散能力。上海建设国际航运中心在2009年获得国家政策层面的支持，依托现代产业体系、科技研发能力、金融服务体系和综合交通网络，上海将建成多种运输方式一体化、功能完备、结构优化的国际航运中心和枢纽，国际航运资源整合能力将进一步增强，全球资源配置能力将获得极大提升。

（三）加快发展高新技术产业

建设创新型城市，提升全球产业链地位。依托文化科技中心、科研院校众多、科技人才密集、高新技术产业实力强等创新资源优势，北京以建设创新型城市作为转变经济增长方式和经济结构调整的最优路径，出台系列政策措施，吸纳国内外人才和技术要素，围绕信息、文化创意、研发、金融、生物、软件等产业，创办国家高新技术产业基地等高端创新平台，支持科技型中小企业成长，完善京津冀、环渤海联动创新体系促进区域纵深合作，走自主创新道路，建设世界级的创新型城市。2010年，北京在全球创新型城市排名中列第53位，对高端资源的整合力、控制力和科技创新辐射力明显增强，有力助推了城市功能升级，使北京逐步成为世界经济体系中具有高层控制力的节点城市。

打造高新技术产业体系，汇聚国际先进生产要素。深圳出台政策引导、财政金融支持、人才支撑和知识产权保护等一系列扶持政策，汇聚国内外资金、先进技术、人才和管理经验等先进生产力要素，促进高新技术产业体系建设和高新技术企业成长；不断加大用于科技发展的财政投入；

[①] 《北京拥有世界500强企业总部52家 全球三连冠》，载《北京日报》2016年2月18日。

针对源头创新和原始创新的不足，重点加强公共创新平台和基础设施建设，打造完整的产业支撑体系；改善风险投资和创业投资环境，完善技术产权交易市场、实施企业成长路线图计划，推动创新型企业成长。目前，深圳已初步形成了以企业为主体的创新体系，形成了电子信息、机电一体化、新材料与新能源、生物技术四大高新技术产业集群，产业规模位居全国首位。

创立科学工业园区，以科技升级带动工业升级。台湾以"能出口、有资源、少公害、高附加值"为原则，实行以电子信息产业为代表的高科技产业主导产业升级的"策略性产业"优先发展政策，采取设立贷款基金、税收优惠、放宽外汇管制、增拨研发经费等扶持政策，辅以技术辅导、贸易政策和营销政策等，促进新兴高科技产业的优先发展。仿效美国加州"硅谷"的做法，创设生产与科研相结合的基地，促进技术密集型产业的发展。"新竹科学工业园区"以及此后台北、桃园等四大科学工业园的建设，为台湾建立电子信息为代表的技术密集型产业创造了良好的投资环境，在吸引民间投资、引进高科技产品、培养高科技人才以及研发等方面取得了较大的社会经济效益，产生了巨大的示范作用。

（四）加强推进区域一体化

经济一体化是提升地区经济竞争力的重要手段。经过多年发展，长三角地区已成为中国综合实力最强的区域和全球第六大都市圈，① 区内城市群经济实力强、参与国际竞争合作程度深、相互间分工协作关系紧密。上海积极融入长三角一体化，依托高能级城市群腹地，以建设国际经济、金融、贸易和航运中心为目标强化城市综合功能，完善合作机制，深化基础设施、产业布局、环境保护等重点领域合作，大力推进长三角一体化进程，以上海的高端国际化引领长三角城市群深度一体化，以区域国际竞争

---

① 中国科学院地理科学与资源研究所《2010中国城市群发展报告》提出，长三角城市群已成为国际公认的六大世界级城市群之一。

力和辐射力的增强提升上海建设世界城市的发展动力。

（五）实施大项目带动战略

首先，以战略性大项目提升国际竞争力。在滨海新区的载体平台上，天津依托国家政策优势引进了一批具有国际竞争力的战略性大项目、好项目，强力集聚了国内外资本、人才和技术资源。2009—2011年三年内引入的5000万元以上工业项目由375个上升到925个，投资额从5812亿元增加到1.3万亿元，乙烯、炼油、空客、直升机、超算中心、风电等大型项目建成投产，运载火箭、造修船、和谐型机车、长城汽车、中粮佳悦等一批项目开工建设，增强了工业发展后劲，快速提升了产业竞争力。大项目、好项目的作用在于：一是促进产业集群发展。在大投资、大项目带动下天津已形成航天航空、石油化工、装备制造、电子信息、生物医药、新能源新材料、国防科技和轻工纺织等八大优势支柱产业；二是促进区位发展。大项目的落户也极大地带动了城区周边区域及示范镇建设。

其次，以重大高端项目带动产业链聚集。深圳在新一轮的产业转型升级中出台多项政策吸引包括电子信息等高技术制造业，生物医药、新能源、云计算等战略性新兴产业，金融保险等现代服务业在内的重大高端项目，对华为、中兴、华大基因、腾讯等一批重大技术攻关和产业化项目给予超常规支持。仅2011年前十个月，深圳与世界500强和境外大型企业签署合作项目达21项，总投资额达33亿美元，与央企签署合作项目52项，总投资额达4700亿元。这些重大高端项目的落地将极大地促进产业结构优化和产业链的完善，强化总部经济地位，进一步增强深圳的国际竞争力。

（六）完善创新体制机制

深圳以率先实现与国际规则接轨为目标，深化行政管理体制改革，优化政府职能结构、提高行政执法效率；通过人事制度改革，率先形成人才自由流动机制；通过分配制度改革，极大地激发了企业家和技术人员的创造力；通过要素市场改革，企业得以按照市场规律高效配置资源；通过投融资制度改革，形成了相对完善的创业经营资金链；通过试点商事登记制度改革，增强民营经济和中小企业竞争力。体制机制的不断创新，为深圳聚集国内外发展资源提供了良好的制度环境和政策支持。随着前海合作区建设的推进，前海"特区中的特区"的地位将带动深圳再创体制机制新优势，在法制建设、政府服务、财税、土地、人才等多个方面实现与国际接轨，打造"全球最佳营商环境"。

（七）加强对外交往，举办高规格国际盛会

首先，促进高规格对外交往，提升城市国际地位。北京多年来打造具有国际影响力的世界级大都市的经验之一就是发挥首都的政治、文化优势，通过高规格对外交往开展公共外交，宣传推广城市国际形象，提升城市美誉度和国际地位。多管齐下、注重实效的交往方式促进了立体化的对外交往格局的形成，有力地提升了北京的国际形象和国际影响力。其次，举办高规格国际会展。国际会展能够带来强大的注意力资源，是城市形象推广的有效途径，也是衡量城市国际化程度和经济发展水平的重要标准之一。上海以举办高规格国际盛会作为塑造城市品牌形象、提高城市国际知名度的重要手段，通过举办上海合作组织峰会、世博会等世界级国际会议和展会，树立了上海的城市品牌形象，向世界传播了上海的城市精神，极大地提升了上海的国际美誉度和影响力。

第三节　广州加快国际化大都市建设的路径

在新一轮构建对外开放格局的大潮中，"一带一路"倡议的实施以及南沙自贸实验区战略、珠三角建设国家自主创新示范区等多重战略机遇，为广州深化城市国际化建设创造了千载难逢的良好条件。广州作为21世

纪海上丝绸之路建设的"排头兵"和主力军，应紧抓这一宝贵机遇加快国际化大都市建设，促进城市国际化发展水平再上新台阶。

一、广州建设国际化大都市的区位路径

从伦敦、纽约等世界城市的区位特征和发展历史来看，城市群、城市带的兴起极大地促进了城市国际化发展进程。国际城市是所在城市群、城市带的中心城市，在人口规模、城市功能、经济实力等方面十分突出，具有强大的聚散和辐射功能以及垄断和控制地位，此外还拥有优越的交通区位，是重要的航空枢纽、水运港口和交通路网的中心。广州加快城市国际化建设的区位条件优越表现在：地处我国南大门，依山傍水，是华南最大的中心城市，自古以来就是商埠重镇和对外口岸；建成了四通八达的海陆空交通运输体系和通信网络，是华南地区通向全国、走向世界的重要枢纽和对外政治经济、文化科技交流的主要基地；位于珠江三角洲的几何中心，珠三角经济一体化进程的加快进一步增强了广州的中心城市地位，广州在区域发展中发挥龙头带动作用。

要确保城市国际化发展的区位路径的畅通，关键在于交通枢纽和信息通信枢纽的构建。交通枢纽建设包括空港、海港、河港（航道）等港口和铁路、高快速路、城际轨道等道路建设，是实现经济和社会对外交往的基本途径。加快广州交通枢纽建设，将极大地促进广州作为重要国家中心城市、国际门户的辐射和聚散能力。信息通信枢纽建设包括宽带主干网和光缆节点建设，是广州实现数字化、信息化，拓展现代都市"四维空间"的重要依托。要以打造国际门户和对外交往中心为目标，建设国际航运枢纽、国际航空枢纽；打造国家电信、互联网交换中心，实现从"信息城市"到"智慧广州"的跃升，建设枢纽型国际信息港，强化广州作为国际城市的集聚辐射和综合服务能力。

二、广州建设国际化大都市的经济路径

国际化大都市是经济全球化的产物,其首要功能就是世界经济的控制中心与决策中心。由于集聚了全球跨国公司总部和重要的金融机构,因此,国际城市对世界资金流、商品流、信息流、技术流等有着较强的控制与调度能力;作为全球经济的指挥中心,国际城市必然要配套高端的第三产业为本区域乃至全球经济发展服务。广州提升城市国际化发展水平,需要积极发展先进的生产性服务业,提高城市的全球服务能力,重点发展金融保险、物流、贸易、信息、会展和各类中介等生产性服务业,提高此类产业的从业人员比重。

增强全球资源配置能力,提升广州全球经济控制力。跨国公司是全球资源配置的重要市场行为主体,增强全球资源配置功能需要吸引更多跨国公司落户,强化总部经济布局。广州在发展总部经济方面,在交通条件、环境质量、商务设施、政府服务、区域开放程度等方面具有较强的优势,在全国 35 个主要城市的总部经济发展能力评价中继北京、上海之后排在第三位。要积极发挥自贸试验区优势,采取有效措施吸引跨国公司,尤其是世界 500 强企业在广州设立总部、营运中心、研发中心或核心产品制造中心,推动广州产业结构升级和城市功能转型。积极吸引国内优秀企业设立或改迁广州,大力培育本土跨国企业,促使广州成为亚太地区最具活力的总部经济之都。

着力打造国际商贸中心,以广交会为平台发展"会展经济",着力推进总部经济发展,加大总部企业引进力度,实施总部招商行动计划,吸引航空、会展、电子商务、互联网、智能装备等一批总部项目落户,打造总部经济圈;大力发展海港贸易经济。充分利用南沙自贸区保税贸易、外商投资企业外汇资本金结汇管理方式改革试点、行政管理改革、服务业准入等方面的优势,以及全球第八大港的优越条件,规划建设 21 世纪海上丝绸之路经济合作区,提升广州在国际贸易地位和城市形象。

目前,国际大都市的金融业普遍较为发达,大部分国际大都市都是国际或区域性金融中心,纽约、伦敦和东京三大金融中心城市被认为是"三大顶级世界城市"。金融业高度发达成为国际化城市的共同特征,这是由金融业的本质所决定的。一方面,全球经济的高度发达和信息技术的快速发展,使国际经济合作从商品贸易向资本贸易转变,资本贸易逐步成为世界经济活动的最重要部分,金融业在城市发展中的地位逐步提升;另一方面,在信息技术的支撑下,商品贸易活动与金融流通融为一体,几乎所有的经济活动都离不开金融业,发达的金融业意味着活跃的经济活动。预计未来一段时期内,金融产业仍是国际化城市建设重点。广州要打造国际化城市,必须以对应发展程度的金融业为支撑,加快推进金融创新发展,完善金融机构主体体系,重点建设广州国际金融城和南沙现代金融服务区,打造国际知名的金融中心。

三、广州建设国际化大都市的环境路径

国际城市不仅是世界经济控制、管理和协调的中心,也是设施完善、环境优美、适宜居住、跨国人口集聚的现代化城市。要建设国际城市,不仅需要雄厚的经济实力,还需要塑造良好的城市环境,提升城市功能品质,进而提升城市的国际吸引力。广州建设国际大都市,首先要建设经济、高效的设施环境。国际城市要具有完善的道路和水电气基础设施,满足经济和社会发展需求的垃圾和污水处理能力,与科技发展潮流相适应的通信信息水平,以及较强的应急设施和对应能力。广州要以此为目标加强建设,进一步提高城市的现代化水平,为打造国际化城市创造良好的硬件设施基础。

其次要塑造优美、舒适的景观环境。山川河海以及城市各种绿化景观属于自然景观,是国际城市的魅力所在,而建筑景观、街区景观、文化景观等属于城市的人文景观,是城市现代化的标志。国际城市的景观环境包括自然景观和人文景观的统一协调,广州打造国际化城市需要在经济建

设、城市发展的同时，保护和发展城市历史文化景观，加快建设体现时代发展的现代都市景观，并以两者的协调发展丰富国际大都市的城市形象，彰显广州独特的城市魅力。

再次要推进可持续发展的生态环境建设。生态环境质量是构成国际城市的必要条件之一，是国际城市经济社会发展的基础。要实现国际城市的可持续发展，必须坚持生态环境建设。广州要建设成为现代化的国际大都市，必须在调整产业结构、能源结构、人口结构和城市空间布局结构的同时，控制城市环境污染，探求能够维护自然生态平衡、保障人体健康、促进经济与环境协调的可持续发展战略。这不仅是保持广州可持续发展、加快城市国际化进程的迫切需要，对于整个珠三角城市群的可持续发展也有重要意义。

最后要优化投资和营商环境。世界银行的投资环境调查报告指出，城市投资环境不仅包括基础设施等硬环境建设，更包括进入和退出壁垒、劳动力市场的灵活性、司法效率以及社会和谐程度等软环境建设。要增强广州的国际竞争力，不能仅停留在强调基础设施和优惠政策的粗浅层面，也不应以土地、税收优惠为手段与其他城市开展恶性竞争，而应从政府服务和管理水平等软环境着手，营造国际投资者认可的投资环境，从而提升广州对国际资本、技术等的吸纳能力。

四、广州建设国际化大都市的文化路径

国际城市的特征与职能表明，国际城市应该拥有国际水平的科技、文化、教育设施和研究机构以及相应的人才优势，具有强大的文化辐射和吸引力以及科技创新能力，并在此基础上开展广泛、频繁的国际文化与科技交流。文化发展为广州打造国际化城市提供强大的精神动力和智力支持，有助于城市国际形象的塑造和城市品位的提升，因此，城市国际化建设与文化发展是相辅相成、相互促进的。文化体验与交流已成为衡量城市国际化水平的重要方面，美国《外交杂志》报告甚至将文化发展作为与商业

活动等重要领域并列的考量因素,可见其在推进建设国际化城市进程中的重要性日渐突出。

广州城市国际化的文化路径,首先是着力塑造特色的岭南文化城市。国际化城市的文化魅力是永恒的,随着城市的发展,城市文化的个性化特征越来越明显,没有文化个性的城市就没有生命力。城市个性化使城市的"神"得到充分展现,也塑造了国际化城市的鲜明形象。广州是有2200多年历史的文化名城,历史上文风昌盛、文人荟萃、文气精妙、文思开远,是岭南文化中心、广州海上丝绸之路东方起航之都;在近代更是一个活跃的中枢,是革命的策源地。这些丰富的历史传统资源为广州创造了深厚的文化底蕴。在当前城市国际化发展时期要打造全球一流的国际化城市,必须铸造"文化广州"的城市形象品牌,打造全球知名的"广州文化名片",因此要大力发展文化产业,形成富有地方特色的城市文化,促进城市文明程度和文化软实力的不断提升。其次要强化科技创新。科技创新是促进国际城市形成的内在动力。加强广州科技创新能力建设,有助于促进广州经济发展模式的转变,拉动经济增长,增强广州在全球国际分工中的优势;有助于广州建设具有国际影响力和辐射力的研发、制造和设计中心,提升广州产业的国际竞争力。

五、广州建设国际化大都市的城市外交路径

城市外交是城市扩大对外开放,促进对外交流与合作,增强国际影响力的有效渠道和重要载体,是城市国际化建设的重要途径。国际著名的大都市无一不与世界各地保持深入的政治经济、社会发展、文化、旅游、教育等的交流与合作,往往是众多大型跨国公司总部、国际组织的集中地、国际性会议的重要举行地和国际人口流动的目的地。广州要在新一轮城市国际化建设进程中大步迈进,需要扩大深化与友好城市双边合作,强化与国际组织全方位的交流与合作,拓宽广州对外宣传的渠道,提高广州的国际知名度,促进广州与世界各国在经贸、科技、文化、教育、体育、卫生

等诸多领域的交流与合作。

加强友城双边交往,通过友城交流,可以拓宽广州对外交往的渠道,提升对外交流合作的空间和水平,提高广州的国际知名度。广州在保持与已有友城交往的基础上,要不断结交新的友城,通过开展丰富多彩的友城交流活动,推介广州城市文化,促进广州与友城在经贸、科技、文化、教育、体育、卫生等诸多领域的交流与合作,充分发挥友城缔结效应,把广州推向国际舞台。强化国际组织多边交往,与国际组织全方位的交流与合作,有助于广州在资金、技术、信息、对外关系等各个方面获得有益的城市国际化发展资源,也有助于加快城市基础设施建设、城市生态环境改善和市民素质提高的步伐,促进广州国际化城市形象的提升。因此,要充分利用各种政府和非政府国际组织资源,主动参与其主办的国际性活动,尤其是影响广泛的国际盛会,提高广州城市的国际知名度;也可与国际组织合作,通过在国内外举办文化、科教和体育等各种形式的国际交流活动,展现广州改革开放以来的巨大成就和日益提高的国际化水平,提升广州的美誉度。加快推进民间友好交往,吸收社会各界的资源和力量,通过民间的友好往来,全方位地推动广州打造国际化城市。非官方的民间交流不仅有助于增进海外大众对广州的认识与了解,而且可以增强广州市民的城市国际化意识,拓展广州城市国际化建设的深度和广度。

第四节 广州加快建设国际化大都市的对策建议

21世纪海上丝绸之路国家战略的深入推进掀起了我国城市新一轮开放发展和城市国际化建设的高潮。北京定位于"中国特色世界城市",上海要建设"卓越的世界城市",其城市国际化建设成绩斐然,逐渐向全球城市等级体系最高层级迈进;与广州处于同一层级的深圳则提出"国际化城市"的发展目标,大力实施《推进国际化城市建设行动纲要》,加快城市国际化发展进程。面对全球化背景下日趋激烈的城市竞争，广州需要深入借力21世纪海上丝绸之路建设的东风，加快战略节点城市建设，进一步扩大开放合作，争取更多的城市国际化发展资源，提高在全球城市网络中的节点价值，促进城市能级的不断提升。

（一）借力大湾区合作，突出广州中心城市辐射力

发挥广州在粤港澳大湾区建设中的枢纽作用，强化广州作为核心城市的国际商务、金融服务、技术创新、制度整合和要素分发等功能，助推和引领粤港澳大湾区城市在全球城市体系中不断提升功能和影响力，最终形成亚太地区最具活力和竞争力的世界级城市群，在大湾区城市合力参与国际分工和竞争、实现全球范围内资源集聚和配置中受益，以城市群的整体发展加速广州作为核心城市的国际化发展进程。以世界先进城市为标杆，以加强全球资源配置功能为核心，推动广州跨越发展为综合型国际城市。从建设重要国家中心城市、打造枢纽型网络城市的发展定位出发，率先转型升级，增强产业核心竞争力，形成以服务经济为主体的中心城市产业结构；以现代服务业作为主导产业，积极打造国际商贸中心、区域金融中心、华南地区总部经济增长极、亚洲现代物流中心、国际性会展中心、国际化信息港，全面增强广州作为重要国家中心城市的各项功能，提升广州在全球城市网络中的节点作用。

（二）进一步发展总部经济，提升广州全球资源配置能力

以全球化视野发展广州总部经济，进一步加强与港澳、深圳的协作，全面推进穗港总部经济的合理分工、错位发展，共同打造具有世界影响力的"穗港深"国际总部经济带；把发展总部企业与广州产业特色结合，围绕广州的支柱产业和主导产业，结合粤港澳大湾区城市群产业基础，构建集群效应明显、先进制造业和现代服务业并重、专业功能互补的总部经济产业体系。以建设华南地区的区域性企业总部集聚中心为目标，大力引进大型跨国公司总部或地区总部，积极吸引国内优秀企业设立或改迁广

州,大力培育本土跨国企业;合理规划总部经济空间布局,结合广州城市发展规划,打造总部经济重要功能集聚区,促使广州成为亚太地区最具活力的总部经济之都。

(三) 加快建设科技创新枢纽,增强广州国际竞争力

加快推进广州国际科技创新枢纽建设,深入实施科教兴市战略,坚持科技与经济的紧密结合,以市场为导向,加快新兴产业培植和高新技术产业发展。发挥广州优势,突出重点,选择具有先导性、示范性的领域和产业实现高新技术产业的新突破;积极利用高新技术成果和专利技术改造传统产业,加快高新技术的扩散与渗透,以高新技术的增量盘活传统产业的存量;着力提高引进项目水平,引导投资重点转向高新技术领域,通过投资引进提升广州的技术和产业层级,打造具有国际影响力的创新型产业集群。通过政策鼓励、市场引导等措施加快建设技术研发和创新平台,形成自主创新优势;加强与企业、科研和中介机构的紧密合作,官、产、学、研、资、介融为一体形成科技创新合力;积极引进跨国公司研发中心,重视民营科技创新能力,构建开放的科技创新格局。推动成立跨区域的产业技术创新联盟,构建粤港澳大湾区自主创新协同发展机制;加快融入全球创新网络,推动国际科技合作。以自主创新和科技综合实力的显著增强,打造世界级的高新技术产业中心、科技创新中心,提升广州的科技辐射力和带动力。

(四) 优化创业和人居环境,凸显广州城市国际吸引力

进一步提升广州市政设施水平,完善城市道路和水电气基础设施,强化垃圾和污水处理能力,提高通信信息水平,加强市政应急设施建设,提高城市现代化建设水平,为广州的城市国际化发展创造良好的硬件设施基础。加强城市景观环境建设,加快市容市貌的治理整顿工作;持续推进"青山绿地、碧水蓝天"的城市环境治理和景观建设工程,提高城区绿化率和城市景观水平;打造广州特色城市景观,建设"生态水城""环保绿

城""动感花城"的自然景观,兼具现代化都市风貌和广州历史文化传统的建筑景观,以及展现广州城市文化的街区景观。推进可持续发展的生态环境建设,以城市合理布局降低城市发展对自然环境的影响,以转变经济增长方式和优化产业结构减少环境污染物排放总量,以完善环境法治体系形成高效的环境保护机制,从而在保障经济高速增长的同时保持并不断改善广州的城市生态环境质量,使广州的生态环境水平与国际大都市高度发达的经济和社会状况相适应。持续优化投资和营商环境,加快做事规则与国际接轨。进一步清理收费项目、规范行政事业性收费和中介机构等收费行为,切实降低企业营商成本;规范和简化行政审批程序、加快审批速度,提高政府机构办事效率;依法行政、规范管理,加强市场监管、保障投资者的合法权益,加强中介服务机构建设,提高引资服务水平,以投资环境的优化促进广州对外开放度的提升。

(五) 建设国际化人才港湾,强化广州智力资本聚集力

加大人力资本投入,完善人才培养和培训体系,以培养复合型的高素质人才为导向深化教育体制改革,以市场为导向加快职业培训教育,促进高素质、复合型人才的培养,满足广州城市国际化建设的人才需求;注重对国内外人才的吸纳与引进,创造宽松的人才准入和发展环境,广泛延揽国际型高端人才,打造广州国际化城市的人才港湾;加快人才市场、猎头等人才服务业发展,建立科学、完备的人才评价,使用和激励机制,促进广州人才资源开发;扩展人才对城市的引导和示范效应,将广州建成学习型城市,以适应国际大都市的建设需要。

(六) 加强城市文明和市民素质建设,提高广州城市文化软实力

进一步完善城市公共文化基础建设,建设具有国际水准的现代文化设施。适度超前、高起点规划、高标准建设,按照目前全市人口的实际状况,从文化设施的空间合理布局出发,加快图书馆、博物馆、音乐厅等文

化基础设施建设,为活跃文化市场、促进文化交流创造良好的硬件条件。加强对外文化交流与推广,广泛开展国际文化交流,探索建立政府间高层文化交流机制和民间文化交流渠道,推动和组织高水平、高规格的国际文化交流合作项目;积极发展国际文化产业,举办有国际影响的会展和演出活动,主动参与国际文化竞争,提升广州国际大都市的文化软实力。加强精神文明建设,提高市民素质和城市文明程度。确立健康发展的方向,打造新时期广州的市民文化;深入宣传开展"爱国、守法、诚信、知礼"现代公民教育,培养正气、和谐的良好社会风尚;培养市民的社会责任意识和对外交往能力,促进广州国际大都市公民意识的整体提升。

(七)完善基础设施建设,强化广州国际门户聚散力

以建设重要国家中心城市、现代化国际大都市为目标,完善以"三港(空港、海港、信息港)双网(轨道交通网、高快速路网)"为骨架的多层次交通枢纽紧密联系、多元交通方式一体化运作的综合交通运输体系;以强化珠三角一小时城市圈核心城市地位为目标,整合珠三角地区交通道路资源,加快广州与粤港澳大湾区城市的交通网络对接;以打造国际门户和对外交往中心为目标,建设国际航海枢纽、国际航空枢纽;加快建成国家国际电信出入口,打造国家电信、互联网交换中心,实施大数据战略,推进"互联网+"建设,重点发展电子商务、移动互联网和数字家庭等信息服务产业,提升"智慧广州"发展水平,打造枢纽型国际信息港,完善广州对外强化辐射、对内协调畅通的交通运输和信息交流功能,强化广州作为国际城市的集聚辐射和综合服务能力。

(八)深化城市对外交往,提升广州国际影响力

完善对外交往格局,大力实施城市外交,活跃对外交流合作,构建"政府—民间"多层次的对外交往体系,促进经贸、文化、艺术、体育、科技、社会等全方位互动,扩大城市国际影响,提升城市国际地位。深化拓展友城交往,增加数量、优化布局、项目带动,推进友城间全方位、实

质性的互利合作。依托国际组织，深入开展国际多边交往，拓展城市国际活动空间，提升广州在国际舞台上的话语权和影响力；主动参与国际性评选和竞标，积极邀请国际组织来穗举办活动和设立常驻机构，打造城市国际化发展战略新平台。拓展民间交往渠道，创新交流内容与形式，增强广大市民的对外交流能力。全方位、多角度开展公共外交，加大面向外国公众的文化传播力度，培育友好力量。

第四章

21世纪海上丝绸之路建设与广州开放型经济发展

国际化大都市是世界经济体系中具有强大控制力和影响力的战略性节点，经济实力强、国际化程度高。经济国际化是国民经济与世界经济关联程度日渐加深的过程，反映出城市参与国际分工的深度和广度，是城市国际化的重要推动力量。在全球经济一体化背景下，加快国际化大都市建设需要深入实施经济国际化战略，更大力度地发展开放型经济，强化城市经济国际化功能，为提升城市国际化水平提供强力支撑。

改革开放以来，广州抓住对外开放机遇，不断加快经济国际化步伐，全方位、宽领域、多层次地扩大开放，充分利用国外市场和资源，大力发展开放型经济，对外经济贸易持续快速增长，日益融入全球经济大循环。近几年来，国际经济形势复杂，世界经济仍处于深度调整期，总体复苏、疲弱态势尚无明显改观，全球需求不旺，价值链扩张趋势放缓，国际贸易谈判进展缓慢，《跨太平洋战略经济伙伴关系协定》（TPP）的启动对我国开放型经济发展带来一定压力。从内部发展情况来看，随着美欧负债经济主导的外需市场红利、率先对外开放的制度红利、土地和劳动力等初级资源红利的全面逆转，广州开放型经济发展动力出现不足。在新形势下，21世纪海上丝绸之路建设国家重大发展战略的深入推进，为广州开放型经济发展打造了新引擎。随着与沿线国家进入务实合作阶段，多项自贸关系、重大项目正在稳步推进，广州作为21世纪海上丝绸之路建设的战略枢纽城市，开放型经济在面临种种挑战的同时也迎来新一轮发展的宝贵契机。要实行更加积极主动的开放战略，加快转变对外经济发展方式，优化结构、拓展深度、提高效益，推动开放型经济水平在新的发展时期全面提升。

第四章　21世纪海上丝绸之路建设与广州开放型经济发展

第一节　开放型经济内涵与发展途径

开放型经济是外向型经济发展的更高阶段，是其发展的逻辑结果。开放型经济发展模式要求立足对外开放，从简单地参与国际分工与交换，转向从要素禀赋、竞争优势和国际合作出发，追求实现在全球范围内资源的优化配置和效率最大化；在开放形态上，从单纯的出口导向，转向积极推动商品、服务、资本和要素自由跨境流动；在开放内涵上，从强调鼓励出口政策，转向强调经济制度与外部世界联系，以贸易投资自由化为导向，与国际经贸规制全面接轨，在制度安排上实现贸易自由、金融自由、投资自由和运输自由。

一、开放型经济的内在要求

开放型经济在其动态演变发展过程中，内涵和体系框架不断拓展丰富，但其本质上是一种制度性开放和平台建设，要求在一定制度框架内实现资源、要素和产品的全球高效配置，并最终实现经济的可持续发展。[①]具体来看，构建开放型经济新体制的内在要求主要有以下几个方面。

首先，开放驱动力从要素到创新的转换。从要素驱动向创新驱动转换是构建开放型经济新体制的重要目标。中国开放型经济的原有体制以融入国际分工体系和全球制造业体系为目标，经过多年高速增长，在为中国进一步扩大开放奠定坚实物质基础的同时，面临着劳动力、土地等各类生产要素成本集中上升以及资源、能源和环境约束日益严峻等问题。因此，应

---

① 姜巍、陈万灵：《广州：高水平开放型经济体系构建》，载《开放导报》2017年第4期。

对传统低成本优势不断弱化带来的挑战，开放型经济发展需要从要素驱动向创新驱动转变，这一方面需要具有"创新"要素，更为重要的是要将潜在"创新"能力转化为实践能力。从创新要素本身来看，在以要素跨国流动为主要内容的经济全球化背景下，一国创新要素不仅取决于其自身要素存量结构，更取决于要素流量结构。与以往主要以商品的跨境流动为主要内容不同，当今经济全球化更强调日益增强的要素流动性，一国或区域内货物、服务、信息、资本、技术、管理、人才等相对自由的流动，以及提供更为完善的产权保护，对全球优质要素的集聚具有极为关键的意义。

其次，开放重点从"引进来"向"走出去"转变。从贸易大国到投资大国、从商品输出到资本输出，是开放型经济转型升级的必由之路。"走出去"战略已经成为全面深化改革，建设开放型经济新体制的重要部署和路径。要立足全球价值链体系，结合国际竞争力优势，营造企业海外经营网络和产业链合作体系；以本土优势产业环节为突破重点，提升企业国际竞争力；根据产业结构国际比较优势和发展趋势，着重推动以工业制造、加工贸易、服务贸易等产业体系完备的领域作为优先对外投资重点，积极鼓励和推动电子、汽车、机械、轻工、纺织、服装、农产品等优势传统产业向外转移，以"一带一路"沿线国家和地区为重点区域，带动富余产能"走出去"。对关系未来经济增长潜力的电子信息、生物医药和新材料等行业，发展与发达国家的对外经济合作，在欧美科技发达区域设立研发创新机构，促进先进技术的国际化和本土化成果转化。创新企业组织模式，发展对外直接投资、绿地投资，利用国际资金渠道，实现资源、市场国际化，技术、人员本土化的国际投资。

再次，开放规则从与全球接轨到适应高标准全球规则。高标准的全球经济规则实质就是要建立更加成熟、更加完善、更加公平、更加规范、更加透明、更加法制化的市场经济体制。在全球经济规则高标准化发展趋势下，构建开放型经济新体制就是要适应全球经济规则制定，"以开放倒逼改革"为开放型经济发展培育出竞争新优势。不仅如此，还应积极参与多边投资及贸易协定的制定，把握制定全球经济治理规则的战略机遇，进而影响全球经济治理的发展方向，改变现存不利于新兴发展中国家经济发展的全球经济规则。

最后，开放范围从对外开放到全方位开放新格局。开放型经济要求更好地协调和促进对内对外开放，促进国内统一市场和一体化程度的提高，要求克服部门和地区保护主义，促进生产要素的自由流通，实现区域均衡发展。去除束缚资本与劳动力自由流动的各种行政壁垒，扩大对内开放是对外开放的基础和前提，国内统一市场的规模和一体化程度决定了对外开放的效益和对外商及投资者的吸引力。

二、开放型经济的发展途径

"二战"后，全球现代化浪潮进入第三个高潮，发展中国家在与发达国家激烈竞争的夹缝中谋求发展，不约而同地选择了开放型经济的发展道路。在应对国际经济环境变化中，发展中国家形成了不同的发展模式。通过对不同模式的考察，可以总结出开放型经济发展的主要途径如下。

（一）出口导向和内需拉动并重，利用国际国内两个市场配置资源

开放型经济倡导自由贸易、深入参与国际分工，以出口为导向是开放型经济发展的重要战略；扩大内需，以国内消费需求拉动经济增长，则是实施可持续发展的必由之路。实施出口导向和内需拉动的双轮驱动，有助于应对国际经济环境变化，消化国际市场波动的影响，有助于国内国际两个市场联动、促进产业结构优化升级和经济平衡发展，是全面提升开放型经济发展水平的必由之路。

（二）优化政府经济职能，实施利于开放型经济发展的体制制度创新

国际经验表明，政府与市场机制的有机结合和紧密配合是开放型经济

取得成功的重要保障。推动开放型经济发展的深入发展，要进一步优化政府经济职能，加快革新宏观管理职能，创新微观管理体制，完善监管与服务职能，强化对外管理职能。就广州来说，就是要强化对区域经济空间的宏观管理，促进广州与港澳、泛珠各省市以及东盟地区的区域间经济融合；规范开放型经济的市场秩序，强化优势行业的经济引擎功能，培育新经济增长点；规划发展地方资本市场和人力资源市场，促进开放型经济的良性可持续发展。

（三）以科技创新引导产业转型升级，在新一轮国际竞争中博得先机

发展高新技术产业，加快产业转型升级，依靠科技进步提高生产效率，在新一轮国际分工当中博得产业链上游，是开放型经济发展的国际经验总结。在低成本竞争优势不断丧失的挑战下，要以提高自主创新能力为目标，构建以企业为主体、市场为导向、产学研相结合的技术创新体系；加大科技投入，培养科技人才，加强知识产权保护，支持鼓励企业的创新活动；培育发展战略性新兴产业，推动产业转型升级，在国际市场竞争中抢占技术高地。

（四）强化区域合作，加强国内区域梯度发展合作及与周边国家和地区的经济合作

开放型经济的发展必然导致对国际市场依赖的加深，拉美国家经济发展的经验教训表明，过分依赖国际市场和国外资本将导致经济发展的脆弱性甚至自主性的丧失。因此要重视与加强国内区域合作，加快珠三角一体化发展，积极推进区域合作，以产业梯度转移带动国内区域合作的深化发展；同时也要创新方式，全面提升粤港澳大湾区合作的深度与广度，加强与东盟合作，积极融入东亚模式经济圈。

（五）加大政府支持，培育扶持大企业带动国际竞争力提升

日韩等国的实践经验表明，本土大企业是代表一个国家和地区参与全球竞争的国际竞争力的首要表现，只有大企业才有能力持续跟踪甚至走上科技创新的最前沿，也只有大企业能在自身强大后真正带动中小企业持续发展。加大政府支持力度，支持本土企业做大做强，培育具备本土和国际领导力的跨国大企业，带动本土企业国际竞争力的整体提升，是开放型经济取得新突破的有力途径。

第二节 21 世纪海上丝绸之路建设的机遇与挑战

一、21 世纪海上丝绸之路建设带来的发展机遇

21 世纪海上丝绸之路建设国家重大发展战略，为广州开放型经济深化发展打造了对外开放新引擎。在当今世界多极化、经济全球化、文化多样化、社会信息化的发展背景下，面对全球形势深刻变化，党中央提出"一带一路"建设的倡议构想，以互联互通夯实合作基础，以投资贸易合作拓展国际发展空间，强化与沿线国家合作创造良好的外部发展环境，实现对外开放战略转变。2015 年 3 月 28 日，国家发布《推动共建丝绸之路经济带和 21 世纪海上丝绸之路的愿景与行动》，"一带一路"倡议的实施为我国扩大和深化开放带来强大动力。广州作为对外开放前沿和重要的国家中心城市，在新一轮对外开放格局和 21 世纪海上丝绸之路建设中被国家赋予了重大历史使命，即要"加快开放合作区、沿海城市港口和国际枢纽机场建设"，广州全面深化开放型经济获得了更广阔的发展空间。《中共广州市委贯彻落实〈中共中央关于全面深化改革若干重大问题的决定〉的意见》对新时期推进广州全面发展做出了战略部署，指出"要深

化对外开放,积极参与建设21世纪海上丝绸之路",可以预见,广州将进一步扩大对开放、推进众多领域的深化改革,市场规划进一步与国际接轨,开放型经济面临发展的良好机遇。

在"一带一路"建设进入务实推进阶段的同时,全球经济结构也在经历深刻变革,围绕制度、规则、市场、技术和资源的新一轮革命和结构调整正在加速推进,为广州开放型经济发展带来新机遇。跨国公司加快全球生产布局和供应链整合,简化管理流程、依赖产业聚集的区域型供应链和市场导向型供应链地位明显上升,高端制造环节的跨境转移趋势加强;产业转移内涵不断扩展,研发国际化、服务外包趋势有所增强。伴随产业转移,高端人才跨国流动规模加大,呈现流向多元化、渠道多样化、流动时间短期化和利益共享化等新特点和趋势。广州作为重要国家中心城市,有着较为强大的市场辐射力、发达的基础设施、完善的产业配套,把握跨国公司高附加值活动转移的机遇,吸引更多高端的研发机构、先进制造业、总部经济、现代服务业活动进入,有利于推动产业结构转型升级,有利于打造全球资源配置中心。此外,面向下一代的产业技术革新和经济发展变革风起云涌,信息技术、生物工程、节能环保、新型材料、海洋工程等战略性新兴产业异军突起,改写了原来的产业组织结构和技术发展路径,为广州等国家创新型城市提供了抢占新技术制高点、争夺产业链分工上游环节、参与新兴产业国际分工的重大机遇。

南沙设立自贸试验区为广州带来对外开放重大平台和构建开放型经济新体制的试验田。2015年9月,国家发布《关于构建开放型经济新体制的若干意见》,明确提出要形成全方位开放新格局,实施更主动的自贸区战略。广州南沙自贸试验区作为国家建立开放型经济系体系的重要抓手之一,以面向全球高水平对外开放为目标,致力于构建与国际投资贸易通行规则相衔接的制度平台,同时肩负紧密对接国家"一带一路"倡议,强化广州在21世纪海上丝绸之路建设中主力军作用的重任。南沙自贸试验区建设的深入推进,为广州对外开放提供了重大平台,在促进广州开放型经济增长、吸引外商投资和扩大对外贸易方面将发挥显著作用。

21 世纪海上丝绸之路建设为广州加快资源配置中心建设提供了有力支持。广州"十三五"规划纲要提出,要建设国际航运枢纽、国际航空枢纽和国际科技创新枢纽,加快国际航运中心、国际物流中心、国际贸易中心和现代金融服务体系建设。这不仅是城市重大基础设施建设,更是通过海港、空港等国际枢纽和铁路港、信息港的带动,建成高效便捷的交通体系、流通体系和服务体系,促进产业、人才、资本、技术等高端要素的集聚与扩散,打造高水平的全球资源配置中心。21 世纪海上丝绸之路沿线国家近年来加快市场开放,积极吸引外资,区域合作意愿强烈。这些国家经济结构普遍以农业为主,加工业较为落后,交通设施较为薄弱,但农业、矿产等资源丰富,人口多、市场大,与广州产业互补性较强,有利于广州开展国际合作、加快"走出去"步伐。随着三大战略枢纽建设的深入推进,广州借与沿线国家加强合作,优化配置资源的能力将得到整体提升,参与国际产业分工合作和竞争的能力将进一步增强。

二、21 世纪海上丝绸之路建设下的挑战

21 世纪海上丝绸之路建设将在一定程度上改变世界市场格局和经济合作态势,对美、日等国的既得利益产生影响,这些国家纷纷采取各种手段,介入和引起中国与海上丝绸之路沿线国家的争端和纠纷,国际环境错综复杂,广州对外开放发展环境中的不确定性增加。在当前持续低迷的经济环境中,面临通货紧缩压力的发达国家纷纷采取宽松化货币政策,吸引国际资本流入,新兴经济体融资环境趋紧;国际大宗商品市场走势不定,市场震荡反复;地缘政治风险上升,2016 年 2 月,12 个国家签署《跨太平洋伙伴关系协定》,从长远来看,对全球经贸规则走向将带来较大影响,亚太地区贸易投资局势将出现新调整,广州开放型经济发展面临的外部环境压力加大。

全球金融危机以来,世界经济长期处于停滞和恢复阶段,结构性困难众多,增长缺乏动力。受全球经济大环境影响,各国经济增长缓慢,就业

复苏状态还将持续,个人收入增长基础不稳,消费信心不足,家庭储蓄和消费模式转变,消费需求大幅紧缩。广州最主要的贸易伙伴——美国、欧盟和日本的 GDP 占全球总量一半以上,其经济增长速度趋缓,导致全球有效需求明显不足,出口贸易面临主要市场萎靡不振、消费能力不高的严峻挑战。

国际市场竞争和贸易保护主义加剧,广州开放型经济发展形势严峻。有限的全球需求空间带来更加激烈的市场竞争,新兴市场国家希望尽快恢复出口以保障本国经济持续增长,美欧等发达国家也谋求利用外部市场实施扩大出口战略,推行产业回归和制造业再造,国际贸易环境较以往更加严峻、市场竞争更加激烈。后危机时期,区域经济复苏不同步,特别是欧美等国家经济复苏乏力,自顾倾向日益抬头,国际贸易保护主义不断升温,贸易摩擦加剧;非传统领域的贸易摩擦强度大大增强,发达国家的保护措施从传统劳动密集型产品向高新技术产品、经济体制等领域延伸,人民币汇率、资助创新、新能源政策、知识产权保护、投资环境、市场准入等成为贸易摩擦新热点。发展中国家相互之间的贸易保护也不断扩大,蔓延到汇率、技术和产业等各个层面。21 世纪海上丝绸之路沿线多为发展中国家,与中国发展阶段相近,双边和全球层面竞争关系较为明显,各国在贸易保护方面的分歧有加大趋势,也出现了政治化倾向,政策协调更加困难,不确定因素增多,贸易风险加大。

第三节 广州开放型经济发展情况分析

1978 年以来,广州作为我国改革和对外开放前沿,深入实施开放战略,先后建设国家沿海开放城市及经济技术开发区、高新技术产业开发区、出口加工区、保税区、国家新区和自贸试验区等,不断扩大开放和吸引集聚国外资金、技术、人才、管理经验和跨国企业落户发展,逐步形成

第四章 21世纪海上丝绸之路建设与广州开放型经济发展

了全方位对外开放的开放型经济格局,成为代表我国参与国际分工合作与全球城市竞争的重要国家中心城市。

一、对外贸易

近年来,广州对外贸易持续优化,国际竞争力日益增强。对外贸易保持了稳步增长态势,2014年全市外贸进出口额达到8023.4亿元,同比增长9.8%,其中出口4467.7亿元,增长15.8%;进口3555.7亿元,增长3.2%。与2010年相比,2014年对外贸易总额、出口总额、进口总额分别增长25.9%、50.2%、4.5%。2016年,全市进出口总额达到8566.92亿元,同比增长3.15%,整体优于全国和广东省的对外贸易情况。从总体来看,在宏观因素不利的局势下,广州对外贸易巩固了回稳向好的发展态势,转型升级步伐加快,贸易质量和效益逐步提升。(见表4-1)

表4-1 2010—2014年广州对外贸易状况

项目 年份	外贸总额 (亿美元)	出口总额 (亿美元)	进口总额 (亿美元)
2010	1037.76	483.80	553.96
2011	1161.72	564.73	596.99
2012	1171.31	589.12	582.19
2013	1188.88	628.06	560.82
2014	1306.00	727.15	578.85

数据来源:2010—2014年《广州市国民经济和社会发展统计公报》。

从出口产品来看,加入WTO以来,广州在稳定一般商品贸易出口的同时,促进出口产品结构优化。近年来,机电、高新技术产品出口稳步上升,出口年均增幅超过劳动密集型产品出口年均增幅。机电产品2004年出口额为104.66亿美元,占全市出口总额的比重为48.74%,2014年分别为357.94亿美元、49.23%,出口额增加近2.5倍,2016年出口同比增长5.41%;高新技术产品2004年出口额为43.07亿美元,占全市出口总

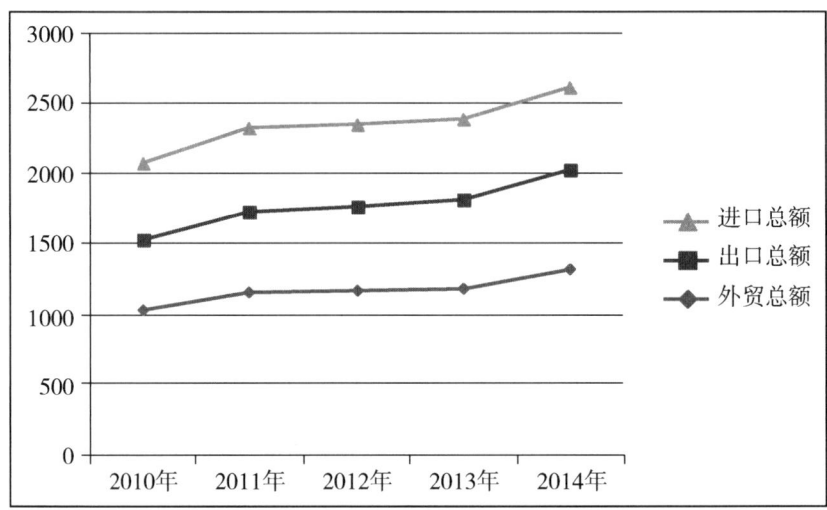

图 4-1 2010—2014 年广州外贸总额情况（亿美元）

数据来源：2010—2014 年《广州市国民经济和社会发展统计公报》。

额的比重为 20.06%，2014 年分别为 126.66 亿美元、17.42%，2016 年进出口总额比重达到 22.93%（如图 4-1 所示）。从 2004 年至 2014 年，广州机电产品和高新技术产品的出口规模虽有波动但总体上呈持续增长态势，受宏观环境的影响不大，表明广州的机电产品和高新技术产品具有较强的国际竞争力。（见表 4-2）

表 4-2　2004—2014 年广州机电产品和高新技术产品出口情况

项目 年份	机电产品		高新技术产品	
	出口额 （亿美元）	占全市出口总额 比重（%）	出口额 （亿美元）	占全市出口总额 比重（%）
2004	104.66	48.74	43.07	20.06
2005	134.07	50.27	55.87	20.95
2006	162.80	50.28	61.39	18.96
2007	192.13	50.69	66.48	17.54
2008	225.25	52.43	74.76	17.40
2009	200.10	53.50	76.02	20.32
2010	263.91	54.55	99.03	20.47

续表 4-2

项目\年份	机电产品		高新技术产品	
	出口额（亿美元）	占全市出口总额比重（%）	出口额（亿美元）	占全市出口总额比重（%）
2011	295.66	52.35	105.80	18.73
2012	309.42	52.52	112.73	19.14
2013	236.30	37.62	142.76	22.73
2014	357.94	49.23	126.66	17.42

数据来源：2010—2014 年《广州统计年鉴》和《广州市国民经济和社会发展统计公报》。

从贸易市场来看，传统贸易市场进出口增长稳定，新兴市场贸易发展迅速。广州对欧盟、美国、东盟、中国香港、日本等主要贸易伙伴进出口均保持增长，2014 年进出口额分别为 180.36 亿美元、179.8 亿美元、158.26 亿美元、149.96 亿美元和 132.42 亿美元，同比分别增长 13.6%、3.49%、10.5%、5.5% 和 2.7%。对东盟、俄罗斯和非洲等新兴市场进出口保持两位数快速增长，分别达到 10.5%、13.0% 和 51.1%，高于全国平均水平（见表 4-3）。目前，广州对外贸易市场已拓展到 220 多个国家和地区，年进出口额超亿美元的贸易伙伴超过 60 个。

表 4-3 2014 年广州主要进出口市场地区情况

国家和地区	出口		进口	
	规模（亿美元）	比上年增减（%）	规模（亿美元）	比上年增减（%）
欧盟	98.87	13.5	81.49	16.2
日本	31.62	5.2	100.80	3.2
中国香港	144.34	6.8	5.62	-0.5
美国	119.10	5.3	60.70	3.1
东盟	86.35	25.9	71.91	-1.7
韩国	17.16	35.3	72.90	4.0
俄罗斯	11.99	18.6	2.26	-5.0

数据来源：2014 年《广州市国民经济和社会发展统计公报》。

从贸易主体来看，外贸主体结构有所调整，民营企业外贸发展较快。外商投资企业一直是广州外贸发展的主要力量，但比重逐渐下降。2014年，广州外商投资企业进出口总值4165亿元人民币，同比增长4.1%，占全市进出口总值的51.9%，比2013年下降2.3%；2016年，进口和出口总值占全市比重分别下降4.96%和3.86%。民营企业和成长型中小企业发展壮大，2014年民营企业进出口总值2319.1亿元，占全市比重28.9%，比2013年上升3.9%；2016年，出口总值同比增长14.02%，占全市比重上升到45.13%，进口同比增长19.27%。国有企业进出口总值1433.6亿元，占17.9%，比2013年下降1.4%；2016年则持续下降，进出口分别同比下降14.8%和3.86%。大型骨干企业对外贸贡献较大，2014年，广州进出口值前30位的大型企业进出口总值2577.4亿元，占同期广州外贸总值的32.1%，对广州外贸增长的贡献度达到111.8%。

近年来，旅游、商业服务和运输等传统服务贸易稳步发展，技术、金融、文化等新领域不断拓展，服务贸易规模效益大幅提升。2014年，广州服务贸易进出口总额243.6亿美元，同比增长22.5%，其中出口额126.3亿美元，同比增长36.4%；进口额117.3亿美元，同比增长10.4%；服务贸易与货物贸易比为1∶5。2014年，服务外包全口径合同额78.54亿美元，离岸合同额47.7亿美元，离岸执行额31.8亿美元；在服务贸易12个类别中，旅游、商业服务和运输规模居前三位。近两年来，得益于政策的大力扶持，广州服务外包逆势增长，业务领域大幅拓展。2016年2月，广州获国务院批准成为服务贸易创新发展试点之一，服务贸易企业可享受15%的企业所得税优惠，广州市政府以此为基础，通过多项市、区政策扶持、财政支援，积极推动金融数据服务、跨境人民币业务和检验检测服务等行业的发展，同时推动知识产权、跨境电商、离岸贸易、汽车平行进口等服务新业态，在建设服务外包载体、培养引进专业人才、推动国际化合作、扩展业务领域、优化营商环境等方面均有所建树。2016年，全口径合同额达到104.72亿美元，离岸合同额57.87亿美元，离岸执行额45.05亿美元，规模连续6年保持居全省及华南地区首位。在离岸执行额中,以医药和生物技术研发测试、产品技术研发、分析学和数据挖掘等为主的知识流程外包(KPO)成为广州服务外包最大亮点,以软件研发及外包、信息系统运营维护外包为主的信息技术外包(ITO)和以企业业务流程设计服务、企业供应链管理服务为主的业务流程外包(BPO)持续稳步增长。

此外,贸易方式日趋多元化。一般贸易比重持续上升,2014年,广州一般贸易进出口3634.2亿元人民币,同比增长0.9%,占广州外贸的比重由2001年的43.1%增长到2014年的45.3%。加工贸易曾经是广州外贸的半壁江山,目前比重不断下降,2014年,进出口2994.1亿元,同比下降2.4%,占广州外贸的比重由2001年的50.6%下降到2014年的37.3%,2016年则进一步下降为31.8%。近两年来,在南沙自贸试验区、国家跨境贸易电子商务服务试点城市等优惠政策和白云机场综保区封关验收等16条先行先试监管措施的支持下,新兴贸易方式快速发展,以保税物流(海关特殊监管区域物流货物和保税监管场所进出境货物)、租赁贸易、市场采购为主的贸易方式成为带动广州外贸发展的新增长点。2016年,海关特殊监管区进出口总额694.48亿元,增速24.52%,成为广州推动对外贸易发展的高效渠道。尤其值得一提的是,随着广州市跨境电子商务综合试验区的设立,跨境电子商务已经成为新兴贸易发展最快的行业之一,弥补了一般贸易和加工贸易低迷不振造成的国际贸易空缺,为广州的国际商务发展提供了创新的内生动力。2016年,跨境电子商务进出口总额146.8亿元,增长1.2倍,其中,出口额86.5亿元,增长1.5倍,进口额60.3亿元,增长83.2%,位居全国第一,占广州市外贸总值的1.7%,所占比重同比增加0.91%。(见表4-4)

表 4-4 2014 年广州外贸主要贸易方式统计

名称	金额（亿元）			同比增长		
	出口	进口	进出口	出口	进口	进出口
合计	4467.7	3555.7	8023.4	14.6%	2.2%	8.7%
一般贸易	1881.1	1753.0	3634.2	3.8%	-1.9%	0.9%
加工贸易	1746.2	1247.9	2994.1	-2.9%	-1.7%	-2.4%
海关特殊监管区域	296.6	391.5	688.1	67.2%	18.1%	35.2%
租赁贸易	0.4	106.1	106.5	8.6%	60.4%	60.2%
特殊区域设备	—	53.0	53.0	—	123.1%	123.1%
其他贸易	539.4	1.9	541.3	486.3%	66.7%	481.2%

数据来源：2014 年《广州市国民经济和社会发展统计公报》。

二、吸引利用外资及对外投资

"引进来"和"走出去"并重，国际资源配置能力进一步提升。广州一直以来注重吸引和利用外资，投资软硬环境不断优化，利用外资规模持续扩大，对世界 500 强等大型跨国企业，以及外商投资总部企业的吸引力不断增强。改革开放以来，广州累计实际使用外资超过 500 亿美元，2010 年达到 40 亿美元，2014 年突破 50 亿美元大关，达到 51.07 亿美元，同比增长 6.3%，共吸引了 236 家世界 500 强企业在广州投资，设立项目 656 个。（见表 4-5）

表 4-5 2010—2014 年广州实际利用外资情况

年份 项目	2010	2011	2012	2013	2014
实际利用外资额（亿美元）	40.8	43.8	45.8	48.0	51.1
同比增长（%）	5.3	7.2	7.1	5.0	6.3

数据来源：2010—2014 年《广州市国民经济和社会发展统计公报》。

从利用外资的行业结构来看，制造业利用外资比重逐渐下降，服务业引资能力进一步增强。2011年，服务业合同外资41.7亿美元，实际使用外资24.0亿美元；2014年，则合同外资62.02亿美元，实际使用外资33.85亿美元，在全市总量中的比重分别提升至77.15%和66.27%；2016年，合同外资88.52亿美元，实际使用外资50.63亿美元，占全市比重分别为89.41%、88.81%。在产业结构继续调整优化的背景下，服务业利用外资增长迅速，其中金融业、文化体育和娱乐业增长明显，其他服务业如住宿及餐饮业、信息传输、计算机服务和软件业以及科学研究、技术服务和地质勘查业等合同外资也有较大增长。

大项目对产业竞争力带动明显。2002—2011年，广州共引进投资总额1000万美元以上项目1769个。2014年批准投资总额超过1000万美元以上项目184个，大项目投资总额平均规模达6658万美元，比2013年增加848万美元，涉及合同外资金额57.85亿美元，占全市合同外资总额的71.95%；2016年超过3000万美元的项目达到154个，涉及合同外资额91.78亿美元，同比增长41.63%，占全市合同投资总额的92.69%。汽车、电子信息制造、生物医药等产业的关键项目及配套项目进驻广州，延伸了广州支柱产业的链条，进一步提升了支柱产业的国际竞争力。

近年来，广州加大本土企业"走出去"力度，通过各种措施扶持企业对外投资，拓展国际市场，区域化、集群化发展模式逐渐形成。截至2011年，广州企业共在60多个国家和地区投资设立了606家境外非金融类机构，其中非贸易类企业比重接近60%，投资类企业和研发类企业表现突出，生产类、服务类境外投资逐步加快，软件、工程、展览、货运代理等企业已将服务延伸到境外。2012—2014年，广州境外投资项目达到409个，协议总投资额59.63亿美元，年均增长65.8%，中方协议投资额56.08亿美元，主要投资项目涉及能源资源、农林牧渔业、房地产、批发展贸、物流仓储以及金融、租赁等。2014年，广州对外直接投资额为10.09亿美元，比去年增长50.6%；2016年达到22.28亿美元，同比增长58.03%，增长迅速。目前，广州境外投资已从贸易公司等传统方式转变

为投资办厂、营销网络、资源开发及跨国并购等多元化投资模式,资源开发、金融租赁、地产服务和跨国并购成了广州企业"走出去"的新亮点。2016年,新增第三产业对外投资机构226个,协议投资额51亿美元,同比增长13.46%。

三、发展平台建设

广州已形成"1+2+3+4+5+11"战略平台体系,即1个自由贸易园区、2个国家级示范城市、3个国家级开发区、4个省级开发区、5个海关特殊监管区域、11个国家级外贸进出口及转型升级基地,开放型经济载体作用突出,为促进广州开放型经济发展发挥了重要作用。各级开发区在创新体制机制、转变经济发展方式、产业结构升级调整等方面进行了积极探索,尤其是南沙新区和南沙自贸试验区建设,为广州构建开放型经济新格局带来了重大契机;各类海关特殊监管区形成了门类较为齐全、功能较为完善的保税物流体系,为打造国际物流中心奠定坚实基础;外贸进出口及转型升级基地带动效应明显,对促进广州外贸发展方式转变和进出口结构优化发挥了重要作用。2014年,在广州特殊经济区域中,经济技术开发区进出口贸易额为165.13亿美元,较去年增长0.6%;高新技术产业开发区进出口贸易额为138.61亿美元;海关特殊监管区域中,保税港区和综合保税区增幅明显,进出口贸易额73.88亿美元,增长1.8倍。

四、区域经济合作

穗港合作是广州开放型经济发展的重要组成部分。广州与香港经济社会文化交流和联系一直以来十分紧密,随着《珠江三角洲地区改革发展规划纲要》、CEPA及其补充协议和服务业对香港开放先行先试、粤港合作框架协议等一系列政策的实施,香港作为广州最主要的出口目的地、投

资来源地和投资目的地之一,两地经贸合作层次不断提高,领域不断扩大。2015年,来自香港的投资保持快速增长,外资和实际利用外资分别为67亿美元和42.8亿美元,分别同比增长23.5%和62.2%,占全市外资和实际利用外资的80.1%和79%。在南沙新区和南沙自贸试验区国家战略的深入实施下,粤港澳全面合作示范区建设逐渐加速,立足广州、依托珠三角、连接港澳、服务内地、面向世界的区域合作进入新阶段。

广州与欧美日等发达经济体之间的合作不断加强,2015年,在广州实际投资前十位的国家和地区中,除排名英属维尔京群岛和开曼群岛是投资岛外,其余均为发达国家和地区,分别是中国香港、日本、新加坡、韩国、美国、中国台湾、英国和中国澳门。此外,广州与新兴经济体之间的经贸合作不断拓展,目前,东盟已成为广州第五大贸易伙伴、第四大出口目的地和第三大进口来源地;俄罗斯、中东、拉美等新兴市场成为广州企业出口的新热点市场。

五、营商环境

广州大力改善和优化营商环境,加大涉外地方性规范文件清理力度,创建了法规政策措施公布平台和公平贸易工作体系,出台《关于加快推进广州市营商环境和做事规则国际化的意见》,推进营商环境与做事规则逐渐与国际接轨。外经贸审批全面提速,在全国首创推行外资网上审批服务系统,审批时间从10天缩短为5天;全面推广无纸化联合年审,无纸化率达99.9%。口岸布局完善,已形成海陆空齐全、客货运合理搭配,保税区、保税港区、保税物流园区和出口加工区等特殊监管功能区布局完善的大口岸格局,通关便利化水平大幅提升,"三个一"通关模式已由南沙口岸推广到全市各口岸,实现通关作业无纸化改革"全覆盖",出口24小时放行率为99.9%,高于全国平均水平;电子口岸建设稳步推进,基本实现口岸单位100%上网、口岸业务流程100%电子化和通过港口、空港为用户提供一站式电子政务服务的第一阶段建设目标,基本实现由传统型口岸向现代化口岸、由管理型口岸向服务型口岸的转变，在电子口岸平台建设和应用工作方面走在全国前列。2008年以来，广州三次被《福布斯》杂志评为"中国大陆最佳商业城市"第一名，营商环境持续优化提升。

六、当前存在的问题

当前，广州开放型经济发展面临着阶段性局限，结构性矛盾突出，不能完全符合经济新常态时期广州市经济、社会、文化、城市转型发展提出的新要求，主要表现在以下方面：

（1）"引进来"规模虽持续增长，但与先进城市相比仍有差距；结构虽有所调整，但"引资"仍占主导地位，"引智"规模不够，与建设国家创新城市的需要不相适应。

近年来，广州实际利用外资虽保持持续增长势头，但总量与国家中心城市地位不相称；从"招商引资"转向"招商选资""招商引智"成效不甚明显，引进的外资企业的技术溢出效果仍存争议，与建设国家创新城市要求的加快集聚各种创新资源还有较大差距。以高技术产业为例，近年来，外商在广州高新技术产业领域投资的力度不断加大，但缺乏高新技术产业发展的高端环节，没有形成完整的高新技术产业链条，虽然生产的产品是高新技术产品，但生产环节大多是劳动密集型的。与此同时，外商独资化倾向制约了技术溢出效应，目前，外商独资企业成为广州主要的外资利用方式，这种引资结构使技术和管理外溢的可能性降低，能从中学习到的先进技术和管理经验的机会不多。

（2）广州的贸易竞争力不断增强，但贸易规模与先进城市相比仍有待扩大，质量效益有待提高，并且难以掌握多数商品定价主导权，与建设国际商贸中心的需要不相适应。

近年来，广州进出口总值在所有城市进出口总值中长期保持在第6位的水平，但与标兵城市之间的差距却在不断加大。出口商品结构以低端产

品为主，具有自主品牌、自主知识产权和较强竞争力的高端产品相对较少；出口主体仍以从事加工贸易的外资企业为主，"两头在外"的模式使得广州对产品最后的定价没有足够影响力。

（3）广州企业"走出去"存在引资比重偏小，行业分布零散、投资方式单一、投资经营水平较低的问题，对全市开放型产业发展的整体影响带动不强。

从全国来看，广州企业开展对外投资，不仅落后于北京和上海，也落后于深圳、宁波、青岛、杭州等城市，与广州目前的经济实力和地位不相称。在世界范围内具有一定知名度和影响力的企业数量较少，且企业在境外设立项目仍以贸易公司为主，项目平均规模较小，主要集中在房地产、商业服务业、批发零售业等领域，利用境外资源和人才、信息、技术等要素的能力不强。

（4）近年来，广州营商环境有了较大提高，物流载体和渠道建设不断增强，相应的基础设施已经较为完善，但围绕人流、物流、信息流和资金流的"软环境"建设仍不足，与建设国家中心城市和综合性门户城市要求不相适应。

主要表现在围绕高端人才的工作、生活环境方面的营造仍然欠缺，围绕高端产品发展的法律环境还要继续完善；产业集群化发展不足，除了汽车产业和一些传统劳动密集型产业外，其他产业的集群配套能力不够突出，对经济腹地的辐射力、影响力不够，与长三角地区有较大的差距，削弱了广州对外商投资的吸引力。

第四节　广州开放型经济战略转型的目标与任务

一、外资投资模式转型，投资方式多元化

跨国并购是国际最常用的一种投资方式，全球 FDI 的 80% 是通过并购的方式实现的。多年来，广州吸收 FDI 一直位居国内城市前列，其利用方式主要是"绿地投资"，在区域内资源要素紧缺及劳动力成本不断上升的形势下，广州"绿地投资"优势已逐渐不明显，亟待创新利用外资方式，实现投资方式的多元化，由当前以合资、合作、独资形式进行直接投资为主，向直接和间接投资多种形式并重转化。随着国内资本市场和相关法律法规的逐步完善，外资以并购、证券投资和投资基金、BOT 方式等多种形式进入的趋势日益加强。

促进广州外资投资模式转型，引导外资多元化参与企业重组和改制。鼓励通过协议并购、企业产权交易市场并购、股票市场并购、合资企业外方股权转让及增资扩股方式并购等方式，引进外资参与企业的资产重组和实施股份制改造，盘活企业的存量资产。进一步放宽外资准入领域，以市场换技术，根据 WTO 规则和广州产业规划，可以放开和深挖一批加工贸易、一般贸易准入领域，引导外资进入战略性新兴产业、金融、会展、商务服务业等生产性服务业，鼓励外商采用 BOT 投资方式参与广州基础设施建设，以市场换资金，以资金引技术，发挥外资对就业、市场结构改善的推动作用，促进广州经济的结构化升级。

二、对外贸易模式转型，贸易形式多样化

伴随着金融、资本和信息全球化，全球贸易形式和格局发生深刻变

化,从传统的进出口贸易、转口贸易等向全球贸易资源控制的高端贸易形式转化。现代国际贸易形式不断升级,贸易交易和资源整合已不局限于本地资源或者地域限制。加快对外贸易模式转型,从以制造业、加工贸易为主转向以服务外包为核心的服务贸易,从依赖港口资源,以进出口贸易、转口贸易为主转向发展离岸贸易,是广州开放型经济发展的必然要求。

实施对外贸易模式转型,积极推进服务贸易出口,优化服务贸易结构。重点扩大工程承包、设计咨询、金融保险、国际运输、教育培训、信息技术、民族文化等服务贸易出口;充分利用外资,发挥外资在服务贸易部门的示范、人员培训和产业前后相关联等方面的技术外溢效应,优化服务贸易结构。深化服务外包基地建设,提升服务贸易层次。扩大信息技术外包(ITO)、业务流程外包(BPO)、知识流程外包(KPO)等规模,开展跨国合作,重点引进IT、研发、生产服务、金融后台等外包行业,大力发展软件和信息服务、物联网、商务服务、金融服务等生产性服务业和战略新兴产业,带动广州对外贸易结构升级。培育服务贸易经营主体,优化出口结构。培育一批"走出去"实力较强的本土企业,建立跨国服务平台和体系,建设合作开发园区载体,引导企业出口项目向资本、技术、知识型等服务业转变。积极推进离岸贸易等新型国际贸易方式,聚集具有离岸业务需求的企业和从事离岸业务的离岸公司,推行离岸贸易便利化政策,逐步建立适应离岸贸易发展的外汇资金结算便利制度和具有竞争力的税收制度等,不断完善离岸国际贸易的政策和制度环境。

三、市场结构调整,内外贸市场一体化

全球经济一体化加速了世界市场的结构调整,首先是国家构成的变化,发达国家对市场的垄断已被打破,新型工业化国家和其他发展中国家纷纷进入世界市场;其次是商品构成的变化,工业制成品在国际贸易中比重不断上升,其中资本和技术密集型产品不断增加,技术和服务贸易迅速发展。近年来,全球经济尚未复苏,美欧日等传统市场萎靡不振,有限的

全球需求空间使得对外贸易国际竞争更加激烈,加上国际贸易保护主义的升温以及全球低碳经济的发展要求,对外贸易的发展市场环境日渐严峻。面对诸多挑战,扩大内需,充分挖掘内部市场潜力,有效释放国内需求,促进经济向依靠消费、投资、出口协调发展,是广州开放型经济发展的重要途径。

顺应国际市场的变化和趋势,加快调整贸易市场结构,促进内外贸市场一体化。构建内外贸一体化平台,提高贸易主体市场竞争力。以零售企业或贸易企业为主体,探索打破内外贸企业经营在盈利模式、结算方式、风险机制等方面的差别和阻隔,发展具有国际竞争力的商贸流通企业模式。鼓励商贸企业"走出去",建立海外流通供应链体系。借鉴日本综合商社"走出去"的经验,组建大型企业集团和跨国公司,逐步建立广泛的海外营销渠道,建立海外流通供应链体系。发挥行业协会和中介组织在参与政策制订、信息交流、价格协调、资质认定、专业培训、应对国际贸易争端等方面的积极性和独特作用,推进内外贸业务的融合与渗透。修订流通业相关地方性法规,改革创新海关监管方式和征税制度,促进内外贸企业融合发展。

四、引资模式转型,实施大产业大市场招商

随着经济一体化的深入发展和区域竞争的日渐激烈,政府主导的招商引资模式优势逐渐弱化,传统政策差异化优势日益消失,广州招商引资面临着模式转型的迫切需求。开放型经济的发展要求转变"优惠政策主导"的招商模式,由招商引资转变为招商选资,实现从政策招商到市场招商、产业招商模式的重心转变。

重视培养招商主体,实行大产业招商。继续鼓励及支持国际投资咨询机构在穗开展招商引资工作,充分挖掘和发挥中介机构招商优势,建立健全招商引资奖励制度,利用支柱产业配套优势,重点吸引跨国公司、世界500强企业来穗落户。完善招商环境,实行大市场招商。进一步巩固广州

在产业链、市场开放、载体建设、人才资源方面的综合优势,建立健全行政审批、法律规定、知识产权保护等体制机制,利用本土广阔的市场空间,实行统一机制下的大市场招商。

五、发展动力机制转型,深化开放和转型升级

深化对外开放,加快对外经济发展转型升级,应着眼于长期发展动力机制的转换,为广州开放型经济步入新的阶段提供发展动力。加快从政府主导到政府与市场有机结合,以政府转型推动开放型经济发展模式的转变,进一步加大转变政府职能的力度,实现政府从市场培育者和开拓者向市场监管者转变,从经济建设主体向公共服务主体转变;充分发挥政府的宏观调控作用,强化政府在制定外经贸政策、企业组织结构调整改组、法规制定、国际合作等宏观方面的职能;继续坚持以市场为导向,按照现代市场经济规律进一步调整产业结构,确立制度化的市场规范,保障市场的稳定和有序运行。从注重硬件建设到改善城市软环境,继续完善城市基础设施、加快信息网络建设等硬环境建设;改善外经贸发展软环境,优化完善市场环境,力争率先建成较为完善的社会信用服务体系,营造良好的市场信用环境;构建国际化的营商环境;完善公共服务、提高服务效率,持续创新政府服务环境。从政策优惠到优化法治环境,努力营造符合国际惯例的法治环境。坚持公平、公正、公开的原则,建立和完善统一开放竞争有序的市场体系;加强涉外经济法规建设,依法管理涉外企业,依法保护外来投资者和企业员工的合法权益,完善涉外法规体系,增强执行政策和办事透明度;整顿经济秩序,规范社会管理,打击经营假冒伪劣商品行为,保护知识产权,维护正当的对外经济贸易秩序,改善企业经营环境。

第五节　加快广州开放型经济战略转型的举措

一、加快实现从规模速度向质量效益转型，提升外贸综合效益和国际市场竞争力

在保持对外贸易进出口总量规模稳定的同时，把工作着力点更多地转移到调整结构、自主创新、打造品牌上来，发展高端产业集群，提高出口产品的技术含量和附加值，积极推动以货物贸易为主向货物贸易和服务贸易并重转型，建立和完善自主创新体系，实现从量的扩张向质的提升转变。首先是优化进出口结构，稳定传统优势产品出口，加快推动自主知识产权、自主品牌、高附加值产品出口，充分发挥广州汽车及零部件、软件、医药等出口基地的优势，以技术、品牌、质量和服务等为核心促进扩大出口；优化进口结构，扩大进口规模，抓住国家鼓励进口的机遇，把广州急需的先进技术、关键设备、节能环保设备、重要资源能源引进来，发挥进口对宏观经济平衡和经济结构调整的重要作用。其次是加快发展服务贸易，加快完善服务贸易促进体系，推动服务贸易与货物贸易同步发展。促进加工贸易由单一生产型企业向生产服务型企业转型，促进服务外包、物流服务、创业咨询、金融等现代生产性服务业出口，完善服务贸易统计体系，加强服务贸易监测分析；引进一批实力强的服务外包企业，加快人才培训体系建设，带动广州对外贸易结构升级。最后是坚持自主创新，继续实施科教兴贸战略，加快建立企业、市场、产学研联动的技术创新体系；提高财政资金引导作用，不断提高研发投入，加强科技中介服务体系建设，促进创新成果转化；强化企业创新主体地位，实施创新企业示范工程，鼓励大型企业加大研发投入，激发中小企业创新活力，培育一批带动能力强的创新型企业；积极支持优质企业推进国际质量、环境管理、行业

等体系认证,鼓励企业开展国际交流,提高企业技术创新能力。

二、加快实现从国际市场为主向国内外市场并重转型,促进内外市场协调联动、双向开放

在深度开发欧美日等传统市场、加大力度开拓新兴市场的同时,积极把握扩大内需、促进消费的契机,推动外商投资、加工贸易企业扩大内销,促进内外市场协调联动、互补互促。突出深化对外合作,实施"突破欧美、提升日韩、深化港澳台、拓展新兴国家"的全方位开放战略。重点深化粤港澳合作,积极落实 CEPA 政策,推动落实协议有关合作项目,打造具有国际竞争力的珠三角城市群。加强粤台合作,利用 ECFA 机遇,推动在经贸、科技、旅游、电子信息、现代农业、文化创意等方面的合作。抢抓 21 世纪海上丝绸之路建设契机和中国—东盟自由贸易区全面建成的机遇以及中新知识城等重大合作项目,提升双方互动投资、贸易、文化、资源开发等领域的合作水平,扩大优势产品出口和东盟国家农林矿产资源进口,积极鼓励引导广州企业投资东盟。优化调整市场结构,准确把握国际经济波动不稳形势,在继续实施更加积极主动的对外开放战略的同时,通过提升进口效益、扩大内需规模等举措不断促进外经贸经济的战略转型,降低对外依存度。加快调整外贸企业市场布局,以"进口+国内采购""出口+内销"的模式逐渐取代以往加工贸易"大进大出"的模式。

三、加快实现从招商引资为主向招商引资、招商选资、招才引技并重转型,提升利用外资带动力

扎实推进招商工作,转变招商观念,实现从招商引资为主向招商选资、招才引技转变。着力吸引跨国公司在广州设立地区总部,着力促进国际高端产业落户高新技术产业开发区,先进制造业和现代服务业利用外资

比重进一步提高,扩大引进先进技术、管理经验和高素质人才,杜绝引进低层次、高污染的外资项目。加大招商引资力度,围绕广州核心产业和战略性新兴产业,重点做好产业招商,积极吸引跨国公司、大型央企、行业龙头企业,尤其是企业总部投资落户,切实增强发展后劲。重点引进一批产业带动力强的金融保险、现代物流、商务会展、文化创意等现代服务业重大项目,引进新一代信息技术、新能源汽车、生物等战略性新兴产业。深化与跨国公司合作,引进高技术含量、高附加值的研发设计环节,实现向技术密集型发展方式转变。优化利用外资结构,推进招商选资,严格招商引资标准,更新产业招商目录。加大吸收发达国家和跨国公司资金和人才的工作力度,大力推动一批科技含量高、产业层次高、辐射能力强的大项目落户。加强产业链招商,重点吸引发达国家跨国公司将关键技术、关键设备生产能力向广州转移,建立完整的产业链条和生产体系。加强投资促进队伍建设,创新招商引资方式,加快海外招商工作站建设,积极探索并购、境外上市、投资基金、境外债券、转让基础设施经营权等利用外资方式。推进优质载体建设,发挥各类产业园区集聚创新作用,打造更富竞争力的引资平台。创新招商思路,进一步发挥广州已有的各类不同层次、不同产业的园区和基地在招商引资中"政策高地""体制高地""成本凹地"的作用。发挥国家级开发区的带动作用,重点加快中新知识城和南沙国家级新区、南沙自贸试验区等建设,引导高端要素集聚。

四、加快实现从"引进来"为主向"引进来""走出去"并重转型,提升对全球资源的整合利用能力

在大力引进优质外资的同时,引导和推动有条件、有实力的企业加快"走出去",扩大境外资源能源开发合作,加快建设境外生产加工基地和营销网络,实现从"引进来"为主向"引进来""走出去"并重转型。力争境外投资,积极探索境外经贸合作区建设,培育本土实力强的大型跨国公司。加强培育本土企业,充分利用国家外经贸政策支持,扶持开拓国

际市场,培育一批"走出去"实力较强的本土企业。确定一批具有一定经营规模和品牌知名度、拥有自主核心技术和研发能力的本土企业作为重点培育对象,从资金、技术、品牌、知识产权保护等方面予以支持,发展成为有竞争力的跨国公司。鼓励企业开展境外直接投资,积极支持企业参与国际技术研发;提高对外工程承包和劳务合作水平,承接技术含量高的大型项目,引导企业出口项目向资本、技术、知识型等服务业转变;支持企业到发达国家设立研发中心、设计中心,鼓励各类符合条件的企业到境外主要资本市场上市。积极开展对外投资合作,研究制定支持企业"走出去"的政策措施,逐步扩大"走出去"专项资金规模。改变接单方式单一的出口方式,鼓励品牌企业到境外设立商品营销中心。支持有实力的企业通过并购、重组、战略合作等多种形式,获取境外知名品牌、先进技术、营销渠道、高端人才等资源。推动与 21 世纪海上丝绸之路沿线的东盟、中东、非洲等新兴市场重要资源国和地区的合作,通过长期贸易协议与参股开发相结合等方式,建立多元、稳定的境外资源供应基地。稳步推进境外经贸合作区建设,鼓励和支持广州企业集群式对外投资。

第五章

21世纪海上丝绸之路建设与广州文化对外开放

文化对外开放是对外交往中重要的组成部分,是增强城市对外交往职能、提升城市国际化发展水平的有力抓手。开展城市文化对外开放,其目的在于通过对外文化交流、对外文化传播推广、对外文化贸易、城市文化外交等途径,扩大城市文化国际影响力,增强城市文化产业竞争力,塑造和提升城市国际形象,营造有益城市发展的国际环境,进一步提升城市的文化软实力和综合竞争力。[①] 广州是拥有两千余年历史的文化名城,文化对外开放源远流长。尤其是在中外贸易和文化交往盛极一时的海上丝绸之路时期,广州作为始发港和枢纽性通商口岸,东西方文化在此碰撞融合并由此向内外扩散延伸,也因此发展成为中西交汇、引进输出并蓄的重要文化对外开放枢纽。中华人民共和国成立以来,随着改革开放的深入推进,借助对外开放窗口地位及独特的地缘和人文优势,广州文化对外开放十分活跃,为城市经济社会发展做出了重要贡献。

2013年,党中央提出了"一带一路"倡议,我国进入新一轮全方位对外开放的发展时期。"一带一路"倡议是党中央总揽国家发展全局做出的重大战略部署,是全面深化改革、拓展经济发展空间、构建和平稳定周边环境和部署全方位外交新格局的迫切要求。21世纪海上丝绸之路建设的战略决策为古代海上丝绸之路赋予了新的时代内涵,也为广州文化对外开放带来了历史机遇。在全方位对外开放的新格局下,要充分发挥重要的国家中心城市作用,创新驱动发展,助推21世纪海上丝绸之路建设,广州必然要在辉煌历史上继往开来,继续发挥对外文化交流的重要窗口作用,进一步深化文化对外开放,重塑文化开放枢纽地位,为新时代的海上丝绸之路建设增添文化动力。

---

① 杨利英:《近年来中国文化走出去战略研究综述》,载《探索》2009年第2期。

第五章 21世纪海上丝绸之路建设与广州文化对外开放

第一节 21世纪海上丝绸之路建设的机遇与挑战

打造文化对外开放枢纽，是广州在全方位对外开放格局下进一步开放发展的战略目标和重要任务。千余年的历史沉淀和人文资源，30多年来改革开放造就的经济社会发展基础以及开放包容、兼容并蓄的城市格局，为广州建设文化对外开放枢纽奠定了坚实基础；国家中心城市战略定位和世界文化名城建设目标，又对广州文化对外开放提出了更高要求。一方面，21世纪海上丝绸之路建设，为广州重拾文化对外开放枢纽地位提供了时代背景和大好机遇；另一方面，以建设文化开放枢纽为中心进一步深化文化对外开放，既是广州服务国家总体战略、助推21世纪海上丝绸之路建设的重要举措，更是广州因应发展需求，提升文化软实力、增强城市综合竞争力，充分发挥国家中心城市作用的必然途径和强大动力。

一、21世纪海上丝绸之路建设带来的发展机遇

改革开放以来，我国文化对外开放从沿海到内陆、从局部到全面、从单一到多元不断深化推进，对外开放领域和内容不断拓展，从以文化交流为主转向文化交流与产品服务贸易并重，文化服务、资本、人才等资源要素的开放逐步加深；对外开放主体不断扩大，政府、企业、社会团体和个人多方参与，形成了多元联动的文化对外开放局面；差异化竞争日益增强，凸显地域文化特色的城市成为国家文化软实力竞争的重要代表。在新一轮对外开放时期，全方位、多层次、宽领域的文化对外开放新格局正在形成，在21世纪海上丝绸之路建设带动下，广州作为重要的国家中心城市和岭南文化中心，在进一步扩大和深化文化对外开放方面大有可为。

广州扩大文化对外开放和构建文化对外开放枢纽，面临良好的发展机

遇。首先是文化引入，优秀文化资源将进一步输入汇聚。21世纪海上丝绸之路是我国拓展经济发展空间、构建世界经济新格局的战略之路，也是全面对外开放的发展之路，在此过程中，文化领域的开放合作深度和广度必然进一步加大，为国际文化资源要素进入中国市场带来体制机制性限制减少、输入渠道通畅、合作领域放宽等种种利好；中国巨大的文化消费市场必将吸引世界各地的文化商品、文化资源和文化人才集聚，广州作为对外开放前沿，理当成为优秀文化资源输入的前哨和汇聚集散的枢纽。

文化输出方面，预计国际社会对中华文化的需求将进一步增加。当今世界政治经济舞台上，中国已崛起成为一支不可忽视的重要力量，随着中国文化软实力的日渐增强，国际社会对中国文化的热情与需求一路走高，"汉语热"即为其具体表现。随着新一轮对外开放和21世纪海上丝绸之路建设的深入推进，我国的国际影响力持续提升，中华文化的吸引力、世界各国对我国文化产品和服务的巨大需求将随之不断增长，为深化文化对外开放提供了良好的发展机遇。广州作为千余年来中华文化传播和贸易输出的重要枢纽，在21世纪海上丝绸之路建设的新时期也将迎来重塑辉煌的良好契机。

在文化创新领域，中外文化加快交融将进一步激发创新。21世纪海上丝绸之路是中国文化走向世界之路，中华文化与世界文化交流碰撞为文化创新提供了难得的机遇，也赋予各文化中心城市进行文化创新的历史使命。广州作为岭南文化中心，历来是吸收中西元素、创新发展多元文化的重要窗口，在海上丝绸之路建设的新时期，岭南文化兼容并蓄的优秀特质将再次使广州能够带领中华文化融合创新，走出一条独具特色的文化发展之路。

二、21世纪海上丝绸之路建设带来的挑战

机遇与挑战并存，广州扩大文化对外开放也面临着方方面面的严峻挑战。首先是国家竞争层面下发达国家强势文化冲击带来的挑战。全球化背

景下，发达国家的强势文化对其他国家的本土文化形成了较大冲击，对他国文化安全造成了一定威胁。在目前的全球文化格局中，中国文化的影响力尚属区域性，对外文化贸易中还存在着巨大的贸易逆差，尤其是对欧美等发达国家的逆差更加明显。随着21世纪海上丝绸之路建设的铺开，文化对外开放的扩大必然会引入更多外来文化商品进入我国抢占市场份额，对中华文化的独立性、民族性带来挑战。

区域竞争层面，内陆地区抢占开放前沿，广州文化对外开放面临竞争。随着全方位开放格局的形成，沿海地区的对外开放地理优势逐渐弱化，内陆地区城市逐渐崛起成为对外开放新高地，如吉林长春借东北亚博览会构建了与东北亚国家的合作平台，宁夏银川以"中阿博览会"打造中国向西开放平台等。各地对外开放交流平台经贸与文化并重，具有面向具体区域的较强针对性。相对而言，广州在文化交流合作打造平台上影响较小，曾经凭借沿海、毗邻港澳所形成的传统开放优势受到极大挑战。

城市层面，沿线城市竞争加剧为广州深化文化对外开放带来挑战。21世纪海上丝绸之路战略构想提出后，沿线省市迅速响应、积极行动，力争发挥重要作用，例如广西提出以中国—东盟博览会为平台，海陆双线建设成为海上丝绸之路新门户；福建提出要建设经贸合作的前沿平台、人文交流的重要纽带；福州举办了21世纪海上丝绸之路市长（高峰）论坛，提出打造重要战略枢纽城市等。随着海上丝绸之路建设的逐步深化，沿海、沿线城市争夺发展国内外发展资源的竞争将更加激烈，广州尽管作为古代海上丝绸之路重要始发港有着传统优势，但是在新开放格局里必须积极投入到竞争中，才能抢占更有利的地位。

第二节 广州文化对外开放的条件分析

一、广州扩大文化对外开放的比较优势

（一）历史资源优势

广州扩大文化对外开放具有历史资源优势。首先，广州是中国对外交往史上重要的海上通道——海上丝绸之路的发祥地。海上丝绸之路萌芽于秦汉，盛极于唐宋，绵延千余年，广州是贯穿海上丝绸之路从始至终的重要始发港和主要枢纽港。早在秦汉时期，广州便已开始与沿线各国进行大规模的海外贸易，据《汉书地理志》记载，广州是最早出口丝绸的地方；从3世纪30年代起，广州凭借天然的地理优势，取代徐闻、合浦发展成为海上丝绸之路的主要港口，到唐宋时期已赫然成为中国第一大港，由广州经南海、印度洋到达波斯湾、北非各国的航线，贯穿沿途90多个国家，是当时世界上最长的远洋航线和中国最重要的海外交通线；[1]明清时期实行"海禁"，广州更是长期处于"一口通商"局面，独揽全国对外贸易。从历史的角度来看，广州自古以来的"敢为天下先"的城市精神使得广州成为开辟古代海上丝绸之路的"前沿阵地"，此后又作为海外贸易和中外友好往来的枢纽中心、东西方物质文化和精神文明交融汇通的集散中心持续繁荣千余年。在对外开放新时期，广州作为古代海上丝绸之路的发祥地，理应成为新海上丝绸之路建设第一线，发挥历史资源优势，继往开来，承担起引领丝路沿线城市发展的历史使命。

海上丝绸之路不仅是对外贸易通道，更是文化交流合作的开放之路。

---

[1] 《海上丝绸之路的三大著名港口》，载《人民网》2014年5月20日，http://history.people.com.cn/n/2014/0520/c385134-25040938.html。

第五章　21世纪海上丝绸之路建设与广州文化对外开放

伴随着海上丝绸之路的日渐繁荣和人员往来的日益频繁，广州作为重要的始发港，在经济交往的同时逐渐发展成为中西文化融汇交流的窗口和集散传播中心。经由广州的物质文化交流内容丰富、影响深远。一方面，丝绸、瓷器、茶叶以及金银铝锡等商品的输出，对西方的生活方式产生了重要影响，催生了"洛可可"等新的艺术形式；[①] 另一方面，海外的香料、药物以及荷兰豆、西洋菜、番茄等农作物等经海路来到广州地区并向内陆传播开来，大大丰富了中国的农作物种类。[②] 在物质文化之外，广州作为对外交往的主要门户，在中西思想文化、饮食文化、科技文化、语言文化以及文学艺术等多方面的交流融合中发挥了重要作用。早在南朝时期，广州已成为佛法重镇；广州也是伊斯兰教最早传播的城市之一和基督教新教传入中国之地。伴随宗教传播以及人员往来，西方的音乐、舞蹈、绘画、建筑等艺术，天文、数学、医学等科技知识以及语言、饮食等传入中国，经过中国化改造，与传统文化相融合，成为中华文化的重要组成部分；与此同时，中国的纺织、造纸、火药等工艺技术，绘画、园林等艺术手法，饮食和茶文化以及儒、道等思想文化和文学作品等被介绍到海外，[③] 对沿路地区和西方社会的发展产生了不同程度的影响。中华文化与印度文化、罗马文化通过海上丝绸之路编织的交流网络接触交汇、相互沟通，而广州则始终是这条东西文化交流之路上最重要的枢纽港口城市。

（二）地理区位优势

广州是中国的南大门，有通达东北印度洋、南亚次大陆国家的最短航路，到达印度洋西岸、非洲国家的最近距离，到达西亚和欧洲、实现海上丝绸之路和陆上丝绸之路对接的最便捷通道。优越的地理区位优势使得广

---

① 白芳：《文物里的广东海上贸易史》，载《大众考古》2014年第3期。
② 林子雄：《海上丝绸之路与中西文化交流》，载《广东史志视窗》2006年第1期。
③ 袁钟仁：《古代广州地区是东西方经济文化交流的重要枢纽》，载《暨南学报》1994年第2期。

州能够在历史上取代其他城市发展成为海上丝绸之路的始发港,并作为重要的对外贸易港口繁荣千年,在21世纪海上丝绸之路建设中,广州的区位优势同样明显、综合服务中枢地位突出。广州是国家中心城市、华南经济圈和中国—东南亚区域的中心,是南中国最重要的海陆空交通枢纽,对内辐射华南以及西南、中南部分地区,对外在中国与东盟、环印度洋南亚地区以及西亚、非洲的经济文化往来中扮演关键角色。与其他丝路沿线港口城市相比,广州拥有不可比拟的地缘优势和发展潜力。

(三) 人文资源优势

广州扩大文化对外开放的人文资源优势主要体现在海上丝绸之路文化开放基因以及强大的海外华侨华人资源上。海上丝绸之路是东西方文化交流的重要桥梁,沿线各国海洋文化相互交流融合,形成了深厚多元、极具开放性的海上丝绸之路文化。广州是海上丝绸之路出发的中心地区和到达的主要港口,千余年的商品贸易、文化交流和人员往来对广州地区的思想文化和思维方式以及城市建筑、语言文化、市民生活和风俗习惯等产生了极大影响,本地文化不断吸收融合外来文化,社会各阶层的科技知识和观念意识、认识论、价值体系等不断改观,为广州形成开放包容、兼容并蓄的城市格局奠定了深厚的人文基础,也不断丰富着以广州为中心的岭南文化。海上丝绸之路的兴起和发展,造就了岭南地区悠久的经商传统和频繁的对外交流,以开拓创新、平等互利、文明包容、和平发展为内核的海上丝绸之路文化,促进了以广州文化为中心的岭南文化开放性、兼容性、重商性和反传统性等特质的形成。① 在此影响下,广州的经济、文化和社会发展都贯穿着开放的人文意识,反映着兼容、改革和创新的观念,形成了开放包容、兼容并蓄的城市格局。海上丝绸之路带来的开放风气和进取精神,不仅让广州以"商都"的姿态繁荣千余年,更在改革开放时期领全

---

① 刘益:《岭南文化的特点及其形成的地理因素》,载《人文地理》1997年第1期。

国之先,扮演着对外开放窗口的重要角色。海上丝绸之路的重新启动为广州带来了开放发展的又一次历史机遇,继承了海上丝绸之路文化开放性基因的岭南文化将再一次迸发活力,为广州再度引领沿线港口城市、建设对外交往新枢纽注入强大动力。

伴随着对外贸易和文化交流的兴盛以及航海技术的发展,广州地区居民前往海外日渐增多。这些人或出于经济原因,或出于政治、社会、宗教原因,或文化因素,沿着海上丝绸之路的交通通道由近及远、由区域而世界,逐渐散布到世界各地。经过长期发展,海外华侨华人数量快速发展,实力逐渐增强,成为所在国家和地区重要的社会力量。目前,广州籍海外华侨华人近200万人,是全国华侨最多的大城市,华侨文化已是广州文化的重要组成部分,《广州市志》记载的近代一百多年来影响广州社会发展的知名人士中,有三分之一以上是华侨;市内华侨人文史迹多达150个。改革开放以来,穗籍华侨华人积极发挥桥梁和媒介作用,为广州开拓国际市场、发展对外贸易、推进文化交流做出了重要贡献。华侨华人在所在国拥有广泛的社会关系资源、经济资源、政治资源、人才资源和信息资源,是广州发展和促进与丝路沿线国家交流合作的宝贵资源;穗籍华侨华人与广州人民之间基于相同的语言和文化认知形成的粤语文化圈,是广州文化对外开放的有利条件,发挥海外侨胞资源优势参与文化对外开放是广州特有的、其他大城市无可比拟的强大优势。

(四) 政策资源优势

广州作为中国对外开放窗口的地位是其政策资源优势所在。广州是最早实施改革开放的城市之一,被誉为我国对外开放的窗口,对外开放政策优势明显。作为世界最大规模的商品交易会之一的中国进出口商品交易会("广交会")从20世纪50年代至今一直在广州举办,极大地提升了广州的对外开放度和国际影响力;2010年,广州成为全国5个国家中心城市之一,引领、辐射和集散功能获得了国家层面上的肯定和支持;2012年,南沙新区成为新一批国家级新区,粤港澳全面合作国家级新区和珠三角世界级城市群新枢纽建设极大地推动了广州进一步对外开放；2013年8月1日起成为国内第三个实行72小时过境免签政策的城市，为广州打造国际航空枢纽、建设国家中心城市创造了有利条件；2015年3月广州南沙自贸试验区获批，夯实了广州新一轮高水平对外开放的平台基础。从政策资源积累来看，广州优势明显，在国内城市中地位突出。

广州还是全国最早实行文化体制改革试点的城市之一，早在2003年就开始实施文化体制改革，2008年出台了《关于继续解放思想、深化文化体制改革、推进文化事业和文化产业加快发展的决定》，进一步加大文化体制机制改革力度，实施了多项文化事业单位改革方案。经过多年努力，广州文化体制改革取得了重大突破，各类事业单位、文化企业都有了明确分类与定位，首先是文化单位内部企事分离：市属新闻单位完成宣传、经营业务"两分开"和制播分离改革；其次是经营性文化单位转制，建立现代企业制度：市属各专业文艺院团全部转制为企业，原属事业单位的广州美术公司等企业实行转企改革，合并成立了广州市广播电视台、广州新华出版发行集团等企业集团等；再次是对公益性文化事业单位内部运行机制进行改革。在既定战略指导下，广州文化体制改革得到积极稳妥推进，改革的战略目标基本实现并创新了团校结合、公助社办、团场结合和创新工作室等几种较好模式。2009年，广州被授予"全国文化体制改革先进地区"称号，文化宏观管理体制和微观运行机制改革成效显著，为进一步文化对外开放奠定了良好的政策基础。

二、广州扩大文化对外开放的发展基础

（一）人文交往资源网络基本形成

对外人文交往是文化对外开放的一个重要组成部分，以文化为载体开展国际交流合作，有助于国际社会全方位深入了解广州经济社会发展建设，形成有利于发展的国际氛围；多样化的交往渠道和平台，为广州深化

参与国际竞争合作争取发展资源和机遇。

历经30多年发展,广州对外文化交流区域从早期的港澳台地区扩展到东南亚,进而到北美、欧洲,近年来又走向非洲、南美等地区,演艺团体出访、文博展览、体育赛事等对外交流已覆盖世界五大洲各主要国家和地区(见表5-1)。从交流对象来看,以海外华人社会或华人聚集地为主向非华人社会、当地受众扩展,反映出广州城市文化的国际影响力有了较大提升。

表5-1 2004—2013年广州对外文化交流情况

年度	团组/项目(个)	人次	出访国家或地区
2004	55	—	美国、法国、英国、加拿大等及中国港澳台地区
2005	86	880	美国、法国、英国、泰国、日本、南非、越南、立陶宛、芬兰等及中国港澳台地区
2006	76	594	法国、美国、澳大利亚、日本、韩国等及中国港澳台地区
2007	83	498	美国、加拿大、日本、韩国、澳大利亚、新西兰、尼泊尔、马尔代夫、摩纳哥、瑞典等及中国港澳台地区
2008	79	644	澳大利亚、摩纳哥、德国、法国、新加坡等及中国港澳台地区
2009	91	900	新加坡、澳大利亚、西班牙、德国、奥地利、多米尼克、巴巴多斯等及中国港澳台地区
2010	—	—	波兰、意大利、印度、俄罗斯等及中国港澳台地区
2011	—	—	俄罗斯、英国、加拿大、韩国等及中国港澳台地区
2012	—	—	保加利亚、芬兰、韩国、俄罗斯、加拿大、土耳其、墨西哥、菲律宾、捷克、荷兰、希腊等及中国港澳台地区
2013	—	—	新加坡、马来西亚、美国、韩国、奥地利、意大利、澳大利亚等及中国港澳台地区

除了传统的演艺和展览，广州对外文化交流的项目和主题呈现多样化的发展趋势。交流主题主要有演出、版权、文物、展览、体育赛事、学术和民间活动等，交流项目则包括歌舞、戏曲、杂技等传统民间艺术、国家及省市获奖的精品文化艺术、有海内外影响力的文化产品等。近年来，广州文化对外交流大力推行"精品战略"，依托广州芭蕾舞剧团、广州粤剧院、广州杂技艺术剧院等文艺院团，推出了一批展现广府文化精髓的优秀艺术作品，以文化精品项目不断提升对外交流的层次和水平。

在政府主办之外，对外文化交流与合作渠道也在不断拓宽。目前，广州文化对外交流中，民间发起、政府支持、商界援助、媒体参与、市场运作等多种模式相互支持配合，共同促进了文化对外交流的繁荣，尤其是"请进来"与"走出去"相结合，在广州举办国际性文化会议与会展（见表5-2），例如"广州国际艺术节""广州国际艺术博览会""羊城国际粤剧节""星海国际合唱锦标赛""广州国际艺术博览会""穗港澳动漫游戏展""龙舟文化节"等交流载体。把"请进来"作为"走出去"的契机，以文化为桥梁拓宽交流渠道、发掘合作潜力，打造双赢的交流平台，例如与美国加利福尼亚州、加拿大魁北克省文化部、台湾中华演艺总工会等签订长期文化交流协议，韩国、新加坡、德国和法国等国家表示与广州大型文化活动建立友好合作关系的意愿。

表5-2 广州大型国际文化交流活动一览

类型	会展名称	开始时间
国际	广州国际艺术节	2013年
	羊城国际粤剧节	2007年
	中国（广州）星海国际合唱锦标赛	2011年
	广州国际艺术博览会	1996年
	中国（广州）国际纪录片节	2003年
	广州国际演艺交易会	2013年
	广州国际龙舟邀请赛	1996年
	ACG穗港澳动漫游戏展	2007年
	穗港澳粤剧日	2003年

续表 5-2

类型	会展名称	开始时间
国内	番禺星海艺术节	1995 年
	广东民间歌会	2003 年
	中国飘色大赛	—
	中国民间艺术节	—
	中国龙舟文化节	—

对外人员交往是促进城市文化传播与交流的重要力量。以文化为载体，依托各种交流活动的国际人员往来频繁，推动广州成为文化人才汇集聚散的交往中心。据不完全统计，2010 年，广州对外文化交流项目达到 88 个、826 人次；2013 年，来穗参加文化活动的有来自 20 多个国家的艺术团 368 个、上千人次。此外，日益活跃的民间文化交流极大地带动了人员往来，2012 年，入境外国游客高达 200 多万，常住外国人有 3 万多人，广州建设文化对外开放枢纽具备了良好的人流资源基础。

（二）文化产品资源进出不断增长

文化产品的生产和对外贸易是一个国家的文化生命力、文化影响力和文化话语权的外在表现，文化产品和文化服务进出口的活跃程度直接体现了文化对外开放的成效与进程。近年来，广州文化产业规模不断扩大，逐步发展成为全市的支柱产业，广州文化产品资源进出不断增长：2012 年，文化产品进出口额达 136.14 亿美元，比 2011 年增长 8.5%；从贸易品类来看，图书报刊、音像制品和电子出版物等文化产品的国际市场竞争力不断增强，动漫网游等产品的对外输出取得新的突破。文化服务进出口逐年增长，2013 年贸易额为 4390 万美元，其中出口额 1446 万美元，进口额 2944 万美元；出口地区包括巴西、中国香港、英国、美国和日本等，呈现出多元化的发展趋势，并产生了一批具有品牌效应的文化服务项目。对外文化服务业的快速发展也吸引了国际资本的积极关注，2010 年，全市文化、体育娱乐业实际使用外资达 5373 万美元，比 2009 年增长 7.624

倍，为进一步推动广州对外文化服务输出提供了坚实的基础。文化产品资源进出口的持续增长，在为广州开放型经济发展做出贡献的同时，促进了广州文化对外拓展优势的不断扩大。

（三）文化信息对外传播初具成效

以对外文化宣传、城市形象推广等内容为核心的文化信息对外传播，是扩大文化影响力和辐射力的主要途径，增强文化竞争力、提高文化软实力的重要手段。广州文化对外传播工作与文化对外交流是和对外贸易紧密结合在一起的，经过多年发展，广州国际大都市的城市形象基本确立，对外文化宣传渠道不断拓宽，内容形式日渐丰富，逐步形成了一批具有广州特色的对外宣传平台与品牌。首先，广州城市文化对外传播初具成效。广州对外文化传播和推广按照建设文化强市、培育世界文化名城的要求，以展示经济社会发展成就和广府文化特色为核心，积极做好国内外媒体互动、新闻发布等宣传活动和文艺展演、文化交流等城市营销推广活动，向国内外展示广州独特的城市魅力和文化形象。相关研究表明，亚运会后，广州的国际知名度大幅提升，城市国际化发展水平获得较大提升，已处于全球城市网络体系中的区域性国际城市位置。2012年进行的一项针对"外国人眼中的广州形象"调查研究显示，广州"现代化国际大都市"的城市形象已经确立，"国际商贸中心"的城市定位获得较一致的肯定，文化信息对外传播工作初现成效，为广州建设文化对外开放枢纽、吸引集聚各种文化资源，创造了有利的国际发展环境。此外，对外信息传播平台日趋多样，在传统的新闻媒体平台之外，积累了一批具有广州特色的对外信息传播平台和品牌资源。例如，"广交会""留交会""广州国际城市创新奖"等集聚大规模人流、信息流、能量流的重大活动平台；由传统节庆升级而来的城市文化品牌资源，例如"迎春花市""菠萝诞"等；整合境外媒体资源打造的文化传播平台，例如收购北美地区华语电视天下卫视开设粤语频道输出节目等。信息传播既是对外开放的内容也是取得成功的条件之一，日趋多样、不断创新的对外文化信息传播平台，为广州建设文化

对外开放枢纽提供了良好的支撑条件。

（四）城市外交资源创新发展

城市文化外交是近年来兴起的以文化为纽带的城市外交形式，是文化对外开放的重要表现形式，是增进中外人民相互理解和友谊、为经济社会发展创造良好的外部舆论和文化环境的重要手段。广州积极抓住城市外交发展的良好机遇，勇于创新，积累了丰富的城市文化外交资源。首先，国际友好城市、驻穗领馆等对外交往资源优势明显。从1979年与日本福冈市结为友好城市以来到2017年年底，广州已有38个遍布五大洲的友城、27个友好合作交流城市及若干友好城区、友好单位，为广州文化对外开放枢纽建设打造了良好的国际交往网络基础；驻穗领馆已达61家，在国内同级城市中遥遥领先，领馆是派驻国在我国政治、经济和文化事务的代表机构，掌握着汇集该国企业、资金、科技、人才等丰富信息与资源，是广州建设文化对外开放枢纽需要充分利用的独特资源。其次，对外交往平台创新发展，近年来广州集中力量建设对外交往平台，一是国际组织平台，在世界城市和地方政府组织（UCLG）和世界大都会协会（Metropolis）这两大具有广泛国际影响力的国际城市联盟组织中，广州已进入核心决策圈，获得了更稳固的主导地位和更充分的话语权；二是国际奖项活动平台，通过设立广州国际城市创新奖，将城市多边交往形式常态化、机制化，打造继广交会、留交会之外的又一个高规格的对外交流合作战略平台。对外交往平台的创新发展，是广州扩大文化对外开放特有的资源优势，在此基础上发挥广州文化枢纽作用大有可为。

三、广州扩大文化对外开放面临的问题

（一）机制端：缺乏统筹整合

文化对外开放包括对外文化交流、对外文化贸易、对外文化传播和城

市文化外交等不同维度的工作内容,涉及外宣、外经贸、外事、文化艺术、新闻传媒、旅游、体育等多个部门业务,参与主体包括政府部门、文艺院团、文化产业企业、民间文化组织、科研机构和艺术家个人等,内容业务繁多,统筹难度大。从当前文化对外开放工作现状来看,尚处于活动与资源分散、部门之间各自发展的局面,虽然各部门工作各有侧重,但从文化对外开放全局来看,不同主体各自为政,缺乏总体规划和有效统筹,易导致文化对外开放的具体工作方向不一,缺乏系统性进而影响有效性;力量分散、重复建设,文化对外开放缺乏合力,急需资源共享与整合。此外,广州在文化对外开放政策方面虽然采取了一系列政策措施并取得了一定成效,例如《关于广州市加快文化事业发展若干政策的意见》(2003)、《广州市文化建设规划纲要》(2004—2010)等,但在政策效率、政策间关联协调和政策投入方面存在不足。整合现有资源与政策法规、不断进行体制机制创新,是适应新一轮对外开放的发展需求,从机制端推进广州文化对外开放枢纽建设的首要任务。

(二)产品端:"走出去"竞争力不强

广州文化产品和服务"走出去"发展迅速,但总体来看规模及影响与世界文化名城的建设目标与国际地位还不相称,具体表现为:一是与国外文化产业集团相比,文化企业整体实力不强,出口规模小、水平不高,缺乏具有世界影响力、掌握国际文化话语权的企业集团;二是文化产品和服务竞争力不强,具体表现为产品较为低端,自主品牌较少,技术含量不高,文化传播带动能力有限;三是文化对外贸易范围不够广泛,结构不尽合理,广告、出版、传媒、演出、文艺会展等产业"走出去"步伐较慢,交流平台布局较少,未能形成对全方位文化对外开放的有效支撑;四是由于价值观和文化差异的障碍,文化对外输出的消费群体较多集中在华人群体,消费和文化受众面狭窄,缺乏广泛的国际认可。文化"走出去"是发挥文化服务政治、经济和外交作用的重要途径。当前,广州文化产业"走出去"竞争力不强、国际认可度不高,影响了广州文化对外开放枢纽

建设的深化发展,制约了广州助力21世纪海上丝绸之路建设作用的充分发挥。

(三)主体端:市场和社会参与不足

要形成全方位、多层次的文化对外开放格局,需要政府之外多主体的充分参与。当前,广州文化对外交流合作项目逐年增多,但总体上仍以政府主导下的交流合作项目居多,企业和社会力量参与不足,具体表现为对外交往仍以政府部门为主体,企业和民间团体、个人等社会力量参与较为薄弱;文化输出行政手段主导的方式居多,通过市场机制、依靠市场力量输往国外地区的产品和服务项目不多,商业化程度较低,市场运作手段较为落后;支持资金大多来自政府财政,企业投资和社会力量参与程度不高等。构建对外开放新格局要求加强全方位的对外经济与人文交流,要进一步扩大深化开放,打造文化对外开放枢纽,就需要在政府主导之外,强化市场导向,突出企业主体,鼓励社会各界多方参与,培育和发展内生性文化发展动力,提升广州文化对外开放效能和国际竞争力。

(四)策略端:营销推广亟须创新

从广州文化对外开放实际工作来看,市场营销、策划推广手段较为落后,文化"走出去"市场营销意识不强、能力不够、渠道不足、人才缺乏、中介不发达,导致了文化产品和服务重内容品质、轻包装推广,市场竞争力大打折扣;本土文化精品和展演活动缺乏有效运作模式与渠道,"走出去"困难多,难以取得预期的经济和社会效益;城市对外宣传推广成效不高。另外,当前营销推广策略尚存改进空间,需要做好调查研究,根据国外不同的文化环境和受众对象,调整适用不同的文化载体和表达方式,减少国际交流的语言和理解障碍,在不同文化和价值观之间架起沟通的桥梁,才能夯实进一步扩大深化文化开放的发展基础,为广州文化对外开放枢纽建设赢得国际认同。

（五）载体端：平台资源有待挖掘发挥

广州当前已具备一批有较大影响力的文化交流交往平台，然而在利用效能上，平台资源的作用仍有待进一步挖掘和发挥。首先，尚未形成常态化的文化开放平台，目前对外交流交往以主题式、集中式、运动式的展演和节庆交流为主，政府导向较强，文艺团体、文化企业等缺乏日常业务的对外交流平台，与演出代理机构合作大部分仅限于剧团独立联系，国内外巡演相对较少，比较难形成常态化、规模化的文化影响和辐射。其次，平台资源的文化交流功能尚未得到充分利用，例如广交会作为广州最具国际影响力的国际交流平台，其城市文化交往和宣传推广功能一直未能得到充分发挥；国际城市创新奖是一个全新的多边国际交往平台，如何深入利用其进行文化对外传播、设置文化议题、扩大广州文化话语权，仍有待进一步研究与发掘。要加快打造文化对外开放枢纽，构建对外开放新格局，需要深挖资源，综合利用、创新利用好现有的对外开放平台，使其承担更多文化对外开放功能与责任。

（六）人才端：支撑引领作用欠缺

人才是推动先进思想和优秀文化的创造者、传播者和应用者，是文化对外开放的重要支撑力量。加快文化事业发展，打造文化对外开放枢纽，广州面临着人才方面的诸多挑战：高层次文化人才较为缺乏，具有代表性、引领性的领军人物不足；复合型人才、新媒体人才、国际化和创新型人才短缺；部分领域后备力量不足，人才梯队建设问题突出等。人才端的种种限制性因素，导致了将本土文化资源转化为民族文化产品和品牌并加以传播的创意、生产和资源整合方面存在短板，限制了广州文化产业竞争力、文化国际表现力和传播力的进一步发展。

第三节 广州文化对外开放的思路与发展路径

一、广州文化对外开放的总体思路

在建设21世纪海上丝绸之路的新时期,广州文化对外开放的总体定位是建设"21世纪海上丝绸之路文化对外开放枢纽"。紧抓建设21世纪海上丝绸之路的重大历史机遇,立足发展基础,充分发挥广州的历史优势、区位优势、人文优势和政策优势,打造文化对外开放枢纽,吸收和传播一切有利于文化建设的有益经验,有利于丰富人民文化生活的优秀文化成果,有利于发展文化事业和文化产业的理念和机制,推动国际文化产品交易、文化资源配置、文化人才汇集、文化外交开展和文化创新发展,丰富岭南文化内涵,加快世界文化名城建设,助推中华文化走向世界舞台。

(一)国际文化产品交易中心

发挥千年商都优势,加快文化贸易的体制机制改革,打造中外文化产品交易中心。积极争取文化对外贸易的进出口权下放,先行先试开放引进更多外来文化产品和服务落地,并通过广州走向全国。积极搭建文化产品的对外交易平台,扶持文化贸易中介机构,助推中国优秀的文化商品走向世界。注重提升文化贸易中文化服务的比重,积极把握以服务外包、服务贸易为转移的世界产业结构调整的机遇,大力发展文化服务业,加快文化服务外包发展,积极打造文化服务外包示范区。

(二)国际文化资源配置基地

把握版权、产权、设计、资本、技术、人才等各种形式的文化资源跨国流动日益频繁的趋势,打造国际文化资源进入中国以及中国文化资源走

向世界的重要基地，为各种文化要素和资源的流动创造良好条件。争取中央支持建设开放外资进入文化领域的综合改革试点城市，逐步尝试放宽各项限制，成为吸收和利用国际文化资本的先行区。积极完善配套支持服务，为推动中国优秀文化资源走向世界提供有力支撑。不断提升在世界城市体系中的辐射能力和对全球文化资源的配置能力，以优质的服务吸引各国文化要素以广州为基地进行交流和配置，为推动国际文化交流做出积极贡献。

（三）国际文化人才汇集港湾

继承在海上丝绸之路中汇聚各国英才的历史优势，发扬开放包容的城市特色，吸引各国优秀文化人才来广州创作与创业，打造国际文化人才汇集港湾。充分利用留交会的品牌，打造国际文化人才进入中国的门户。发挥城市魅力，探索改革外国人管理机制，积极解决跨文化交流和多样性文化碰撞问题，营造良好的生活和创作环境，吸引更多国际优秀文化人才落户于广州生活、创作以及开展创业活动。充分利用国际智力支持，推动国内外优秀文化人才的交流、对话与合作，共同创作更多具有国际水准的优秀文化产品和作品走向世界。

（四）国际城市文化外交平台

发挥友好城市网络和国际组织等文化外交资源优势，构建国际城市文化外交平台。优化"友好城市—友好城区—友好单位"立体化国际交往网络平台，以城市友好关系为桥梁，以人文交流为先导，促进产品、服务、人才和技术等文化资源要素城际流动；以世界城市和地方政府组织框架下"广州国际城市创新奖"的深化发展和建设世界大都会协会亚太地区总部为抓手，创新国际组织多边交往平台，以增强广州汇集国际城市外交资源的凝聚力、引领亚太城市发展的领导力为核心，促进广州软实力的不断提升和国际影响力的不断增强。

（五）国际文化创新示范城市

完善区域创新支持体系，吸引创新人才和新型企事业单位，鼓励在文化业态、文化内容、文化传播等领域不断创新。积极推动文化与科技、金融、商贸、旅游等领域的融合与创新，探索在新的经济、技术、商业条件下文化新业态的发展。积极尝试新风格、新内涵、新形式，鼓励创作具有时代特征、岭南风格的中华文化精品。充分利用新媒体、新渠道、新平台，探索文化对外开放与合作的新模式，不断提升文化对外开放水平和效益。

二、广州文化对外开放的发展路径

21世纪海上丝绸之路建设的深入推进，为广州文化对外开放创造了十分重要的战略机遇。围绕建设文化对外开放枢纽的目标，积极拓展对外文化合作发展空间，强化世界文化名城文化聚集和辐射功能，以文化产品交易、文化资源配置、文化外交、文化人才汇集和推动文化创新为重点，以友好城市和友好合作交流城市为依托，加强与海上丝绸之路沿线国家和地区的文化交往、产业合作和城市间友好往来，构建文化开放合作三大圈层（如图5-1所示）。

（一）构建核心合作圈层

服务国家战略发展重点，发挥地缘优势、人文优势和文化亲缘性优势，根据城市文化功能互补、产业互补和资源互补的客观现实，发挥国家中心城市功能，与新加坡、文莱、马来西亚、泰国、印度尼西亚、菲律宾、缅甸、柬埔寨、老挝和越南等东盟国家主要城市建立起全面的文化合作伙伴关系（见表5-3）。以人文交流为先导，以文化产品服务贸易为引擎，以文化创意和创新为动力，以文化人才互换互动为辅助，建设文化合作核心圈层，加强与圈层内各城市之间的文化合作与融汇联动，加快聚集文化资源要素聚集与辐射，增强广州文化开放合作枢纽功能与地位。

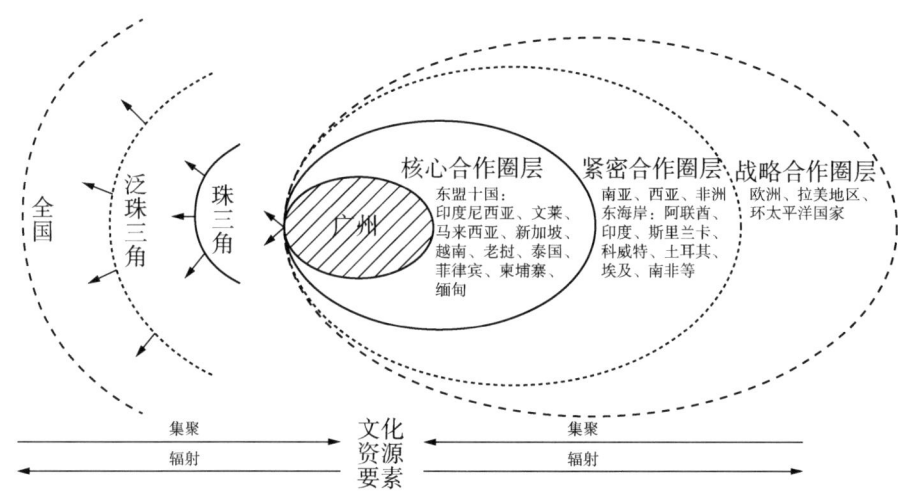

图 5-1 广州构建文化开放合作圈层

表 5-3 核心合作圈层国家

经济发展状况	国家	文化往来活跃度		
		人文交流	文化外交	文化贸易
第一层次	新加坡	高	低	高
	文莱	低	低	低
第二层次	马来西亚	中	低	中
	泰国	中	高	中
第三层次	印度尼西亚	中	高	中
	菲律宾	中	中	中
第四层次	越南	中	高	低
	缅甸	低	低	低
	柬埔寨	低	中	低
	老挝	低	低	低

注：1. 经济发展状况：以人均经济收入划分，四个层次分别为 > \$20000、\$4000～\$8000、\$1500～\$4000 和 < \$1500。

2. 文化往来活跃度：分别以 2004—2013 年文化对外交流出访情况、友城和友好合作交流城市关系、相关贸易额为标准进行划分。

（二）建立紧密合作圈层

完善海上丝绸之路文化对外开放枢纽体系建设，增强广州文化竞争和辐射能力，与位于南亚、西亚和非洲东海岸地区的印度、斯里兰卡、阿联酋、科威特、土耳其、埃及、南非、肯尼亚等国家的主要城市建立紧密合作关系（见表5-4），在人文交流、友好往来的基础上，开展文化产业合作和文化人才交流，促进文化资源共享与流动，推进文化合作互利共赢，进一步提升广州文化对外开放的影响力和辐射力。

表5-4 紧密合作圈层主要国家

国家	文化往来活跃度		
	人文交流	文化外交	文化贸易
印度	中	低	中
斯里兰卡	中	高	低
阿联酋	低	高	低
科威特	低	高	低
土耳其	中	高	中
埃及	低	中	低
南非	中	高	低
肯尼亚	低	低	低

（三）拓展战略协作合作圈层

依托世界文化名城的国际影响力，以服务广州对外开放合作需求为目标，与欧洲、拉美地区环太平洋国家的主要城市建立起人文交流、文化贸易和产业合作、文化外交等多领域的文化合作关系，以人文交流、友好往来为先导，拓展战略协作关系，完善文化对外开放网络，为广州全方位的对外开放创造有利的人文发展环境。

第四节 广州文化对外开放的战略重点

一、重点城市

首都城市往往是一个国家的行政和文化中心,是该国最重要、最具影响力的城市,集聚了强大的政治和文化资源。加强与海上丝绸之路沿线国家首都城市的文化交往,是提升广州在该国知名度、促进广州文化本地传播的最直接途径,例如肯尼亚首都内罗毕是非洲最大城市之一,也是联合国人居署等许多重要国际组织总部所在地,与之加强文化交流和联系,能够快速有效地提升广州在东非乃至整个非洲的国际知名度。同时也要看到,基于城市国际交往的对等性、城市特质配合度等因素,与其他非首都的重要城市进行文化交往常常更能产生实效。

友好城市历来是广州开展对外经济文化交流合作的重要依托,在广州对外交往中发挥着桥梁中介的关键作用。构建文化开发合作三大圈层,要以友好城市和友好交流合作城市为节点,挖掘友城文化资源、深化务实合作,打造广州文化对外开放的支撑网络体系。(见表5-5)尤其是要加快对东盟国家发展友城关系,抢占文化外交资源先机,以缔结友好关系带动经济文化等全方位合作。

加强与具有丰富历史文化遗产的古代海上丝绸之路沿线城市,例如越南会安、马来西亚马六甲、印度尼西亚三宝垄等的文化交流与合作。这类城市作为古代海上丝绸之路的重要港口,与广州之间的来往历史悠久,受岭南文化、中国文化影响较深,具有与广州开展友好合作的深厚人文基础,可发展成为广州对外人文交流、文化旅游、华侨文化合作等工作的前沿阵地。

华人华侨资源是对外交往的重要桥梁,也是中国文化对外输出的重要开拓者、承载者和维护者。与具有丰厚华人华侨资源的城市开展友好合作，是广州在海外快速打开文化对外传播局面、开拓合作交流网络的有效路径，尤其是东南亚地区，穗籍华侨华人数量众多、基础深厚、资源广阔，要积极以这些城市为依托，加大广州文化对外输出力度，提升广州城市软实力。

表5-5 广州文化对外开放重点合作城市

圈层	国家	首都	友城关系		"海丝"历史文化城市	华侨资源城市
			友好城市	友好合作交流城市		
核心合作圈层	新加坡	新加坡	—	—	—	—
	文莱	斯里巴加湾	—	—	—	马来奕
	马来西亚	吉隆坡	—	—	马六甲	怡保
	泰国	曼谷	曼谷	—	—	—
	印度尼西亚	雅加达	泗水	—	三宝垄	—
	菲律宾	马尼拉	—	马尼拉	—	宿务
	越南	河内	—	胡志明市 平阳省	会安	—
	缅甸	内比都	—	—	—	仰光
	柬埔寨	金边	—	金边	—	—
	老挝	万象	—	—	—	—
紧密合作圈层	印度	新德里	—	—	—	加尔各答
	斯里兰卡	科伦坡	汉班托塔	—	科伦坡	—
	阿联酋	阿布扎比	迪拜	—	—	—
	科威特	科威特城	科威特城	—	—	—
	土耳其	安卡拉	伊斯坦布尔	—	—	—
	埃及	开罗	—	—	亚历山大	亚历山大
	南非	茨瓦内	德班	—	—	约翰内斯堡
	肯尼亚	内罗毕	—	—	—	内罗毕

续表 5-5

圈层	国家	首都	友城关系		"海丝"历史文化城市	华侨资源城市
			友好城市	友好合作交流城市		
战略协作合作圈层	西班牙	马德里	—	巴塞罗那	—	—
	葡萄牙	里斯本	—	科英布拉	—	—
	意大利	罗马	—	米兰	—	—
	智利	圣地亚哥	—	圣地亚哥	—	—
	墨西哥	墨西哥城	—	墨西哥城	—	—
	巴西	巴西利亚	累西腓	—	—	圣保罗
	阿根廷	布宜诺斯艾利斯	布宜诺斯艾利斯	—	—	—
	秘鲁	利马	阿雷基帕	—	—	—

二、重点领域

文化创意与设计服务及相关产业是文化新兴产业之一，也是我国文化产业重点发展的领域之一。2014年3月，国务院印发了《关于推进文化创意和设计服务与相关产业融合发展的若干意见》，提出要强化文化创意和设计服务的先导产业作用。从广州当前发展情况来看，文化创意和设计服务业发展与北京、上海、深圳等地相比仍有一定差距。在文化对外开放新形势下，可利用广州面向东南亚开放合作优势，加强与新加坡、泰国等创意产业发达地区在设计、广告、视觉和环境艺术等领域的合作，通过项目开发、创意设计园区建设、创作基地和人才培训引进等形式，提升广州工业设计和文化创意水平，提升广州文化制造业和服务业的创新力和竞争力。

文化传媒领域包括新闻出版、广播影视及网络等多种媒介，是传播信息、交流文化的重要渠道，对于提升城市软实力、打造良好国际舆论环境具有重要意义。目前，广州已形成一批具有较大影响力的传媒企业，开展对外合作基础良好，例如《广州日报》报业集团已成为国内领先的全媒体发展平台，其品牌价值2013年达到165.68亿元，在中国报业品牌中位列第二。① 2014年8月，党中央全面深化改革领导小组第四次会议审议通过了《关于推动传统媒体和新兴媒体融合发展的指导意见》，强调要打造一批形态多样、手段先进、具有竞争力的新型主流媒体，建成几家拥有强大实力和传播力、公信力、影响力的新型媒体集团。21世纪海上丝绸之路建设为广州加快实现这一目标提供了良好契机。要在充分利用广州海外传统资源优势，开拓海外粤语、华文市场的基础上，加强与各国尤其是新加坡、马来西亚、泰国、印度尼西亚等东南亚国家的主流媒体和强势企业在经营、技术和人才等方面的全方位合作，促进广州本土企业跨区域、跨行业发展，成为具有国际影响力的媒体集团，扩大广州文化在华语世界的传播力和话语权。

文娱演艺活动是文化对外开放的主要方式和文化产品服务输出的重要内容，对于增进城市友好往来、传播城市文化和塑造国际形象具有重要作用。目前，广州的对外文艺交流活动主要集中在欧美等地发达国家，与海上丝绸之路沿线国家的交流合作较为缺乏。要本着扩大文化对外影响、提升广州海外知名度的目标，以建设和深化友好关系为核心，加强与东南亚、南亚国家，尤其是加强与缅甸、斯里兰卡等具有国家战略意义的国家，以及印度、菲律宾、印度尼西亚等对我国长期持有偏见国家的文化交流，以文娱演艺为先导，促进两国人民在加深了解、缔结友谊中开展进一步深入合作。

旅游业是服务业支柱产业之一，对城市经济发展、文化输出和品牌形象建设的贡献突出。广州面向海外开展文化旅游业具有良好发展基础：深厚的历史文化沉淀和人文传统对海外华人华侨群体具有强烈的召唤力，发达的商贸业对亚洲国家居民极具购物消费吸引力，拥有便利的地理位置和

---

① 2013年《中国500最具价值品牌》排行榜，世界品牌实验室，http://www.ce.cn/culture/gd/201306/27/t20130627_24519002.shtml。

海陆空立体国内国际交通网络,等等。广州社科院 2012 年开展的一项调查显示,来自东南亚、西亚和非洲地区的外国人对在广州购物消费比景点观光更感兴趣。一方面,针对海上丝绸之路沿线国家情况扩展文化旅游,宜采取适应其旅游偏好和需求,将商贸与文化结合起来进行广州旅游推介的策略,在促进文化旅游业经济效益的同时,扩大广州国际商贸中心、世界文化名城等城市形象的国际影响;另一方面,要加快广州旅游企业和资本"走出去",加强与沿线国家旅游企业合作,将广州打造成为海上丝绸之路沿线国家居民的重要旅游目的地,通过人员引进来,促进对广州城市发展的了解和广州文化的对外输出。

三、重点平台

(一)"广交会"平台

利用广交会汇聚各国客商的传播媒介优势,打造广交会城市营销平台。历史上,海上丝绸之路的往来客商曾作为文化使者在促进东西方文化交流融合中起到了重要作用,针对来穗外国人的调查研究表明,在全球化、信息化的当今社会中,人际传播仍是外国人认识和了解广州的主要途径,[①] 要充分发挥来穗外国客商在对外传播中的媒介作用,以点对点人际传播策略提升广州的海外知名度和美誉度。一是推动制定广交会"营销广州"计划,结合不同时期城市发展重点和热点,设置推介主题,整合全市旅游、展演、餐饮、购物等文化资源,针对来穗客商行程紧凑、时间有限等特点,开展定制式城市观光、美食体验、购物游、演出展览等活动,为以商贸为主的广交会增添文化元素,将广交会打造成广州城市营销推介平台。二是推动广交会创新发展,增加和扩大文化产品参展范围,或以同期举办文化产品交易会的方式,汇聚国内外消费类文化产品、文化艺

---

① 《外国人眼中的广州城市形象——在穗外国人调查》,载《研究报告》,广州市社会科学院 2012 年。

术精品、文化创意设计、动漫及版权交易、工艺美术、非物质文化遗产和传统文化产品，打造具有国际影响力的文化产品和服务交易平台。

（二）"广州奖"平台

激活广州国际城市创新奖（"广州奖"）的文化传播功能，丰富城市多边交往文化内涵，将"广州奖"打造成为具有引领示范作用的城市文化外交平台。发挥"广州奖"汇聚各国主要城市政要的城市外交资源优势，通过高层会谈、项目对接会、意向洽谈会等多种形式，推动城市间文化交流与项目合作；充分利用各国媒体对"广州奖"的关注报道，策划新闻议题、主动提供素材、积极予以协助和便利，借助国外媒体渠道，增强广州的海外媒体曝光率，扩大城市知名度和美誉度；增强"广州奖"海外宣传推广中的城市文化元素，在评奖邀约、奖项颁布、成果推广的全过程中强调城市品牌建设，将"创新"精神作为国际标签，打造广州城市形象新名片。

（三）"演交会"平台

完善文化产业政策，强化市场运作机制，聚焦创意创新，促进国际合作，将广州国际演艺交易会打造成为国际知名的演艺市场"全产业"交易营销平台。在以演艺剧目、器材、舞台美术、演艺衍生品等产品交易和演艺、经纪等人才交易的基础上，扩大交易范围，创新交易内容，形成版权、产品、人才、剧场、资本、技术以及专业和中介服务的全产业链交易平台；加强对外推广和国际合作，引入国际知名演艺机构、艺术节、剧院买家、演出经纪公司和节目制作方，提升演交会层次与规格，促进对外交易营销实效；打造培训交流平台，通过研讨会、培训会等形式，提升国内演艺机构"走出去"能力和"请进来"水平，推动国内外项目与机构的对接速配。

(四)"金钟奖"平台

以提升国际化发展水平为目标,推动中国音乐"金钟奖"在奖项设置、节目赛制、选拔范围和宣传推广等领域不断创新,将"金钟奖"打造成为具有世界影响力的专业性艺术奖项。扩大"金钟奖"的选拔范围,面向世界范围选拔音乐艺术人才,推动"金钟奖"从国家级评奖活动发展成为国际性艺术品牌,特别是在钢琴、声乐演唱(美声)和流行音乐组别,鼓励和吸引国际选手积极参与,推动"金钟奖"艺术水平与国际接轨;在奖项设置方面,本着传播和推介中国文化艺术的宗旨,考虑设置"中国音乐国际推广贡献奖""民族器乐鼓励奖"(国外选手)等奖项,加强中国文化艺术的对外输出和国际影响;以表演项目、特邀嘉宾等灵活形式,邀请、吸纳具有国家特色的艺术形式和优秀作品在"金钟奖"赛事期间来穗表演,将"金钟奖"打造成为中外精品艺术交流的高端平台。

(五)"留交会"平台

以打造国际文化人才交流平台为目标,创新内容和形式,扩大主体范围,将中国留学人员广州科技交流会("留交会")扩展成为聚集海外科技和文化人才、促进高层次人才和项目交流的"国际科技文化人才交流会"。扩大"留交会"服务领域,由服务科技人才扩大到服务科技和文化人才,推动"留交会"发展成为多领域综合性人才交流平台;拓展服务主体范围,将服务对象由以留学人员为主体,扩展为面向全球的高层次科技文化人才,促进"留交会"向区域性、国际性的人才中介平台转变;加大"留交会"海外宣传推广力度,利用网络、媒体及对外交往活动等各种渠道,提升"留交会"品牌知名度。

(六)"国际纪录片节"平台

紧抓国家扶持纪录片发展的良好机遇,完善融资平台和数字化交易平台,加大与"国际纪录片节"合作力度,进一步提升国际知名度和吸引

力,将中国(广州)"国际纪录片节"打造成为业界国际一流品牌。依托"国际纪录片节",加快建设国际性纪录片交易产销平台,促进拍摄方案、成片等纪录片产品交易,推动中国纪录片制作走向国际市场,畅通中国纪录片"走出去"渠道;加大纪录片节"金红棉奖"评奖力度,鼓励国产纪录片出精品、出优品,提升国际市场竞争力,发挥文化传播功能;通过推动增设"记录广州"展示单元,鼓励与广州相关的纪录片创作和交易,优化纪录片节平台的城市推广和文化传播功能。

(七)"国际漫画节"平台

积极引入国外知名动漫品牌,加大与国内外企业和动漫基地合作力度,优化"中国国际漫画节"动漫游戏展的展示发布、交流、贸易洽谈和专业服务功能,丰富竞技比赛、Cosplay大赛、动漫音乐会等活动形式和内容,将"国际漫画节"平台打造成为广州文化创意产业的新名片,推动广州"动漫之城"国际形象的塑造与传播。依托广州国家级网络游戏动漫产业基地优势,整合广州动漫游戏业界资源形成合力,借助"国际漫画节"平台,加大对广州动漫品牌的宣传推广,加快广州动漫游戏产业"走出去"。

四、重点项目

(一)海上丝绸之路文艺精品创作展演工程

立足广州丰富的历史文化资源和现代化建设实践,探索形成完整高效的文艺精品创作生产体系,按照依靠本土与借助外力、广泛发动与重点组织相结合的原则,以"规划一批、储备一批、实施一批、推出一批"的思路,实施海上丝绸之路文艺精品创作展演工程。以追求一流的气魄,围绕海上丝绸之路主题,展现岭南文化特色,结合国际文化需求,大力推进文艺样式和手段创新、风格和流派创新,站在全国乃至世界高度策划创作推出文艺精品。充分发挥文化对外开放枢纽的作用，按照循序渐进的原则，以广州为基地，与海上丝绸之路沿线国家建立常态化的联合展演机制，推介输出广州以及全国其他地区的文艺精品；同时组织联系发动国内市场，积极引入"海丝"沿线国家文艺精品，以广州为枢纽登陆国内市场。

（二）国家对外文化贸易基地建设工程

学习上海争取文化部支持，推动"国际文化服务贸易平台"升级为"国家对外文化贸易基地"，开展广州国家对外文化贸易基地建设工程。把握南沙新区建设粤港澳自贸区的机遇，打造对外文化贸易产业园区，条件成熟时向文化部申请授牌"国家对外文化贸易基地"。积极争取上级部门给予优惠政策，开展文化展示交流、境外文化资产保税仓储、国际艺术品展示交易、文化设备保税租赁、文化进出口代理等服务，为对外文化贸易搭建平台和通道。积极打造对外贸易的文化金融支持、人才培训、信息中介、展示推介等配套服务，吸引珠三角乃至华南地区对外文化贸易企业集聚，以此为基地将文化产品和服务推向世界。积极向"海丝"沿线国家推介广州对外文化贸易基地，吸引国际优秀文化企业进驻，支持国内外文化企业以广州为基地开展合作。

（三）国际版权贸易推广工程

紧抓国家版权贸易基地落户广州市越秀区的契机，以促进广州文化对外输出、提升中国文化国际话语权为任务，开展国际版权贸易推广工程。吸引国内其他地区的文化产品开展版权登记和贸易，力争将广州国家版权贸易基地建设成全国最大的版权作品登记中心、版权综合交易市场和版权资本运作平台，将基地打造成华南地区最具影响力的版权产业集聚区和版权产业加速器。发挥国家版权贸易基地承担的各项版权公共服务职能，建设国家级版权登记服务平台、版权产业合作交流平台、版权专业人才培训和服务平台、版权法律保护公共服务平台等，完善版权交易服务体系、版权专业服务体系、版权商务服务体系等三大服务体系，不断创新版权服务

和版权产业新业态。以国家版权贸易基地为支撑,搭建版权交易渠道,积极扩大对"海丝"沿线国家的版权输出,并积极引进版权,推动与"海丝"沿线国家的版权贸易增长。

(四) 城市形象海外推介工程

围绕世界文化名城的城市形象定位和 21 世纪海上丝绸之路文化对外开放枢纽的城市功能定位,整合资源,形成合力,创新策略,积极开展广州城市形象海外推广工程。成立由市委外宣办牵头,城市规划设计、建设、管理、新闻宣传部门和各文化单位作为成员参与的城市形象海外推广工程工作组。统一规划部署城市形象宣传工作,分配、指导、协调各相关部门和社会团体、企业和个人的具体传播行为与相关活动。整合对外推广内容,根据推广区域和对象,实行差异化宣传推广策略。例如,针对东南亚、南亚地区突出"购物天堂"的细分形象,针对西亚、非洲地区强调"国际商贸中心"的城市地位等。发挥媒介整合传播效应,综合利用大众传媒、网络媒体、人际传播以及会展赛事、节庆博览重大活动等多种推广方式和工具,加大与海外粤语、华文媒体合作力度,增强与国际主流媒体的互动与交流,实施整合营销、内外联动和多渠道传播的对外宣传推广战略,增强城市形象推广工作的有效性。

(五) 文化旅游吸引力工程

以加快文化对外开放枢纽建设为目标,以展示广州历史文化资源、社会人文风貌、城市建设发展成就为主要内容,实施文化旅游吸引力工程。丰富广州文化旅游内涵,根据海外不同区域的旅游消费偏好,针对来穗商务旅客比重较大的情况,采取差异化策略开发旅游产品。充分利用免签 72 小时入境政策,结合广州打造国际中转中心的目标,推出过境旅客广州游项目。发挥友城网络、驻穗领馆资源优势,加大海外推广力度,利用举办会展博览等活动以及影视作品、网络信息等多种途径,加大对广州文化旅游元素的包装宣传和产品营销。强化与泛珠三角其他省市合作,尤其是广西、云南等与东南亚地区旅游合作较为深入地区的合作,利用高铁、民航优势,推动旅游资源共享和综合利用,形成合力,实现共赢。

(六) 全球广州学研究网络工程

鉴于广州在中国对外经贸发展中的历史地位和改革开放以来的重大成就,越来越多的海外高校、科研院所的中国(或汉学)研究中心、东亚研究所(系)等机构都围绕广州或珠三角地区开展科研项目。利用这一契机,以扩大广州文化国际影响为目标,树立和推广"广州学",实施全球广州学研究网络工程,开展科研活动、促进科研成果扩散和转化。以《广州大典》研究资助项目为基础,逐步扩大资助研究的学科和专业,鼓励世界人文社会科学工作者以广州为对象开展全方位的学术研究。积极联系争取在海外汉学或中国研究机构中设立非实体的广州研究中心,逐步建立全球性的广州研究网络,形成制度化的学术研究和交流机制。鼓励资助优秀科研人员来广州进行学术访问、短期访学,深化对广州认识,推出更高水平的广州研究成果。结集出版和发表优秀广州研究成果,加大对"广州学"的推广和宣传。

(七) 文化对外开放人才培养工程

以复合型、外向型、创新型和科技型人才为重点,培养与引进相结合,实施文化对外开放人才培养工程,为建设广州文化对外开放枢纽提供智力支撑和人才支持。重点培养引进领军人才、文化名家,发挥其典范作用和引领功能,提高广州文化创新力、凝聚力和辐射力;着眼于完善文化人才梯队建设,加大对青年拔尖文化人才的培养资助和支持;加快推进文化团队建设,打造知名团队品牌,提升广州文化"走出去"竞争力。充分发挥留交会人才交流平台作用,加快发展人才中介服务,推动海内外文化人才以广州为枢纽港多方流动,形成开放、活跃的人才发展氛围。

(八) 海外华文媒体合作工程

发挥广州媒体产业发达优势，以扩大文化影响力、提升文化话语权为目标，开展海外华文媒体合作工程。吸引、鼓励华文媒体在穗设立办事处，作为报道国内新闻的基地，同时面向海外华人积极推介报道广州相关信息。推动与世界华文媒体合作联盟合作，争取将其秘书处或办公室设在广州，将广州打造成海内外华文媒体联络互动基地，提升广州媒体在世界华文媒体中的地位。充分利用广州海外华侨众多的优势，探索成立以广州为基地、面向海上丝绸之路沿线国家乃至全球华侨华人的媒体集团，进一步增强广州媒体在海外华侨华人中的影响力，推动广州发展成为华文文化中心城市。

第五节　扩大广州文化对外开放的对策措施

一、加快推进文化对外开放的体制改革

文化体制改革是党的十八届三中全会和《中共中央关于全面深化改革若干重大问题的决定》提出的重点改革内容之一。作为海上丝绸之路发祥地和改革开放前沿地的广州，应当把握战略机遇，以改革推动开放，以开放促进改革。积极创建文化对外开放改革先行区，要大胆先行先试，打造成为深化文化体制改革、创新文化对外开放的改革先行区。根据全面深化改革的精神，在文化对外开放的体制和机制上勇于创新，在内引外联基础上提高文化开放水平。争取下放更多涉外文化管理审批权，如涉外演出审批权、文化方面的进出口权等，开放更多境外媒体在广州落地。率先在全国形成一套"放得开""管得住""走得出"的机制，为全国的文化对外开放交流工作树立典范。进一步完善文化对外开放管理和服务制度，

协调文广新局、外事办等部门,在政策法规允许的框架内,对文化企事业单位出境参加各类展演、贸易等活动,放宽审批条件,减少审批环节,缩短审批流程。对从事文化对外开放合作的文化企业销售人员、演出人员等,在一些行政审批手续上,可实行一次审批、全年有效的做法。对符合国家出口指导目录规定的文化产业境外投资,在信息咨询、考察市场等方面予以支持。

二、加快文化产业和文化事业发展

文化对外开放的基础在于发达的文化产业和文化事业,在政府的引导下,不断增强文化企事业单位的国际化能力,积极参与国际市场竞争,获得文化对外开放与合作的持久动力。培育一批掌握核心竞争力、拥有原创品牌、具有较强国际视野的骨干文化企业和企业集团,发动企业积极申报国家文化产品出口重点企业和重点项目名录,按照一定比例给予配套资金支持。设立广州建设海上丝绸之路文化对外开放合作重点企业和重点文化单位,培育文化开放交流骨干企业,包括外向型的大型文化产业集团和文化贸易流通企业。加快规划建设一批海上丝绸之路文化产业重点企业和重大项目,形成富有活力、具有特色的优势企业集群,打造一批在国内外有重要影响的海上丝绸之路文化企业和产品品牌。不断增强文化企事业单位国际交流与合作能力,重点扶持大型文化企业开展国际合作,赋予有条件的各类文化企业外贸经营权,鼓励开展服务贸易,扩大文化产品进出口,组织推动广州文化重点企业和重点文化单位积极参与国际国内文化、商贸等活动。定期或不定期组织广州市各演艺企业在国内外重要城市开展优秀剧目巡演活动,拓展国内外演艺市场,增强广州文化产品对外影响力。鼓励文化企事业单位把握21世纪海上丝绸之路机遇,围绕主题开展研发创作生产营销一批文化精品。把提升文化产品的内涵和质量作为文化对外开放的基本着力点,推出更多高品位、高水准的文化精品,以内容优势赢得国际市场。外向型文化企业要结合自身优势和特点,深入发掘和整理特色文化资源，开发具有自主知识产权的原创性产品，使国外受众易于接受，以更好地适应境外市场的文化需求。建立广州文化对外开放合作重点项目库，按照"储备一批、规划一批、建设一批"的滚动发展原则，推进一批文化内涵丰富、科技含量高、市场前景好、带动链条长的文化重点项目，为文化对外开放交流不断增添新的内容。

三、创新文化对外传播与推广策略

对外传播是深化文化对外开放、扩大文化国际影响力的重要途径，创新文化对外传播的策略，实施整合营销，提升文化对外传播效能。实施全媒体策略，融合报纸、广播、电视、网络和手机等多种媒体手段和平台，构建多落点、多形态、多平台的文化对外传播体系。推行"借船出海"，加快实施广播电视"走出去"，与国际媒体建立业务和内容合作关系，通过合资合营传媒和频道，把对外传播运作机构前插到海外地区。扶持海外华文媒体，建立新闻交换共享、交流培训等合作机制，设立专项基金，鼓励支持对传播广州文化做出突出贡献的华文媒体。加强与较大影响力的国外英语报刊的合作力度，扩大广州报刊媒体的传播半径，提高文化对外传播效果。发挥网络传播和手机等移动终端迅速、便捷、灵活的优势，针对来穗海外人士打造对外文化信息发布平台。采取全员发动策略，构建多方参与、多种途径的文化对外传播格局。统筹政府部门、企事业单位、社会团体和个人共同参与文化对外开放与传播。激发市民身份认同与城市自豪感，鼓励包括海内外访客在内的各类群体通过有意识作为，通过人际、组织、群体等多种传播途径进行文化对外推介和友好交流。

四、壮大文化对外开放的社会力量

文化对外开放需要多方力量的共同参与，要正确处理好政府、企业、社会团体、专业人士之间的关系，充分调动各方面的积极性广泛参与，努力营造鼓励文化对外开放的良好社会环境。充分调动社会各方力量参与对外文化开放和交流事业，要推进工作机制创新，积极拓宽资金来源渠道，吸收各类社会捐助和文化艺术基金会、企业赞助等参与对外文化交流事业，促进对外文化开放和交流运作模式向多元化发展。文艺院团可以根据特定文化活动的内容和受众向社会力量进行资金和志愿者的筹集，鼓励企业以广告冠名等方式合作或无偿赞助方式，支持演艺企业走出去，到国内外其他地区演出。积极调动民间机构、民间人士的积极性，鼓励和扶持民间文化团体和文化工作者申报文化对外开放交流项目，支持各类民间文化团体利用商业渠道、市场化运作实施文化开放交流项目。充分发挥文化行业专业协会组织的作用，发挥演艺娱乐、广播影视、文化休闲、会展广告、动漫游戏等行业协会的宣传推介作用，拓展海内外文化市场。支持各类文化行业协会通过制度化、规范化发展，不断强化各行业协会的权威性，为推动行业向海内外拓展提供服务。

五、强化穗港澳合作形成文化开放合力

港澳地区与广州文化相通，同时国际化程度更高，三地应当互相学习与借鉴，利用优势互补强化合作形成合力，共同推进文化对外开放与交流事业。在 CEPA 框架下，先行先试，加大对港澳文化开放力度，在南沙新区策划建立港澳文化合作园区，以及在现有园区中规划港澳专区，积极引入优秀的文化创意企业。放宽港澳地区文化企业、媒体等进入大陆市场，以广州为试点，加大开放力度，适度允许港澳地区资本进入传媒、出版等文化行业。加强与港澳地区的文化合作，进一步落实和扩大视听服务等文化产业吸收外资，建立粤港澳共同文化市场，打造完整的粤港澳文化产业链。借助港澳平台加强对外开放与交流，借助地缘和语言文化的优势，学习港澳机制灵活、市场化程度高、快速反应的优点，利用其国际化程度、人才、管理等方面的优势，与广州及珠三角地区资源共享、优势互补。积极参加、推动与港澳青年的文化交流、港澳演艺人才的经营培训等活动，

共同提升岭南文化的国际吸引力。鼓励和支持组织本地优秀的文化企业与港澳方面合作开发海丝沿线国家市场，以合资或合作的方式，在境外办报、办刊、办台，与海外传媒合办频道（率）、栏目、节目，为进一步走向国际市场积累经验。

六、推动海上丝绸之路文化合作圈建设

在建设21世纪海上丝绸之路战略中，加强沿线与主要国家和重点城市的文化，逐步组建文化合作网络，共同推动形成海上丝绸之路文化合作圈。推动举办21世纪海上丝绸之路文化合作论坛，利用广州在城市体系中的影响力不断提升的契机，积极筹办21世纪海上丝绸之路文化合作论坛，并定期在广州举办。广泛邀请"海丝"沿线国家文化相关政府部门、企事业单位、专业人士、国际组织等参加，围绕加强文化开放与合作、促进对话与交流等议题开展研讨，切实推进21世纪海上丝绸之路的建设。举办21世纪海上丝绸之路文化精品联合巡演系列活动，加强与"海丝"国家以及友好城市的联系，打造合作网络，共同推荐一批文化精品，结合各地的文艺节庆活动，开展联合巡演。使每个地区或城市，能够相对集中地欣赏到不同国家和地区的文化精品，推动各国文艺创作者和表演者的交流与对话。加强"海丝"文化合作圈的文化产业和交易与合作，通过举办国际性文化产业交流交易活动、开展文化产业项目国际合作、建设国际营销网络等方式推动海丝沿线国家和地区之间的文化产业交流合作。利用广州会展产业发达的优势，策划举办21世纪海上丝绸之路（广州）文化产业博览会，整合各方面资源，推动广州成为"海丝"沿线国家和地区间文化要素和经济要素有序自由流动和优化配置的枢纽平台，促进文化产业发展提升到新的水平。

第六章

21世纪海上丝绸之路建设与广州外国人管理服务创新

城市中的外国人数量和比重，是衡量城市对外交往活跃度和国际化发展水平的重要指标。随着广州经济社会的持续快速发展和对外开放的日益扩大深化，来穗外国人数量也随之迅速增长。据统计，截至2017年4月底，广州在住外国人数量共8.8万人，涉及200多个国家和地区，每天实有外国人约8万人，广交会期间达到近12万；1月至4月期间，外国人出入境190万人次，住宿登记75万人次，同比增加5.3%。外国人口已成为广州流动人口一个重要且特殊的组成部分，在为城市经济繁荣和社会发展增添动力的同时，违法犯罪、群体性事件等社会和城市管理问题也随之而来。随着"一带一路"倡议的深入推进，面对外国人口的不断涌入，广州作为21世纪海上丝绸之路建设的"排头兵"和重要枢纽城市，需要创新思路、强化外国人管理服务，促进广州对外交往水平的持续提升。

第一节 广州外国人总体状况与发展趋势

一、在穗外国人概况

近年来,广州外国人群体不断扩大,截至2017年4月底,广州在住外国人数量达到8.8万,来自世界200多个国家,其中54.1%来自亚洲,11.5%来自欧洲,17%来自非洲,[①] 主要身份为三资企业人员、常驻代表、留学生、各类家属、外籍教师和专家等,具有一定的素质及稳定的工作、生活状态。在上述公安机关登记在册的外国人之外,还存在一部分具有较大流动性、未在广州公安机关进行登记的外国人,例如在港澳地区获得签注后进入广州的外国人,以及一些由其他地区入境或非法入境后流动到广州市、未进行登记的外国人。此类人员情况难以掌握,其数量无法详细统计,但总的来看,在穗外国人的实有数量保持在9万左右。

二、在穗外国人群体的主要特征及发展趋势

据调查,在穗外国人群体表现出以下主要特征及发展趋势。

广州外国人总体数量持续上升,层次不一。外国人数量逐年攀升,呈现出不断增长的态势,2014年在穗常住外国人达到4.7万名,相较2006年年底的1.8万人增长2.6倍(如图6-1所示);2016年广州各口岸出入境外国人达到541万人次,比2006年增长80%(如图6-2所示)。与北京、上海等城市在住外国人以外交人员、外企代表和外商、留学生、文教专家、记者等为主相比,广州的外国人群体多以商贸人员为主,教育程

---

① 广州出入境管理局统计数据。

度相对偏低，从整体上来说层次不一、低端人口比例较大，显示出不同城市因产业布局不同吸引外国人口结构不同的特征。

近年来，非洲来穗人数继续增长，据2010年官方统计，在中非贸易热潮的带动下，赴广州的非洲人每年以30%～40%的速度递增；2010年，非洲来穗人数占来穗外国人总数的7.8%，到2013年上升到13%，2017年占比则达到17%，一定程度上反映出广州作为21世纪海上丝绸之路建设的"排头兵"，在非洲等海上丝绸之路沿线国家的知名度和吸引力不断增强，人员往来更加频繁。

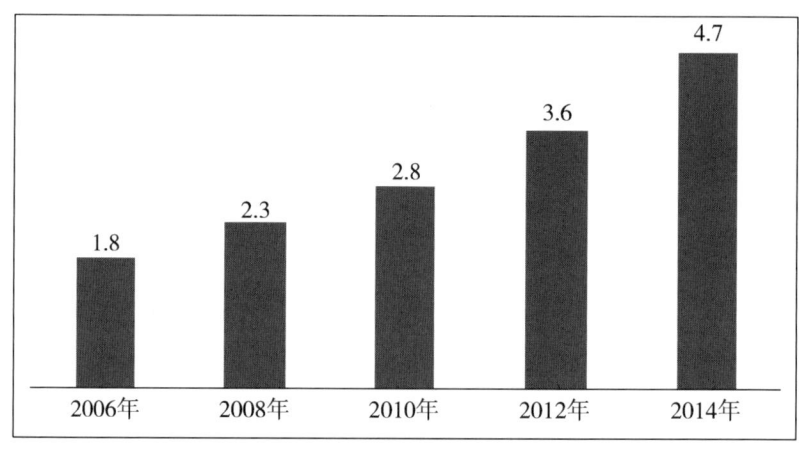

图6-1 在穗常住外国人数量（单位：万人）

外国人在穗流动性不断增强，管控难度加大。在总量增加的同时，来穗外国人的流动性也在普遍增强，相较于常住人数，来穗短期逗留和旅游的外国人数量更为庞大，增长更为迅猛。据初步统计，2006年来穗临时居留外国人达5.8万多人，是同期在穗常住外国人数的3.2倍；2013年仅第一季度临时来穗外国人就已接近6万人。2006年，从广州各口岸出入境外国人数为300万人次，而2012年超过500万人次，2016年达到541万人次，仅次于北京、上海。

除了短期来穗人数增长较快以外，在穗外国人在本地的流动性也日益增强。经济发展和城市建设的不断升级使得广州中心城区生活成本急剧增

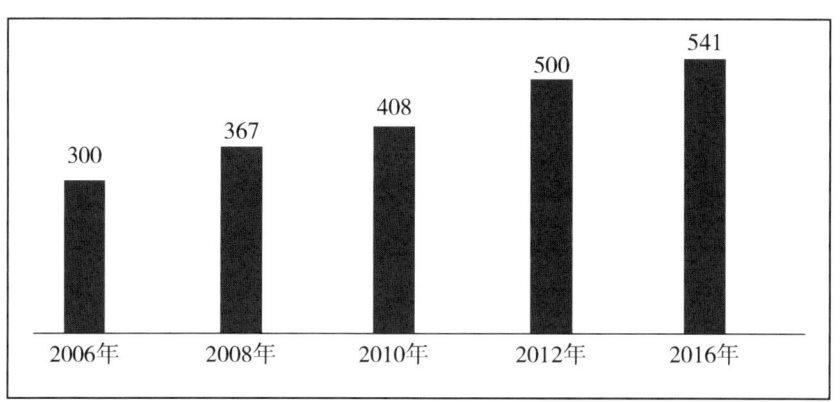

图6-2 广州各口岸出入境外国人数（单位：万人次）

加，低收入的外国人被迫迁离中心城区，移居生活成本较低的地区。随着地铁、城际轨道等交通线路的开通和"一小时经济圈"的形成，外国人开始走向广州西部的佛山以及更远的珠海、中山、江门等市，甚至出现了广州外国人沿武广高铁转移至武汉落脚的新闻报道。此外，广州近年来采取了严格出租屋和临时住宿登记、加大清查活动频率等一系列措施，加大了对外国人违法犯罪的查处力度，在穗"三非"外国人为了规避监管而转移至周边地区寻求管理真空。然而，无论居住地如何变化，广州拥有众多专业市场和优越的购物娱乐环境，始终是外国人经商、工作和消费的不二选择，因此一部分外国人在穗活动呈现出越来越强的"钟摆式"特征，即白天在广州的专业市场活动，晚上居住在周边城市，出现了居住地、工作地、消费地不一致的现象。外国人流动性的大幅上升，对各个行政区域管理部门的工作衔接提出了更高要求，管控难度进一步加大。

在穗外国人加快融入本地社会，其需求日趋呈多样化发展。越来越多的外国人已经适应了广州的生活环境，看好广州城市发展前景，"长期居留"的意愿逐渐加大。广州市社科院2012年进行的一项针对外国人的调查发现，56%受访在穗的外国人愿意在广州长期居留，只有9%的人选择"不愿意"。许多外国人在穗安家落户，有些甚至在广州拥有几套房屋，放租给新来的同乡，成为吸引更多外国人前来广州的新媒介。随着在穗外

国人逐渐融入城市生活，其对城市管理服务的需求也发生了变化，由对法律法规的适应、经商活动便利性等要求，转向了侧重子女教育、医疗、宗教和文化活动等生活需求；表现出更强烈的社区、公共活动参与欲望。调查发现，很多外国人主动要求融入社区，积极地参与到所在社区的公共活动当中，担任居住小区的志愿者，等等，与当地居民建立了密切关系，甚至有些人还参与到创文创卫宣传、垃圾分类推广活动中等等；涉外社区大量涌现，外国居民与本地居民之间、不同国家外国居民之间交往加深，相互之间纠纷发生的概率也随之上升，生活习俗不同、日常活动摩擦等都有可能引发事端，这使得外国人对于便利、畅通、可信的纠纷解决机制的需求相应提高。

随着在穗外国人基数的加大，外国人违法犯罪现象随之而来，"三非"问题较为突出，加大了涉外管理和案件侦办难度。在穗外国人数量增多的同时，涉外群体性事件也开始出现，形成新的涉外不安定因素。"群体性事件"一向是国际社会的一个热门词汇，是国外媒体热衷报道的焦点。近年来，一部分涉外事件和案件由于引发外国人群体聚集而使事态升温，引发国际社会广泛关注，在部分境外媒体的非客观报道下，在国际上造成了对国家和城市形象的不良影响。例如，2009年的"7·15"事件和2012年的"6·18"事件，起因都是性质简单的治安案件，经过警方与涉事人及其利益相关人士及时、充分的沟通，都得到了妥善解决，但是由于当时引发了部分不明真相的在穗非洲人的聚集而被CNN等国际媒体争相报道和转载，引发国际上一些别有用心的势力对广州"种族歧视"的批判，严重损害了广州开放、友好的国际形象。

第二节 广州外国人管理服务现状

一、广州外国人管理组织架构

2003年以来,广州市建立起了市、区、街、社区四级外国人管理服务模式,形成了"大外管"工作格局,建立了市委、市政府领导下的市、区、街(镇)三级"广州市外籍人员管理工作联席会议"制度,成员单位涉及公安、工商、税务、法制等42个相关部门,定期召开联席会议;组建了由公安、工商、食品药品监管、国税、地税等12个部门组成的市级涉外综合执法队,定期开展执法行动;成立了街镇"外国人管理服务工作站"和社区"和谐家园",将管理服务延伸到社区。(如图6-3所示)

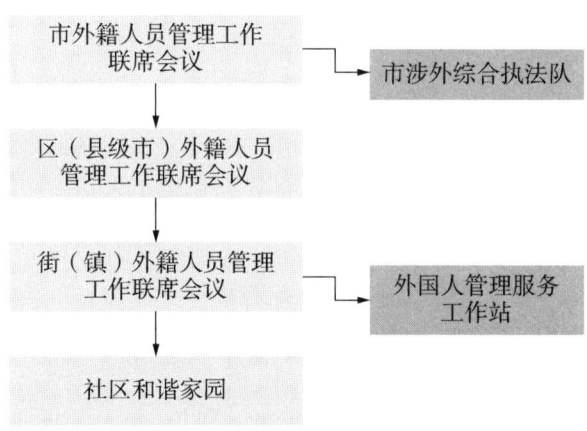

图6-3 广州外国人管理服务组织架构示意

二、广州外国人管理服务主要措施

在外国人口管理方面,采取以屋管人,将外国人纳入实有人口管理的工作方式。广州2008年制定实施的《广州市流动人员管理规定》明确了外国人管理参照该规定执行,整合利用现有的流动人口和出租屋管理资源,把外国人管理与出租屋管理相结合,对外国人与流动人员实施同步管理,全面加强了对涉外服务、中介、旅业等单位的管理,引导外国人入住有物业管理的出租屋,落实登记制度,准确掌握外国人基本情况,确保"人来登记、人走注销",实现了"以屋管人"。目前,广州市外国人住宿登记申报率、及时率、准确率均超过公安部规定的95%,达到99%以上。

在工作模式方面,加大综合执法力度,组成由公安、工商、食品药品监管、国税、地税等12个部门构成的市涉外综合执法队,定期在全市各涉外重点地区开展执法行动,多部门联合执法行动,有效规范外籍人员经营行为,有力震慑违法犯罪的外籍人员;研发"证件通"并推广使用,组织治安、户政、巡警、法制等各公安机关部门和涉外综合执法队,定期开展清查"三非"外国人的整治行动,加大对在穗逾期不归的外国人的打击力度;创新警务协作模式,整合资源,形成了综治部门牵头、多部门参与、社会力量群防群治的整体防控格局。综合执法活动有效提升了外管工作效率,加大了违法犯罪的打击力度,使外国人管控工作得到加强。

建立外管服务站,促进外国人融入社区。由于各国各地风俗习惯、管理方式的不同,外国人对我国传统的外管工作方式多有不适应,如何寓管理于服务中,打消外国人对传统管理方式的抵触情绪,是外管工作的一个重要课题。近年来,广州开全国之先,在外国人较多的街镇建立了75个"外国人管理服务工作站",在社区创建了119个"和谐家园"。工作站成员单位包括街道办、派出所、流动人员管理中心、工商、物管、中介等,其职责包括对辖区内外国人居住情况和涉外机构进行摸查,提醒外国人到期办理临时住宿登记,发现过期未办理签证或属于"三非"的外国人及可疑人员时立刻通知当地派出所等。服务站将所有涉外人员的基础数据录入电脑，实施对外国人的信息化管理；通过短信形式，为外国朋友提供居住须知、签证到期提示等贴心服务；在派出所、社区为外国人开办法制教育讲座、邀请外国人志愿者参与社区管理，以及开展中外公民联欢、语言沙龙等活动，促进外国人融入生活社区；构建"网络家园"，聆听诉求、解决困难、宣传法规。外国人管理服务站的设立，有力促进了"外管进社区"的工作机制建设和广州"开放、友好、平等、和谐"的国际形象的塑造。

三、当前外国人管理服务工作面临的挑战

在穗外国人日益增多，给社会稳定和治安管理工作带来压力。随着广州城市对外交往和国际化发展的不断深入，涉外新问题、新情况迭出，城市涉外管理服务工作面临着严峻的挑战。

从当前涉外管理政策法规现状来看，存在滞后缺位现象，给地方外国人管理服务工作带来制约。我国现行的外国人管理法律法规从出入境及居留、就业活动、宗教活动、生活保障等方面对其在我国境内的活动进行规制（见表 6-1）。近年来华外国人数量激增，活动范围和内容不断扩大，需求发生变化，现有的涉外管理政策法规已无法满足管理服务工作的现实需要。除 2013 年颁布的《出境入境管理法》以及《外国人在中国永久居留审批管理办法》（2015 年修订）以外，其他国家级法规多为 20 世纪 90 年代出台，表现出明显的滞后性，无法适应近期出现的新情况，导致实际工作中出现"无法可依"现象。在操作性方面，现有政策法规虽涵盖居留、就业、学习、宗教、生活保障等方面，但大多为方向性、指导性的条文，缺乏具体实施细则指引，形成实践中的管理"细节空白"，[①] 例如，在宗教事务方面对外国人"教外教"的管理问题缺乏明确规定，对城市

---

① 石小娟：《创新社会管理与建设法治城市》，载《法学杂志》2011 年第 2 期。

管理工作带来不便。此外,现有相关法律法规涵盖面较窄,例如,对于生活困难的"三非"外国人是否进行民政救助,由于缺乏相关法规依据,民政部门往往无法介入,发挥应有的作用。

表6-1 国家、广东省、广州市涉外管理主要法律法规一览

类型	效力等级	名称	生效时间	适用范围
出入境及居留管理类	法律	中华人民共和国出境入境管理法	2013-07-01	适用于外国人入境出境、外国人在中国境内停留居留的管理
	行政规章	外国人在中国永久居留审批管理办法①	2004-08-15	适用于规范外国人在中国永久居留审批管理工作
	地方法规	广东省外国人管理服务暂行规定	2011-05-01	适用于广东省行政区域内的外国人管理和服务工作
	地方政府规章	广州市流动人员管理规定	2008-08-18	适用于需要在广州市居住30日以上的外国人的权益保障、暂住登记、信息管理、房屋租赁、卫生防疫、劳动用工等事项
就业类	行政规章	外国人在中国就业管理规定②	1996-01-22	适用于在中国境内就业的外国人和聘用外国人的用人单位的就业许可、申请与审批、劳动管理等事项
		在华外国人参加演出活动管理办法	1999-03-24	适用于在华外国人参加演出活动的管理
	行政法规	中华人民共和国外国常驻新闻机构和外国记者采访条例	2008-10-17	适用于规范外国常驻新闻机构和外国记者在中国境内采访报道活动

① 公安部会同外交部修订的《外国人在中国永久居留审批管理办法》已呈报国务院审批。

② 目前,国家人力资源和社会保障部正会同外专局起草《外国人在中国工作管理条例》,以代替本规定。

续表 6-1

类型	效力等级	名称	生效时间	适用范围
宗教活动类	行政法规	中华人民共和国境内外国人宗教活动管理规定	1994-01-31	适用于外国人在中国境内宗教活动的规范
	地方法规	广东省宗教事务条例	2010-03-01	适用于外国人在广东省范围内的宗教活动的规范
	地方政府规章	广州市宗教事务管理条例	1998-03-01	适用于外国人在广州市范围内的宗教活动的规范
教育学习类	行政规章	高等学校接受外国留学生管理规定	2000-01-31	适用于高等学校接受及培养外国留学生流程的规范
		中小学接受外国学生管理暂行办法	1999-07-21	适用于对中小学接受外国学生的基本事项的规范
生活类	行政规章	外国人在中国收养子女登记办法	1999-05-25	适用于外国人在中国境内收养子女的登记和流程事务
		外国人在中国境内设置和操作业余无线电台管理暂行办法	2001-02-01	适用于外国人在中国境内设置和操作业余无线电台的条件和程序
	行政法规	外国在华常驻人员携带进境物品进口税收暂行规定	1999-04-01	适用于外国在华常驻人员进口的自用物品的相关征税办法

涉外管理工作涉及公安、街道、工商、宗教、劳动、税务等众多职能部门，当前广州虽然形成了外国人管理的联席会议机制，但在实际工作中仍存在一定问题，涉外综合执法队虽取得较好效果，但其开展专项行动的强度、频率较为有限。就现状而言，部门间的横向合作仍存在一定真空，协调配合有进一步提升的空间。例如，宗教、工商部门对住宅内从事的宗教活动、经营活动无入户调查权，受到取证不足的制约，对大量的违法行为不能有效遏制；近年来，文教类外国专家违约案件发案率大增，由于人事部门缺少对违约外教的约束措施，违约外教往往出境逃避违约责任。各

职能部门之间要真正形成涉外管理服务的合力,就需要进一步完善部门联动协作机制,使之常态化、顺畅化。

当前,各涉外部门在外国人管理服务信息的采集和利用方面,虽然建立了外管信息平台,但在实际运行中,信息平台作用未能充分发挥。公安机关设有出入境信息系统、人社部门设有外国人就业信息系统、外经贸部门设有签证邀请函信息系统等,各系统采集项目和时间存在差异,汇总数据易出现不一致,导致数据的汇总和共享未能达到预期效果。由于信息不对称、不统一,实际工作中出现虚假投资、异地办公、虚假注册、企业和个人偷税漏税等现象。重复登记、重复统计数据等既造成被管理人的业务负担,也形成管理部门行政资源的浪费。

与庞大且增长迅速的涉外管理业务量相比,广州各部门的涉外管理服务力量显得较为单薄,人才队伍有待进一步加强,特别是公安、工商、宗教等部门,当前外管人才较为缺乏,尤其是熟练掌握外语且具备相应业务背景和法律知识的复合型人才,培养难度较大。此外,调研发现基层外管服务站人员流失严重,外管服务站作为涉外管理服务进社区的重要触手,是政府与外国人沟通和掌握外国人动态的重要桥梁,人员的稳定性对工作的开展至关重要。目前,外管服务站的外管员属编外人员,缺乏晋升机制,工作难度、强度与薪金待遇严重失衡,因此很难留住人才,引发基层外管队伍的不稳定。

第三节 21世纪海上丝绸之路建设的机遇与挑战

一、21世纪海上丝绸之路建设带来的发展机遇

城市交往合作始于人员之间的往来,广州是古代海上丝绸之路的发祥地,一直是中外人员往来的枢纽,历史上从欧洲、中亚、南亚和美洲地区

第六章　21 世纪海上丝绸之路建设与广州外国人管理服务创新

前来广州的商人、海员、文化人士、僧侣和传教士等外国人为广州的贸易经济、农业生产、科技发展、宗教文化和城市生活等诸多领域发展带来了重要影响，为广州发展成为千年商都、形成以开放包容为特点的岭南文化做出了极大贡献。改革开放以来，广州作为对外开放窗口，持续吸引着来自世界各地人员来穗，管理、科技、文化、经贸、教育等各领域国际人才成为广州建设国际化大都市的重要力量。21 世纪海上丝绸之路不仅是经济合作和贸易往来之路，也是人文交流和文明对话之路，以人文交往和文化包容促进沿线国家之间合作，实现共商、共建、共享。建设 21 世纪海上丝绸之路，有利于广州在新时期吸引来自沿线国家和世界各地的各类人才，为广州开放型经济发展和城市建设增添动力，有利于持续提升国际大都市人口构成中的外国人口比重，促进多元文化和谐发展，助推广州城市国际化发展水平进一步提升。

广州地理位置毗邻港澳，是我国最早对外开放的城市之一。从 1957 开始每年两次举办广交会，往来外国人数量大、历史长且构成相对复杂，与国内其他城市相比，在管理服务方面面临的各种新现象、新问题层出不穷。广州在实践中不断探索创新外国人管理服务模式，累积形成了出租屋外国人管理、社区外管服务站等经验和做法，同时也存在着重管理轻服务、协作机制有待完善等一系列问题。21 世纪海上丝绸之路国家战略的实施为广州进一步优化提升外国人管理服务能力创造了有利条件，"促进民心相通"要求由长期以来的防控型被动管理向主动引导、促进融入的建设型管理转变。广州作为外国人管理服务的先行者，在与海上丝绸之路沿线国家及其他地区人员的往来互动中，有可能率先在创新外管模式和机制方面实现突破，在更好地服务国家总体外交大局的同时，为国内其他城市强化外国人管理服务工作提供有益的借鉴和示范。

二、21 世纪海上丝绸之路建设带来的挑战

从长期的角度来看，当前"一带一路"倡议进入务实推进阶段，国

际交往合作愈发频繁,带动更大范围和更大规模的跨国人口流动;广州作为我国对外开放前沿、21世纪海上丝绸之路建设的战略枢纽城市,随着国际化大都市建设进程的纵深发展,来穗外国人在数量、频次上都必然呈现逐步增加的趋势。例如,北京外国人数量增长迅速,近年来常住外国人达到20万左右,超过全市总人口的1%;上海2009年在住外国人数量为15.2万,2013年达到17.3万,占全国四分之一,同比增加6.7%;[①]目前仍保持在17万左右。广州作为城市国际化水平仅次于北京、上海的国内城市,随着21世纪海上丝绸之路建设的深入推进和对外交往的深化发展,人口构成中的外国人比例也将快速上升,并以前所未有的特殊方式对城市社会结构和社会秩序产生影响,对城市治理带来新的难题。广州在向国际化大都市迈进的过程中,需要以更开放的姿态和视角在外国人管理服务方面未雨绸缪、积极谋划,为应对外国人口更大规模增长带来的挑战和问题做好准备。

21世纪海上丝绸之路沿线国家大多为发展中国家,随着21世纪海上丝绸之路建设的全面铺开,广州与沿线东盟、南亚、西亚和非洲等地区国家的交往将日益增加,人员的跨国流动将随之加速增长,预计来自发展中国家的外国人口数量将进一步增加。广州市社科院2013年开展的一项调查发现,来穗外国人中的欧美及新加坡、日本等发达国家人群学历普遍较高,非洲和中东、东南亚等国家人群尤其是一些欠发达国家人员教育程度相对较低。这些人员语言能力和与外界沟通能力普遍较低,与广州本地市民交流存在很大障碍,管理难度大。广州的"三非"人员大多来自这些国家和地区,法纪意识较差,更容易涉及违法犯罪活动。来自欠发达地区、发展中国家的人员数量持续增加,将为广州在保障国家安全和社会稳定的前提下做好外国人管理服务工作增添难度。

---

① 《上海老外已占全国常住1/4》,载《新闻晚报》2013年1月10日。

第四节 创新外国人管理服务的思路与对策

一、创新广州外国人管理服务的思路

首先,弘扬兼容并包、分类分层的城市精神。以科学发展观为指导,尊重城市国际化发展规律,弘扬广州"开放、包容"的传统城市精神,尊重和维护外国人的合法权益,将来穗外国人作为实有人口的有机组成部分,以信息化建设为依托,强化分层次、分类别的复式管理服务网络,提高外国人管理服务质量和效能,推动包容式融入,实现包容式发展,为外国人口在穗居住与活动创造良好环境和有利条件。

其次,严管理、优服务,促进外国人口遵纪守法和有序融入。坚持创新社会管理,切实转变涉外管理服务理念,探索新型涉外管理服务模式,实现外国人口管理制度从管理型向服务管理并重型转变,从被动防控型向主动引导型、建设型转变,从单向型向互动融合型转变,[①] 以"以人为本、依法依规"为宗旨严格管理,以"服务为先,文化融入"为宗旨强化服务,管理与服务相结合,促进在穗外国人遵纪守法、有序融入。

最后,提升层次,共建多元和谐的国际化大都市。围绕"率先加快转型升级、建设幸福广州"的战略部署,服务广州国际化大都市建设,以优化结构、提高素质为目标,强化外国人入出境、居留和就业管理,吸引高端外国人才,促进在穗外国人共同参与广州经济、社会和文化建设,共享经济社会发展成果的良好氛围,共建多元和谐的国际化大都市。

[①] 宁波市人民政府:《关于加强外来务工人员服务与管理工作的意见》,2010年10月11日发布。

二、创新广州外国人管理服务的对策建议

(一) 完善涉外管理服务工作机制,加强部门联动协作

外国人管理服务是一项关系到国家和地方政治稳定、社会安宁和国际声誉的重要工作,"外管工作无小事,牵一发而动全身"。在广州国际化大都市地位不断凸显的大背景下,各涉外部门要充分认识当前外国人管理服务工作的重要性和紧迫性,进一步提高思想认识、更新观念,树立外管服务一盘棋的思想,立足大局、团结协作,将外国人管理服务问题纳入广州国际化大都市建设的工作范畴,积极主动做好各项外国人管理服务工作。北京、义乌等城市经验表明,建立健全工作机制、统一协调指挥是有效完成各项工作任务的根本保障。当前,广州涉外工作面临诸多复杂问题和新的挑战,完善涉外管理服务工作机制,加强部门联动协作是强化外管工作的当务之急。要统一规划,齐抓共管,在充分发挥现有涉外管理服务网络核心作用的基础上,成立由各涉外部门组成的"广州市外籍人员管理与服务工作领导小组",下设办公室作为常设机构,全面负责规划、统筹、协调外国人管理服务工作,强化涉外工作的前瞻性、主动性、针对性。建立健全与中央和省有关部门之间的纵向联络互动机制,完善市级各涉外部门之间横向的联动协调机制,进一步发挥广州市外籍人员管理工作联席会议制度作用,提高外国人管理服务工作效率和反应速度。建立健全情报信息联合研判机制、涉外预警处置机制、涉外案事件应急处置机制,完善打击涉外违法犯罪协调配合机制,[①] 以统一、高效的工作机制推动广州涉外管理服务水平的不断提升。

---

① 覃泽敏:《新形势下广西外国人管理机制探析》,载《广西警官高等专科学校学报》2010年第2期。

(二) 构建动态涉外信息平台，加强信息交换共享

加强现代信息化建设，充分利用信息科技是做好外国人动态管控和服务的关键所在。针对广州当前外国人管理服务信息化平台建设不到位、涉外信息缺乏共享研判等问题，要强力推进涉外管理信息化建设，加强科技投入，构建动态全面的涉外管理信息系统。建立"境外签证—入境检查—住宿登记—就业管理—签证延期—出境信息反馈"全程动态监控的"在穗外国人管理服务综合信息平台"，以办证信息为龙头，有效汇集在穗外国人全库信息，包括人员性别、年龄、职业、婚姻状况、教育程度、宗教背景等基础信息、出入境信息、居留签证信息、工作学习信息、居住场所信息、个人信用信息和案（事）件信息，对在穗外国人进行全方位、动态化、闭环式管理。[①] 加强信息交换协作，积极推进各行业涉外管理数据共享，加快实现公安、外事、人力资源和社会保障、海关、税务、工商、教育、宗教等涉外管理服务部门之间信息系统的联通与共享；认真落实数据采集责任制，各部门及时汇总、更新外国人信息动态并上传综合信息平台，确保数据的"全、实、准、新"，同时也可进行管理权限范围内的外国人动态信息查询、统计和事件信息发布。依托综合信息平台，推进涉外信息情报研判与预警工作，结合实际工作中身份核查、变动登记、上门随访、办案取证、群众举报等获取的情报信息，准确筛选、强化动态和趋势分析，展开涉外情报研判和预警，[②] 对重点区域、重点人员、重要事件进行密切监控、重点管理和提前预警，及时发现不稳定因素，防患于未然，力争将安全隐患消除在萌芽状态当中。

---

① 黄明方、董国梁：《关于加强涉外社会治安防控体系建设的思考》，载《武汉公安干部学院学报》2011 年第 4 期。

② 张琳夏：《浅谈社会转型期在华外国人管理问题》，载《华北科技学院学报》2012 年第 2 期。

（三）完善涉外治安防控体系，增强涉外管控能力

完善涉外社会治安防控体系，提高涉外社会治安防控能力，是预防和减少涉外违法犯罪的有效途径。进一步强化外国人实有人口管理，"以屋管人"，加强对出租屋、旅馆业、高校以及其他外国人就业、居住的重点场所、单位的治安管理，落实登记报送制度和出租人、留宿责任人和单位的管理、报告责任，全面掌握外国人基本情况。重点防控与管理，加强对外国人聚集地、聚居区、涉外单位、学校内部等涉外重点区域和场所管理，不留管理死角和盲区。密切掌握违法犯罪高发的重点国家人员及与宗教、媒体等有关特殊身份外国人动向。及时发现、掌握在华有犯罪记录人员，落实管理措施，切实消除涉外安全隐患。加强对涉外群体性事件的预防，以化解矛盾、平息事态为目标，科学设置涉外突发群体性事件应急预案，妥善处理，维护良好的涉外治安环境。规范外国人在穗活动，加强对外国人在穗经营、就业、演出等行为和进行宗教活动的管理，规范在穗外国专家、外籍教师、留学生管理，落实管理责任，促进外国人在穗依法、有序开展活动。强化社区涉外治安防控网建设，发动和依靠社区居委会、治保会、村委会等基层组织和物业公司等，发挥群众力量，群防群治，构建群众治安防控网络。对外涉外单位、三资企业和高校等外国人工作、学习、生活聚集区域，要构建严密的单位内部治安防控网络，加强对单位内部涉外安保工作的监督、检查、指导，确保涉外单位及人员的安全与稳定。推进涉外治安跨区域协作，加强与周边城市的涉外警务合作，建立情报信息共享、"三非"整治、反恐处突等协作机制，实现区域联动、互利共赢。

（四）建立综合政务服务中心，提供一站式服务

近年来在穗外国人数量不断增加，来穗目的也日趋多样，对其管理和服务需求呈现多元化递增趋势。本课题调研发现，当前广州各涉外管理部门较为分散，在穗外国人办理各项业务需要多次前往不同场所、重复递交

各类基本材料,一方面给外国人在穗生活、营商、工作等带来诸多不便;另一方面也由于各部门各自为政,资料信息缺乏共享,造成重复审查、周期较长等问题,影响行政效率。从其他省市经验来看,义乌在市行政服务中心下设立了国际贸易服务中心,作为涉外政务服务平台,提供来华签证、就业许可等涉外政务服务以及法律援助、翻译等生活资讯服务,提高了办事效率,也获得了外国人的一致肯定;北京在总结社区服务站经验的基础上,在外国人主要聚居街道设立综合型"外国人服务中心",一站式办理和提供各项行政管理业务和生活、商务、文化等多种服务。广州也需要以前瞻性思维,及早规划,建设集涉外政务服务、生活资讯服务和国际交流为一体的综合涉外政务服务中心,整合公安、人力社保、外事、工商、税务、国安、民航、宗教、教育、医疗等各部门的涉外业务,依托统一的涉外管理信息系统,集中本级政府管理权限内所有涉外项目,以窗口化受理方式,向来穗外国人提供一站式办理、一条龙服务,以"便民、高效、规范"的管理服务宗旨,营造广州国际化大都市的涉外环境。

(五)强化涉外工作队伍建设,提升管理服务水平

广州外国人管理服务任务繁重、新问题层出不穷,面对当前快速增长、日益复杂化和多元化的管理服务需求,要做好与国际化大都市发展水平相适应的外国人管理服务工作,需要强化涉外工作队伍建设,提高涉外管理能力和服务水平。要配齐配强外管专门人员,公安机关作为外国人管理工作的主力军,要坚持走专业化路子,设置专门外管机构,明细外管工作职能,充实增强外管工作力量,确保外管工作的顺利完成;增加对基层外国人管理服务站的人、财、物投入,将基层外事协管员纳入政府雇员体系,提高薪酬水平和福利待遇,吸引人才,提高基层外管队伍专业素质。加强业务培训,提高涉外管理队伍的管理服务水平,加强外事、工商、税务、宗教、外经贸、人力资源和社会保障等各涉外部门业务人员的教育培训,学习涉外法律法规及相关规定,不断提升涉外理论水平和业务素质;有计划地广泛开展对基层执法人员、社区管理人员的涉外法律知识、涉外

工作技能和外语培训工作,提升基层管理服务和执法水平;强化涉外警务实战训练,增强一线实战技能,提高处置涉外群体性事件、突发性事件和重大涉外活动的应对能力。

(六) 鼓励外国人社区参与,促进和谐融入

外国人口在广州"大分散、小聚集"的居住和活动模式,催生了越来越多的外国人口聚集居住的涉外社区。加强社区建设,发挥社区的社会融合功能,鼓励外国人积极参与社区管理,组织动员各方面力量为外国人提供帮助与服务,促进外籍居民与本地居民的和睦相处,是广州推进外国人口融入、维护社会安定的重要手段,也是创建和谐涉外社区、提升城市国际化发展水平的重要途径。完善社区涉外服务体系,拓展丰富服务内容,依托外国人管理服务站,打造多元化服务平台,在行政管理事务之外,向外籍居民提供包括语言服务、水电气和房屋租赁等生活服务、文化服务、志愿服务和紧急求助服务等多样化的服务内容;创新服务方式,建立问政和参与机制,通过走访、座谈会等形式,问政、问需、问计于外籍居民,鼓励其积极参与社区事务与管理,借助社区网站、短信平台、电子屏、微博等多种方式,及时向外籍居民宣传法律知识、发布警情信息和公共安全提示,促进外籍居民知法守法。发挥教育引导作用,依托社区内教育机构、培训组织等,通过购买服务、志愿服务等方式,开设广州基本情况介绍等培训和讲座,帮助外籍居民了解中国国情、法律法规、传统文化等。文化引领促进融合,搭建形式多样的交流平台,组织邻里互助、爱心捐赠等社区活动,吸引外籍居民积极参与,在活动中促进邻里关系;积极发展和培育社区组织、志愿服务组织,吸纳外籍居民参与社区治安、涉外法律法规宣传、调解邻里纠纷、担当涉外信息员和翻译员等社区事务,实现自我管理、自我服务、自我监督,增强其参与社区建设的主动性。

(七) 规范外国人社团活动,引导参与管理

随着人数的不断增加和成分、结构的日益多元,在穗外国人内部也形

成了商会、老乡会、宗教团体等多种类型的社团组织。这些社团组织一方面在组织、协调本国在穗人员方面发挥着积极作用；另一方面在我国现行法律框架下缺乏合法存在的法律依据，相关部门对其组织目的和内容也缺乏相应的了解和沟通渠道。对于此类社团组织，要摸清情况，统计数量，主动了解和掌握其活动性质与内容，分类建立监督管理档案，对从事违法犯罪活动的组织，依法予以打击，严惩不贷。要摒弃"发证即管理、不发证不管理"的陈旧管理观念，正确认识此类团体的客观存在，将其纳入当前涉外管理体系，对于依法从事正常交流活动的社团组织，给予支持引导并做好日常监管工作。重视外国人团体的组织协调能力，充分发挥商会会长、宗教领袖和积极分子等在传达政策法规、解决矛盾纠纷等方面的积极作用，规范其活动，引导外国人团体发展成为在穗外国人参与管理、自我服务的平台，与广州政府和各涉外部门沟通合作的桥梁，外国人个体表达诉求、维护权益的渠道。

（八）推动完善涉外法制环境，做到有法可依

随着在华外国人口数量急剧增加，外国人违法犯罪尤其是"三非"现象日益突出。人口国际化是经济全球化的必然产物，先行一步的广州率先遇到这一问题，外国人管理服务工作遭遇了许多前所未有的新挑战。外国人违法犯罪现象治理不易的一个重要因素就是当前我国外国人管理相关法律法规不健全，无法可依，有法难依，从而导致违法难究。伴随着广州城市国际化进程的日益加深，人口构成国际化程度必将越来越高，建立健全外国人管理相关法律法规，构建完善的涉外法制环境，是做好广州外国人管理服务工作的重要保障。贯彻执行 2013 年 7 月 1 日起实施的《中华人民共和国出境入境管理法》，准确掌握新法的主要内容和基本要求，深刻理解其立法精神和执法理念，深入落实管理信息平台建设、签证类别、永久居留政策、"三非"治理、难民管理等制度完善和创新方面的管理措施，推动广州外国人管理服务工作迎来新局面。积极推动外国人居留、就业、宗教活动以及社团活动等领域的地方性立法工作，针对外国人管理服

务工作实践中亟待解决的问题和凸显出来的新问题、新情况，深入涉外部门一线工作广泛调研、深入论证，根据条件变化和工作实际需求，本着未雨绸缪、提前规划、先行先试的原则，对原有法规、规章进行修订完善和开展相关项目的立法工作，完善外国人管理和服务的地方性法规，促进广州涉外工作有法可依、有法必依、违法必究。

（九）探索构建外国人临时救助机制，维护社会稳定

临时救助制度是我国社会保障制度中"社会救助"的重要内容之一，是社会文明发展、尊重和保障人权的具体体现。建立外国人临时救助制度，有利于减少潜在的不安定因素、维护广州安全稳定的涉外环境，有利于广州国际化大都市国际声誉和城市形象的提升。当前，在国家层面上，公安部正在会同有关部门推动建立在华外国人临时救助制度；实际工作中，广州民政部门已将涉外人员纳入救助范围，也曾出现了社会力量救助外籍病患的感人先例。构建针对陷入困境的外国人的临时救助制度，将是广州外国人管理服务从实践出发的一项创新性探索。建立健全涉外临时救助机制，探索以地方政府规章的形式，明确陷入困境在穗外国人临时救助制度，将救助对象、救助条件、救助标准、救助资金、救助监督等法定化，使得救助工作的开展有法可依、有章可循；规范救助程序，建立民政、医疗卫生、外事、出入境等各相关部门的协作机制，使得救助工作行之有效、落在实处；设立外国人临时救助基金，在政府财政资金之外，鼓励和引导社会力量为临时救助提供捐助；提高临时救助工作的专业化水平，针对涉外救助的特殊性，加强工作人员的业务和语言培训，同时鼓励和发动医疗机构、教育培训机构等社会各界的广泛参与，为更好地开展外国人临时救助工作提供更多的专业技术支持。

第七章

21世纪海上丝绸之路建设与广州城市国际形象

随着城市对外交往的日益频繁和国际化发展水平的不断提升，城市间的竞争已从20世纪80年代的规模竞争、90年代的综合实力竞争演变成21世纪的城市个性魅力的竞争。城市魅力源于城市形象，加强对外传播和推广，塑造良好的城市形象，提升城市的国际知名度和美誉度，为城市参与全球竞合集聚国际化发展资源、创设良好的外部发展环境，是城市进一步提升综合竞争力和影响力的重要路径选择。在当前错综复杂的国际局势下，随着城市主体地位上升和国际竞争加剧等多重因素的推动，城市对国际形象塑造和推广的需求日益紧迫，打造优良城市国际形象被越来越多地提上城市建设日程。

经过多年建设与发展，广州经济活力持续提升，城市生态环境日渐优化，文化底蕴彰显，城市个性升华，城市综合功能日益增强，尤其是2010年亚运会后城市国际化发展水平跃上新台阶，城市国际形象得到了极大的改善和提升，为广州深化对外交往、服务经济社会发展创造了有利条件。在当前"一带一路"倡议进入全面实施阶段，广州作为21世纪海上丝绸之路建设的"排头兵"和主力军，要发挥战略枢纽作用，深化与沿线国家和地区的交往合作，需要进一步提升城市国际知名度和美誉度，加大城市吸引力和凝聚力，为广州在激励的国内外城市竞争中脱颖而出创造有利条件。因此，在明晰当前国际社会对广州城市形象认知的基础上进一步明确城市定位，加大城市国际形象塑造和推广力度，借国家对外战略契机讲述广州故事、传播广州声音、提升广州形象，拓展城市对外发展空间，吸引和集聚国际发展资源，增强城市国际话语权和影响力，是广州加快城市国际化发展步伐、助推21世纪海上丝绸之路建设的一项重要工作。

第七章　21世纪海上丝绸之路建设与广州城市国际形象

第一节　城市国际形象与对外传播

一、城市国际形象的内涵与构成要素

城市国际形象是国际社会对一座城市历史文化底蕴和经济社会发展水平的整体印象，是城市的自然资源、人文环境、历史传统、经济发展、科教文化、建筑景观、整体风貌、风俗习惯、市民素质、文明程度等多方面要素在国际受众认知中的综合反映。[①] 城市国际形象是一个城市重要的无形资产，是全球化背景下城市综合竞争力不可或缺的要素之一。良好的城市形象不仅能折射出城市的魅力和吸引力，同时具有强大的凝聚力和辐射力，是城市扩大对外交往、吸引国际化发展资源、增强影响力的有力途径。

城市国际形象的构成要素主要包括以下三个方面：一是城市国际知名度。知名度是一个城市被公众知晓了解的程度，是衡量一个城市名气大小的客观尺度。城市国际知名度是评价城市国际形象的基本指标，高知名度能够获得更多的国际社会和公众评价，吸引发展资源，提高城市形象。二是城市国际形象的总体特征。其指城市最为显著的、能代表城市整体情况的特征，是公众对城市的总体性及概括性认识，主要包括外在的总体特征，即自然环境形象和人工的环境形象等城市形象的硬件部分，以及内在总体特征，即城市市民精神形象和城市文化形象等城市形象的软件部分。三是城市国际形象定位。其指城市与同类城市相比较而确定的在国际公众

---

① 姚宜：《广州城市国际形象及其对外传播研究》，载《城市观察》2013年第6期。

心目中的特定位置,是国际社会对城市形象评价的主要方面。①

二、城市国际形象的对外传播

对外传播是城市国际形象塑造和推广的重要平台,是打造城市品牌,放大城市价值,提升城市竞争力的重要手段。一个城市国际形象的塑造和对外声音的输出,离不开对外传播资源的整体配合与推动,同时城市形象建设又为对外传播工作提供了丰富资源和广阔空间。随着全球化的推进和国际传播的发展,城市对外传播工作的内涵不断拓展深化,成为促进城市与国际社会全方位的交流与合作,塑造良好的城市国际形象,提升城市国际影响力、综合竞争力和城市软实力的重要推手。

城市对外传播内涵不断拓展深化,从理念上逐渐取代了传统的对外宣传。首先,城市对外传播不再仅仅局限于宣传推广政策、发布政府信息等例行外宣事务,更是一项向国际社会展示城市政治、经济、历史文化、外交等多种重要功能的战略性系统工程,其目的在于促进城市与国际社会全方位的交流与合作,塑造良好的城市国际形象,提升城市国际影响力、综合竞争力和城市软实力。其次,城市形象的对外传播与推广已成为促进城市建设发展的重要推手。要打造良好、独特的城市国际形象,就要同时注重城市物质文明和精神文明、软硬环境建设,准确定位、科学设计、合理规划布局、凸显风格、突出个性,在建设和发展中彰显独特的城市个性。此外,新媒体、新技术的出现极大地促进了对外传播和推广水平的不断提升,但同时也带来了整合传播资源、拓展对外传播渠道、调整宣传推广策略等新挑战和要求。

城市对外传播的核心内容之一是宣传推广推介城市形象,通过打造城市品牌、放大城市价值、提升城市竞争力,为城市发展创造良好环境。做好城市形象宣传推广推介,首先要明确对外传播主题和重点,城市形象的

---

① 李青:《城市形象塑造的新思路》,载《职业时空》2010年第2期。

构成元素众多,一方面要全方位地宣传推广,让国际社会全面了解城市,另一方面要选择那些最能代表城市形象、个性突出、能给人深刻印象的城市形象元素进行宣传推广推介;其次要明确传播对象,国际社会人口众多,地域广博,语言、习俗不同,发展水平各异,各类人群关注的重点也不尽相同,这就要求一个城市在向国际社会传播和推介城市形象时,要充分了解各国各地区、各民族、各类人群的基本情况,明确宣传推广对象,选择适当的城市形象元素进行宣传推广推介,有的放矢,提高效率;此外,要选择恰当的传播途径。随着现代技术在媒体中的运用和新媒体的发展,对外传播和推介城市形象的途径和方式多种多样,要针对不同地区、不同对象的情况选择恰当的传播方式,以达到事半功倍的效果。

第二节 21世纪海上丝绸之路建设的机遇与挑战

一、21世纪海上丝绸之路建设带来的新机遇

21世纪海上丝绸之路建设是国家重点战略部署,在政治、经济、外交、文化等方面将对沿线国家和地区产生深远影响。其中蕴含的和平崛起的发展理念以及展示输出的开放包容的精神,为中国城市在与沿线地区的交流合作中塑造和提升城市形象带来了历史机遇。广州是重要的国家中心城市和对外交往活跃程度最高的城市之一,其国际形象一直以来却不甚突出清晰,国际知名度和美誉度与城市发展及地位不相匹配,国际社会对广州认知度不高。借助21世纪海上丝绸之路建设的东风,在合作共赢、共同发展的理念下,随着与沿线国家和地区在经济贸易、基础设施、医疗、教育、技术等方面合作交流的深入开展,广州的经济社会发展成果和城市文化对外传播的深度和广度将达到前所未有的新高度,广州将迎来塑造和提升城市国际形象的大好良机。

21世纪海上丝绸之路建设涉及亚非欧多个国家,沿线地区广、辐射人口众多,为广州城市国际形象的对外传播提供了庞大的受众群体。随着"海丝"战略的务实推进,广州商贸、金融、科技、制造、文化等多行业走出去的进程不断加快,人文交流更加活跃,广州与沿线地区和世界的双向互动日益加深,国际社会和广州城市之间的信息和交流需求大大增加,广州对外传播工作的受众群体快速增加,为塑造和优化城市国际形象提供了便利条件。同时,在"一带一路"倡议推动下,中国经济将再次腾飞,带动广州这一重要国家中心城市的综合实力跃上新台阶,为城市软实力的对外输出打下坚实基础。广州文化产业、信息产业等走出去的步伐正在加快,为城市对外传播能力和水平的提升创造了条件,为广州扩大在国际舆论中的影响力、与发达国家城市争夺话语权带来新机遇。

二、21世纪海上丝绸之路建设带来的挑战

从国际大环境来看,我国"一带一路"建设引起世界高度关注,在得到国际舆论中肯评价的同时也引起了部分西方国家的警惕以及沿线国家的疑虑。在当前国际传播格局"西强我弱"的局面尚未改变的情况下,21世纪海上丝绸之路建设的推进面临西方媒体向非洲、亚洲民众灌输不利舆论困境。广州与非洲、东南亚地区历来交往频繁,作为新时期海上丝绸之路建设的"排头兵",面对不利舆论环境挑战时,如何以良好的城市国际形象和对外传播策略释疑解惑、争取支持、赢得信任,已成为广州城市形象对外传播工作的一项重要任务。

21世纪海上丝绸之路沿线地域辽阔,地形复杂,国家和地区之间的关系错综复杂,有些国家人文环境多变,宗教、民族矛盾多,各国人民的利益诉求差距较大,有些地区还因边界、能源、宗教争端等问题存在着难以解决的民族矛盾。此外,由于领海主权问题、贸易发展失衡等问题,加上西方国家操纵下某些国家的不友好行为,我国在沿线地区尤其是东南亚地区面临的舆论氛围较差,给广州城市国际形象的推广与传播造成了一定压

力，对此，需要针对海上丝绸之路沿线国家和城市的不同差异，做好分析研判，针对不同地域、不同文化和不同受众人群采取相应的传播策略，有效开展工作。

第三节 广州城市国际形象调查

要塑造与推广城市国际形象，首先要明晰当前国际视野中的城市形象，了解外国公众对本城市形象的认知状况。城市形象具有主观性特点，不同的人具有不同的看法和感受、评价，可采取问卷调查、访谈和座谈会相结合的形式，以在穗居住和来访的外国人为对象，开展外国人眼中的广州城市国际形象调查，以获取在穗外国人对广州城市形象的认知、评价以及信息资讯需求等相关信息，并在统计分析的基础上结合传播学理论和实践，为进一步明晰广州城市形象对外传播和推广的工作目标和重点，明确传播主题和内容，选择有效的对外传播方式和途径，采取适当的传播策略提供思路与建议，进而提高广州城市形象工作的针对性和成效性。

鉴于"在穗外国人"数量多、构成复杂且可控性不高，总体单位数量和具体信息无法获知，调查总体的外延无法具体确定且调查对象的可接近性、参与调查的配合度不高，无法进行随机抽样，因此，广州城市国际形象调查采取了街头拦访等偶遇抽样的调查方法。为提高调查的客观性和样本的代表性，根据职业、来穗目的等不同造成的活动范围的差异，在全市范围内选择了多个地点进行问卷调查，以期尽可能全面地涵盖不同的外国人群体，提高样本的代表性。结合调查开展的时间、经费等限制性因素，计划抽样样本量为 800 个左右，实际获得有效样本量 653 个。问卷主要涵盖以下方面的信息，包括城市国际知名度、城市总体特征和功能特征、城市形象定位和传播手段等。此外，还采取深度访谈作为抽样调查的补充性研究方法，通过访谈了解问卷调查结果显示出来的特点、规律形成的原因，以及问卷调查无法获得的主观性、解释性信息。

一、调查对象描述①

在区域分布方面，调查受访者主要来自于世界 97 个国家，具体分布情况和结构比例参见表 7-1。根据受访者国籍所在区域以及经济发展状况的不同，划分为 9 个区域，即美加、大洋洲国家、西欧国家、中欧和东欧国家、中东和西亚国家、拉美国家、非洲国家、东南亚和南亚国家，以及日韩和新加坡。本次调查中，来自西欧国家的受访者人数最多，占总人数的 26.3%，其次是非洲国家和美加地区，来自大洋洲和中欧、东欧国家的最少，分别为 4.4% 和 5.8%。

表 7-1 受访者国籍信息统计

代码	代表地区	地区人数（人）	国　家	国家数量（个）
1	西欧国家	172	法国、德国、英国、意大利、葡萄牙、西班牙、比利时、爱尔兰、丹麦、挪威、荷兰、瑞典、瑞士、芬兰、希腊	15
2	中欧、东欧	38	俄罗斯、波兰、奥地利、斯洛伐克、拉脱维亚、保加利亚、格鲁吉亚	7
3	日韩、新加坡	44	日本、韩国、新加坡	3
4	东南亚、南亚	83	印度、尼泊尔、越南、柬埔寨、缅甸、泰国、菲律宾、马来西亚、印度尼西亚、巴基斯坦、斯里兰卡、孟加拉国、老挝、马尔代夫、文莱	15
5	中东、西亚	49	也门、伊朗、科威特、巴林、约旦、以色列、沙特阿拉伯、阿联酋、黎巴嫩、土耳其	10

---

① 文中的调查分析均是基于对有效问卷的信息分析。

续表 7-1

代码	代表地区	地区人数（人）	国　家	国家数量（个）
6	非洲	100	埃及、利比亚、突尼斯、阿尔及利亚、摩洛哥、几内亚、冈比亚、塞内加尔、塞拉利昂、科特迪瓦、多哥、尼日尔、尼日利亚、乌干达、刚果、布隆迪、坦桑尼亚、赞比亚、埃塞俄比亚、肯尼亚、叙利亚、马达加斯加、安哥拉、津巴布韦、阿贝拉、加蓬共和国、卢旺达、南非	28
7	拉美	36	墨西哥、巴哈马、巴拿马、安提瓜和巴布达、哥伦比亚、巴西、阿根廷、委内瑞拉、秘鲁、伯利兹、圭亚那、玻利维亚	12
8	美国、加拿大	98	美国、加拿大	2
9	大洋洲	29	澳大利亚、新西兰、汤加	3
10	缺失	4		
总计		653		97

根据年龄段的不同，将受访者划分为 5 个群体：20 岁以下的青少年，20～30 岁的青年人，30～40 岁的中年人，40～50 岁的中老年人和 50 岁以上的老年人。本次调查中的受访者以 20～30 岁的青年人为主，占总人数的 48.4%；其次是 30～40 岁的中年人，20 岁以下的青少年和 50 岁以上的老年人最少，分别为 10.7% 和 10.4%。（如图 7-1 所示）

性别结构方面，受访者男性为 414 人，占 63.40%；女性为 214 人，占 32.8%。25 份问卷性别信息缺失。（如图 7-2 所示）

根据来穗频次的多少，可将受访者划分为 3 个群体："首次来穗"（1 次）、"多次来穗"（2～5 次）和"经常来穗"（5 次以上）。"首次来穗"人数最多，占总人数的 38.6%；"经常来穗"的人数最少，占 24.7%。此

外有 24 份问卷，本项信息缺失。（如图 7-3 所示）

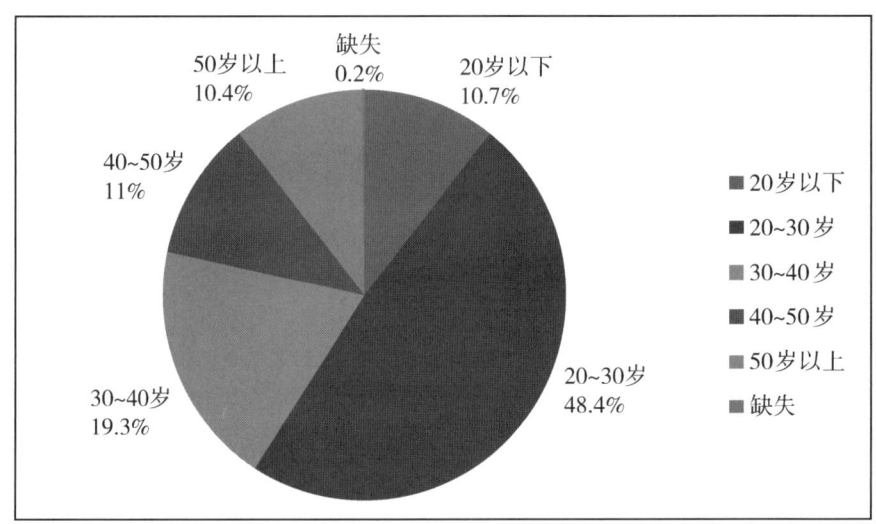

图 7-1 受访者年龄结构分布

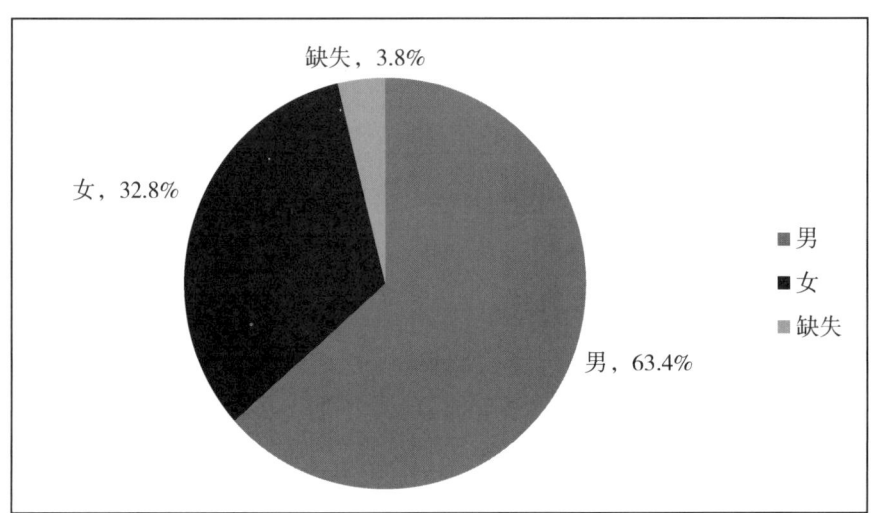

图 7-2 受访者性别分布

根据在穗逗留时间的长短，将受访者划分为 3 个群体："短期来访"（1 个月以内）、"中期逗留"（2～6 个月）和"长期居住"（6 个月以上）。本次调查中，"长期居住"人数最多，占总人数的 45.5%；"短期来访"和"中期逗留"的人数相差不大,所占比例分别为 28.8% 和 23.1%。此外有 17 份问卷,该项信息缺失。(如图 7-4 所示)

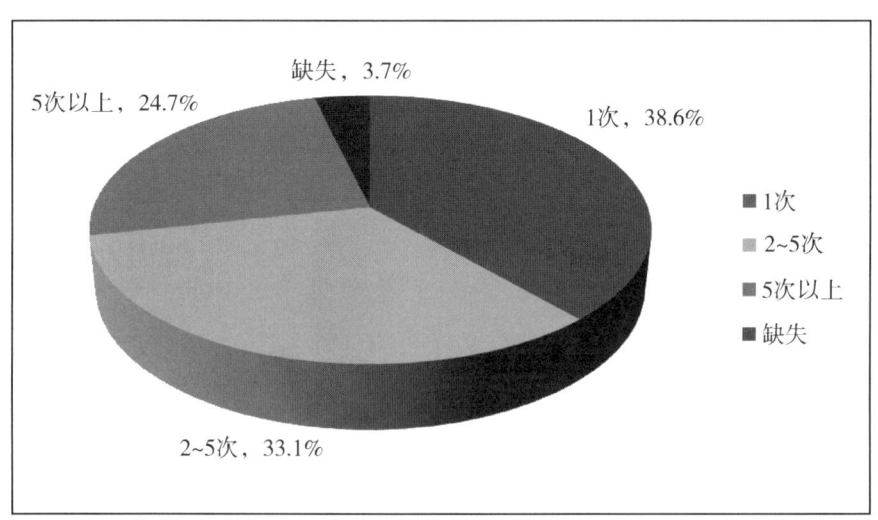

图 7-3 受访者来穗次数分布

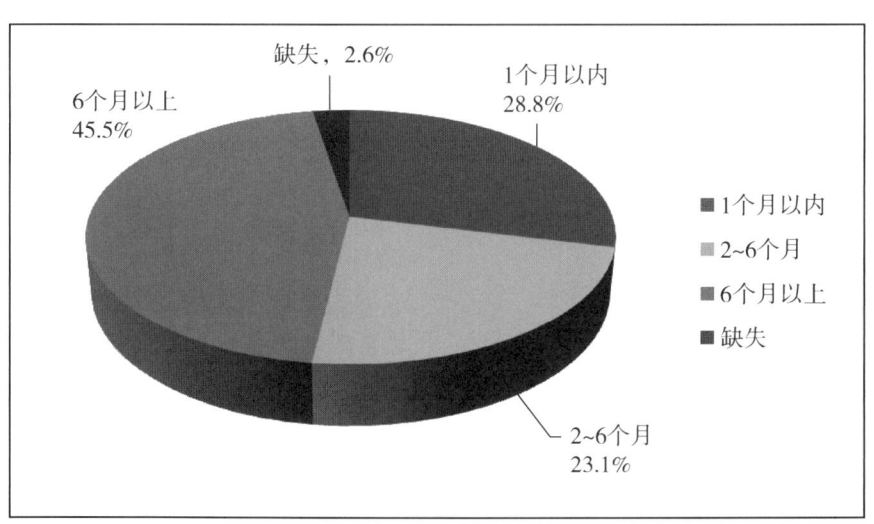

图 7-4 受访者在穗时间情况

根据来穗目的的不同,将受访者划分为旅游、求学、商务、工作、随迁和其他 6 个群体。本次调查中,"求学"人群最多,占总人数的

34.8%；其次是"工作"的25.4%和"商务"的19.1%；"随迁"最少，仅有2.6%。（如图7-5所示）

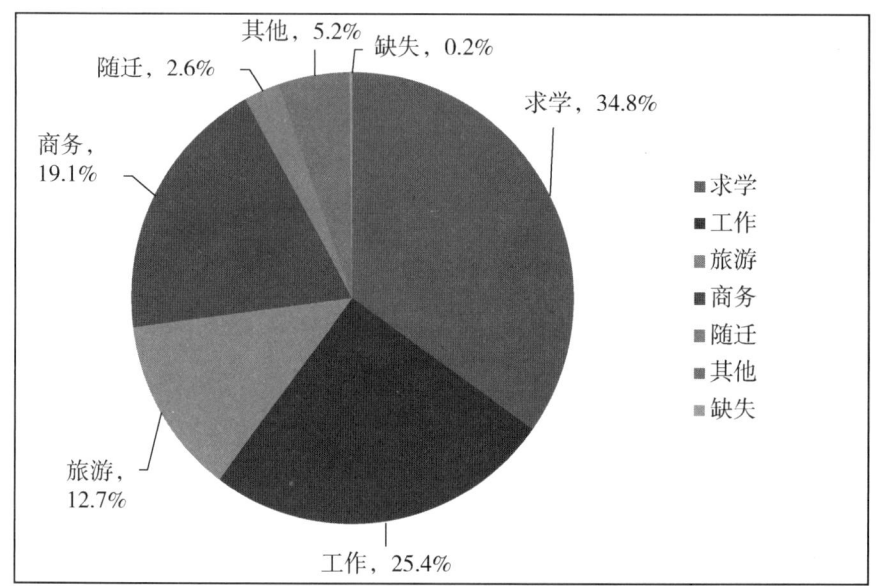

图7-5 受访者来穗目的分布

二、问卷调查结果分析

（一）单项分析

通过对在穗外国人来穗之前对广州的了解度的考察，可以推断出广州在国际社会中的城市知名度。调查显示，受调查的在穗外国人在来穗之前，70.9%的人对广州已"有一些了解"，14.1%的人对广州"非常了解"，有11.3%的人"只听说过城市名称"，表示"从未听说过"的人仅有3.2%（如图7-6所示）。从以上数据可以看出，绝大多数受访者在来到广州之前都知道"广州"这个城市，近三分之二的人通过各种途径对广州有一定的了解，表明广州在国外享有较高知名度。

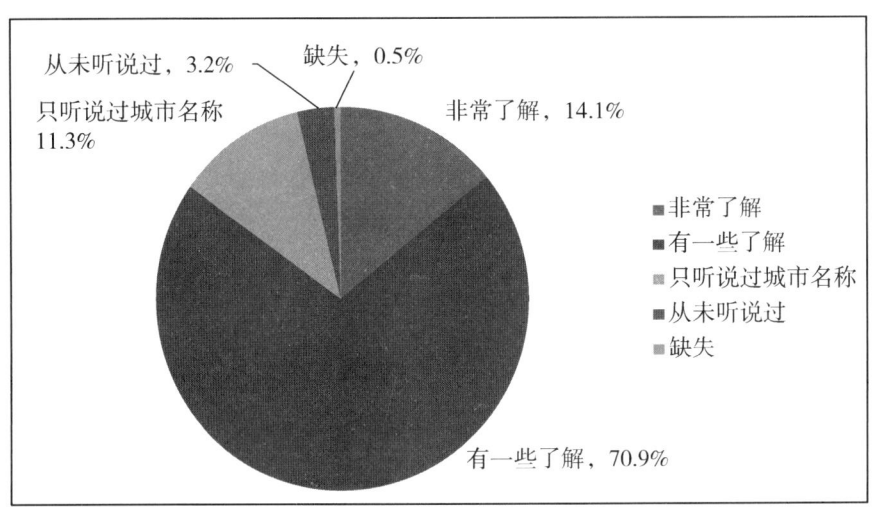

图 7-6 来穗之前对广州的了解程度

通过对受访者心目中"广州与哪些本国城市国际知名度相当"的调查，可以具备较高知名度的国际城市作为参照，判断广州当前在国际知名度位于哪一层面。（见表 7-2）

表 7-2 受访者认为与广州国际知名度相当的本国城市

国　家	首都城市	重要城市
欧洲国家	莫斯科、斯德哥尔摩	曼彻斯特、马赛、汉堡
亚洲国家	新德里、伊斯坦布尔、迪拜、吉隆坡	釜山、名古屋、胡志明市
非洲国家	亚的斯亚贝巴、开罗	
美洲国家	圣保罗	洛杉矶、芝加哥、多伦多、阿雷格里港
大洋洲国家		奥克兰、墨尔本

对在穗外国人来穗之前获取广州信息渠道的调查，有助于了解国外受众信息获取习惯的实际情况，在此基础上设计和实施具有针对性的传播策略。近 40% 的受访者表示"朋友、家人介绍"是其来穗之前了解广州相关信息的主要渠道，紧随其后的是"互联网"，占 36%。在报纸、电视、

广播等媒体使用方面,通过"本国媒体报道"了解广州的有9.1%,使用"中国内地媒体报道"和"港澳媒体报道"的分别仅为4.2%和3.3%(如图7-7所示)。以上数据表明,相对于传统媒体,人际传播和互联网等新媒体是受访者在来穗之前获取广州相关信息的主要渠道,外国媒体报道也是一个具有较大影响力的信息传播途径。

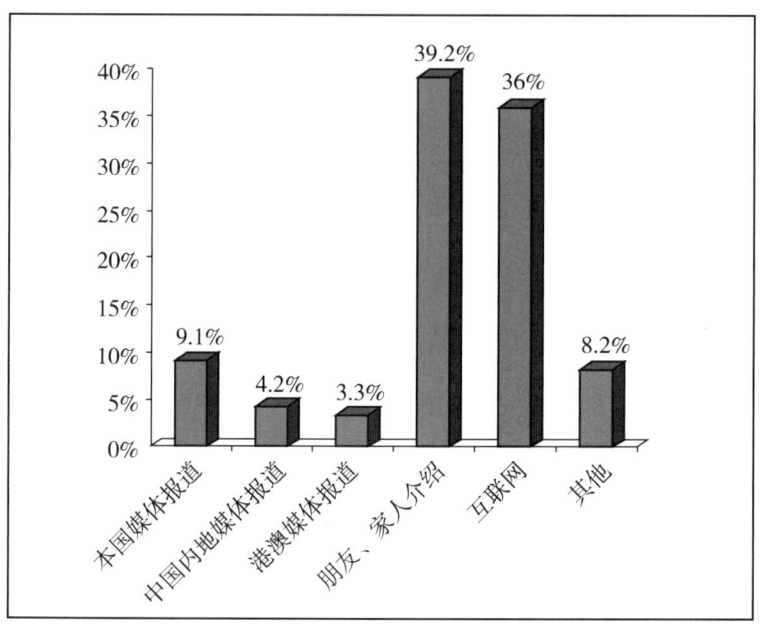

图7-7 来穗之前了解广州的主要途径

调查显示,56.8%的受访者对广州印象"比较好",16.5%的人印象"一般",认为"很好"的人占24.5%,印象"不好"的合计占1.8%,其中认为"很不好"的仅有0.6%(如图7-8所示)。由此可见,受访在穗外国人80%以上对广州印象较好。受访者表示,"印象很好"的原因是多方面的,最主要的因素包括"市民友好""商业发达,机会多""具有国际化氛围""具有开放性、多样性""事物、气候吸引人"等,而"很不好"的原因则主要有"交通太拥挤""空气污染严重""太吵闹"等。

关于构成广州城市整体形象的不同城市特点,调查数据表明,受访在穗外国人对"商贸经济"印象最为深刻,有58.6%的受访者选择了此项;

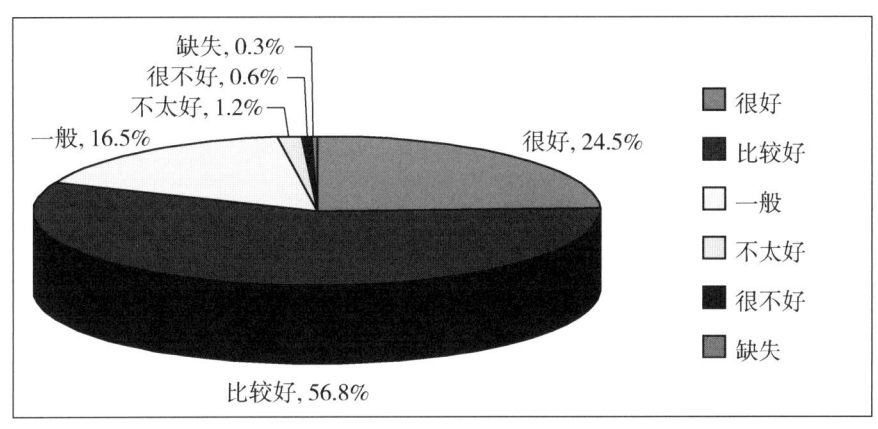

图 7-8 对广州的整体印象

其次是"特色饮食"35.9%;"历史文化""市容风貌""旅游景点""标志性建筑"这 4 个较为相关的方面差距不大;对"民风民俗"和"本地特产"有较深印象的人数则最少。一方面表明发达的商贸业和充满活力的经济、独具特色的广式美食是最令人印象深刻、最能突出广州特点的城市元素,另一方面也说明了在穗外国人对广州的关注首先是从与工作相关的经济环境、饮食等相关的生活环境开始,再到历史人文等文化环境和景点建筑等城市环境。(如图 7-9 所示)

调查结果显示,对于在广州生活居住,25.8% 的受访在穗外国人对"市容环境"最为满意,22.9% 的人对"治安管理"最满意,表示对"行政效率"和"社区建设"最满意的人则占受访者的比例最少,分别为 3.8% 和 6.4%。在"最不满意事项"方面,各项选择人数占总体人数的百分比差距不大,表明受访者的意见较为分散,其中"市容环境"和"市政设施"两项占比最高,分别为 17.1% 和 14.1%。值得注意的是,"市容环境"是受访者意见分歧最大的选项,对其"最满意事项"和"最不满意事项"的人数最高,这一方面与受访者的主观认知和评价,例如与本国环境的比较、满意度判断标准的高低等因素有关;另一方面也与受访者在广州的居住地点、活动地域有紧密关系,同时这一现象也从侧面说明广州不同区域在"市容环境"方面存在着较大差距。"行政效率"这一

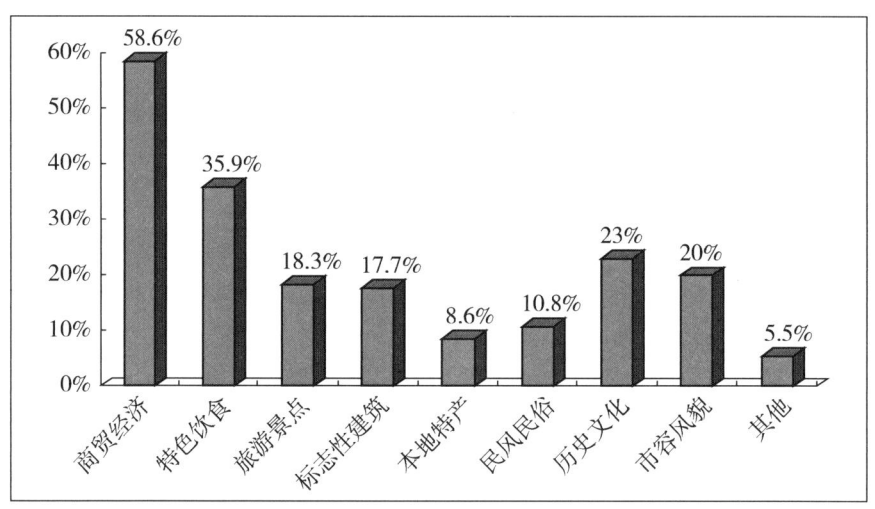

图 7-9　对广州的具体印象

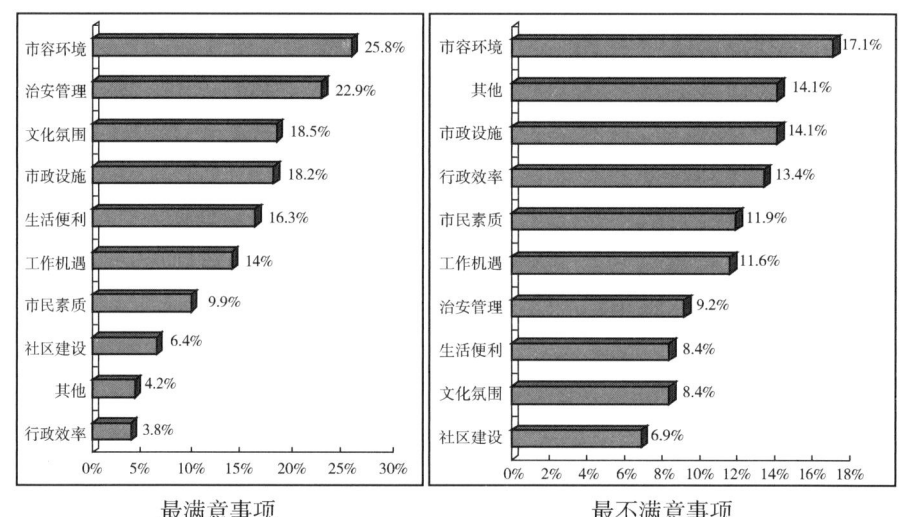

图 7-10　最满意事项和最不满意事项

选项是"最满意事项"比例最低、"最不满意事项"比例第三高的选项，说明对政府行政效率的满意度普遍不高。（如图 7-10 所示）

对于具有地方特色的城市生活，有 41.1% 的受访者表示印象最深的是"时尚购物"，其次是"粤菜"和"早茶"，分别占 28.4% 和 18.2%。

受访者选择广州"粤剧""广绣"的较少,特别是"岭南音乐",仅有1.7%的人选择,而表示对以上选项不了解而选择"其他"的人有6.4%,超过选择"粤剧"的6%(如图7-11所示)。由此可见,广州"商贸业发达、购物好去处"的城市形象已获得普遍共识,广式餐饮也令人印象深刻,而作为岭南文化代表的粤剧、广绣和岭南音乐等,通过多次与在穗外国人的座谈得知,因其体验可及程度没有餐饮和购物高,以及宣传推广不到位等因素,导致在穗外国人大多对其不了解,从而导致了在穗外国人中的认可度较低这一结果。

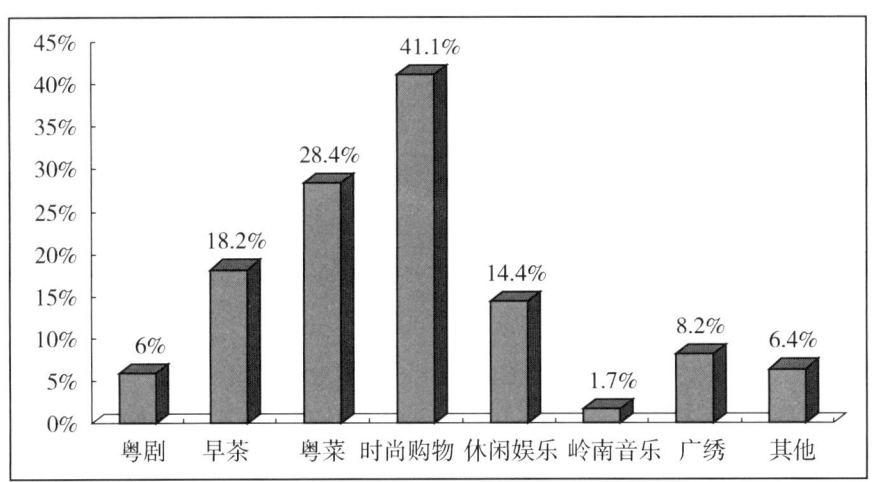

图 7-11 印象最深的广州城市生活

标志性建筑是代表一个城市形象的城市名片,其基本特征就是能够在最短时间内唤起人们关于城市的记忆。选择"广州塔"作为广州标志性建筑的受访者高达65%,比第二位的选项比例高出50%还多,表明广州塔在在穗外国人心目中正在成为广州的形象标识。"五羊雕像""琶洲会展中心""新白云国际机场""中山纪念堂""花城广场"等选项相差不大,另有5.2%的受访者可能因为刚抵达广州几天或者因为商务活动太忙没有时间四处参观等原因,表示对以上选项不太了解。(如图7-12所示)

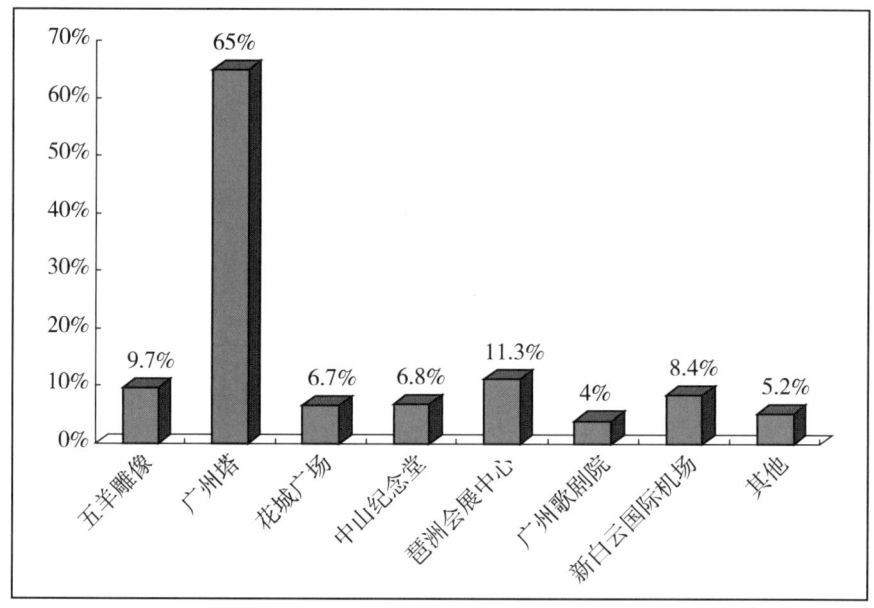

图7-12 最能代表广州的标志性建筑

调查显示,受访在穗外国人最喜欢的休闲旅游景点是"珠江",选择该项的受访者占总数的41.3%,其次是白云山,占23.1%,"北京路""沙面"紧跟其后,而"中山纪念堂""花城广场-海心沙"等选择的人数则不多。结果表明,相对于历史古迹、城市建筑等人工景观,在穗外国人更偏好于自然景观,特别是珠江,作为广州的城市象征之一,是在穗外国人最喜爱的休闲和旅游景点。(如图7-13所示)

调查显示,近40%的受访者最常去的购物场所是"北京路",其次是以天河城、正佳广场为代表的"天河"商圈,占28%。对于传统上在穗外国人聚集较多的以友谊商店、丽柏广场为代表的"环市路"商圈,只有不到9%的受访者表示经常会去。调查还发现,以批发市场为主导的站西路"火车站"商圈,也是从事商贸业的受访者经常光顾的地方。(如图7-14所示)

明确在穗外国人在广州居住生活所关心的问题,有助于提高面对在穗外国人的信息服务的针对性。调查结果显示,在穗外国人最关心的是

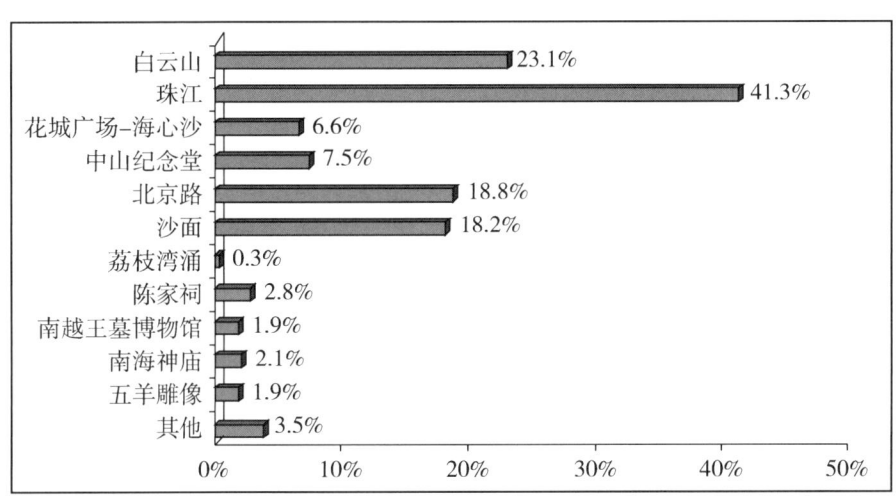

图 7-13　最喜欢的休闲旅游景点

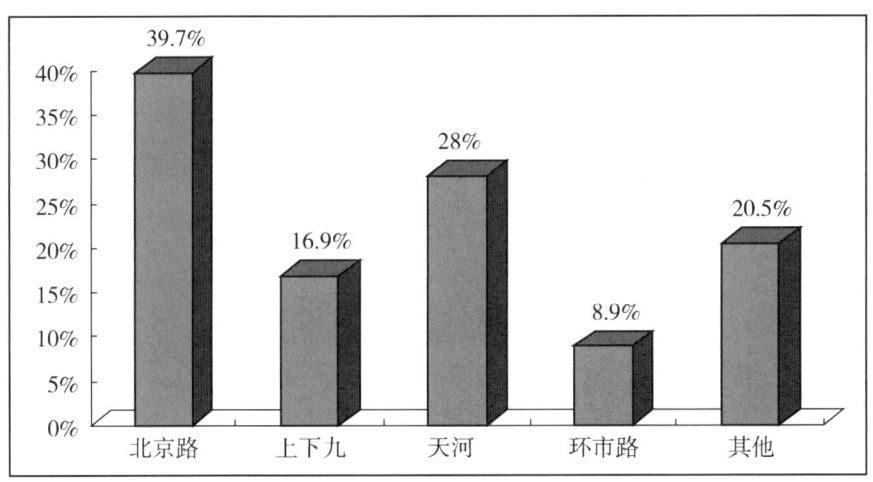

图 7-14　常去的购物场所

"语言交流"问题，有 30.8%，这也与座谈中的参加者多次提出的主要困扰相一致，即"广州英语普及程度不高"，导致在穗外国人遇到较多交流沟通障碍。对"交通状况"的关注排在第二位，和"社会治安"这一选项都有 20% 以上的受访者表示关注，对"环境卫生""生活配套设施"和"文化差异"这 3 个选项的关注度差别不大，对"饮食"的关注则最

低,为 7.5%。(如图 7-15 所示)

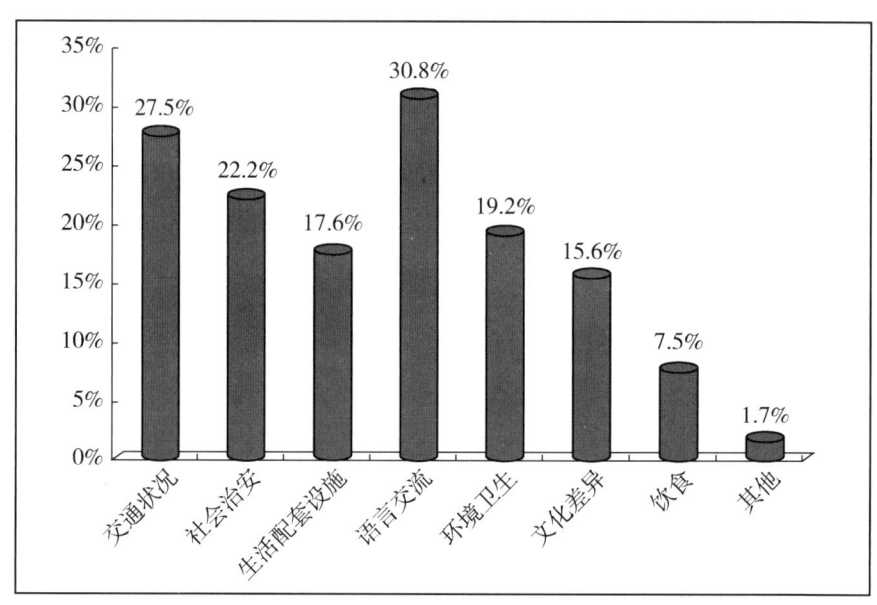

图 7-15 在穗外国人最关注的问题

在穗外国人在穗工作和居住,最为需要的信息服务是包括衣食住行在内的"日常生活"方面的信息,占 40%,其次是开设机构、拓展业务等"商务信息",超过三分之一的受访者对此有需求。对"旅游参观""文化娱乐"和"医疗卫生"等信息需求差别不大,对"就业"的信息需求则最少。另外,有 3% 的受访者需要"语言帮助"等方面的信息。(如图 7-16 所示)

调查发现,在穗外国人获取有关广州资讯的渠道集中在"人际传播"方式上,有近三分之二的受访者表示,相比新闻媒体、广播电视和互联网等传播方式,他们更多的是以"口口相授"的方式获取信息。这一结果也与座谈参加者的表述一致。在媒体使用率方面,18.6% 的受访者使用"广州本地媒体"、16.4% 的使用"本国媒体"获取资讯。(如图 7-17 所示)

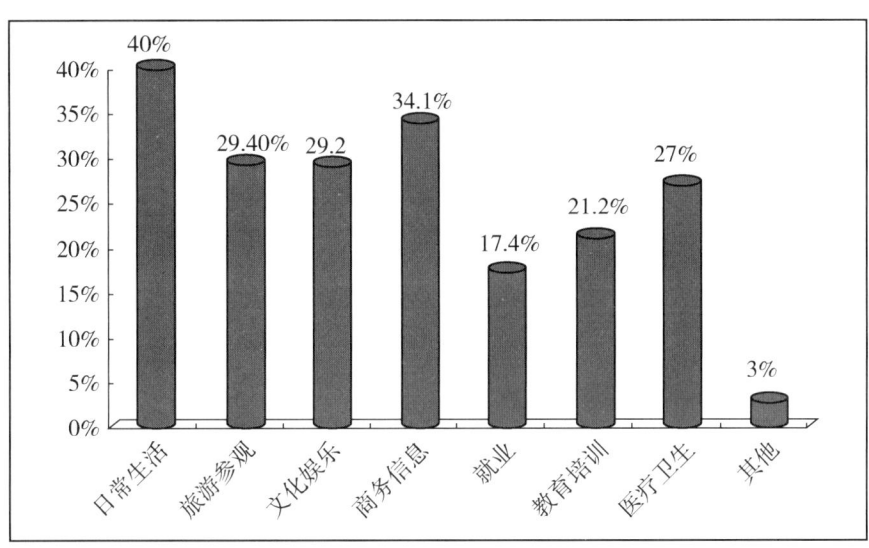

图 7-16　在穗外国人最需要的信息服务

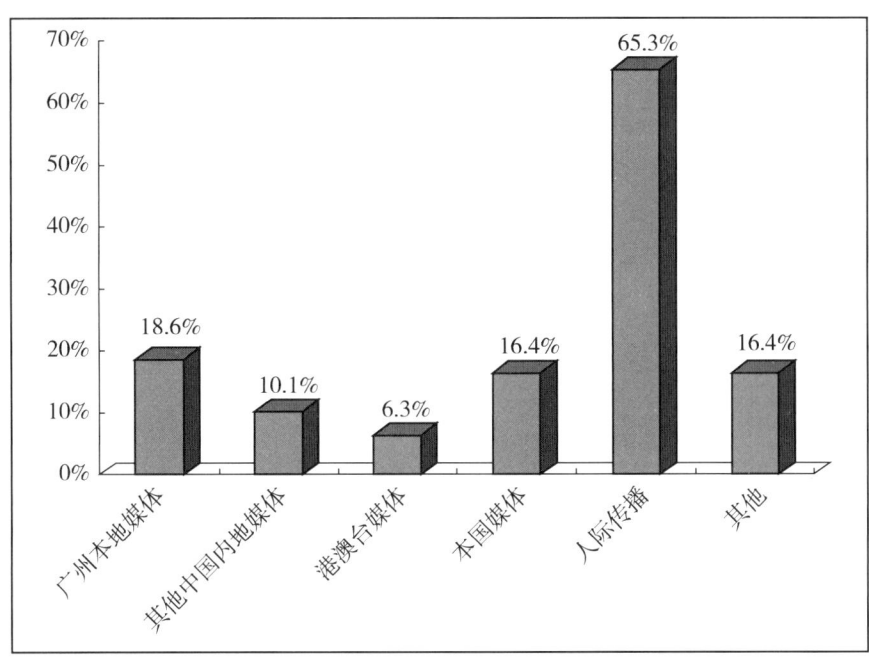

图 7-17　在穗外国人获取广州资讯的渠道

调查表明,"互联网"是受访在穗外国人在获取信息时,使用最多的媒体方式,选择这一选项的受访者人数高达总数的四分之五,远远超出排在第二位,只占受访者总数14%的"电视"选项。选择"杂志"和包括旅游指南等书籍在内的"其他"两项很接近,分别为7.7%和7.4%,而使用"广播"的人数则最少。(如图7-18所示)

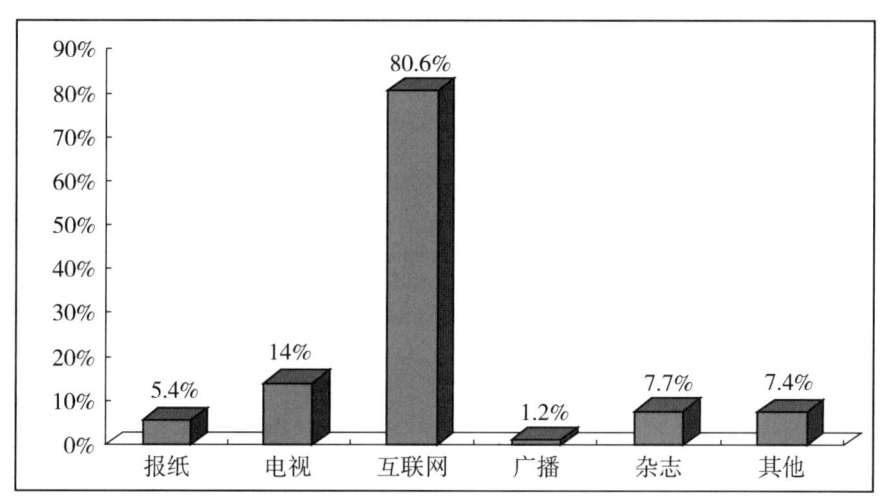

图7-18 在穗外国人媒体使用习惯

对于广州官方和民间的信息发布和资讯平台,调查结果显示,选择"其他"选项的最多,超过受访者总数的四分之一,受访者表示"从未使用过以上网站或收看过电视""听说过但从没使用过""不知道有这些信息资源",或者"使用本国的博客"等。收看"广州电视台英语频道"的受访者也较多,有25.9%,另外也有超过五分之一的人表示使用过"广州政府网站外文版"和知名网站"www.gzstuff.com"。值得注意的是,看《广州英文早报》的人只有总人数的7.3%,而使用"太平洋英文网"的则有11.9%,甚至超过了专门面向珠三角地区在穗外国人的《城市漫步》资讯杂志和网站。(如图7-19所示)

调查结果显示,超过一半的受访者更愿意通过"参观游览"的方式来了解广州,有近30%的人选择到本地居民家做客等"体验式活动",愿

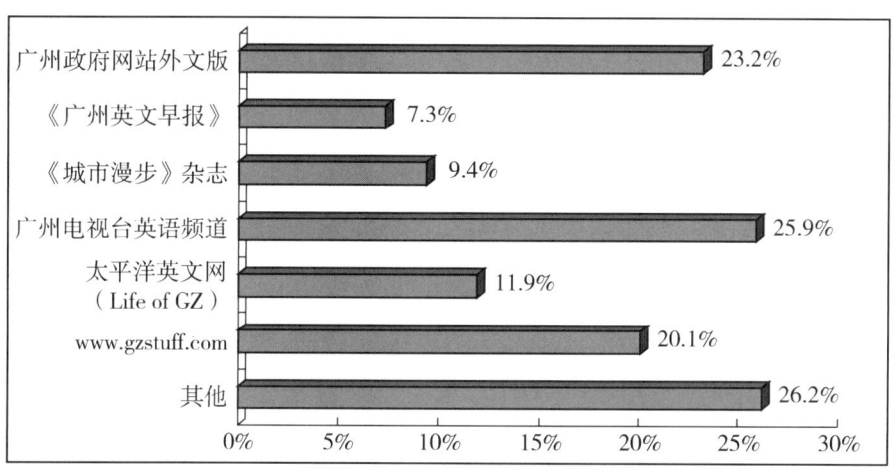

图 7-19 在穗外国人信息服务平台使用情况

意参加论坛、文化沙龙等"互动式活动"的受访者有 24.3%,"比赛式活动"的参加意愿最低,有 15%。此外,还有一部分人表达"对以上活动都没有意愿参加""不喜欢参加政府组织的活动"等态度。(如图 7-20 所示)

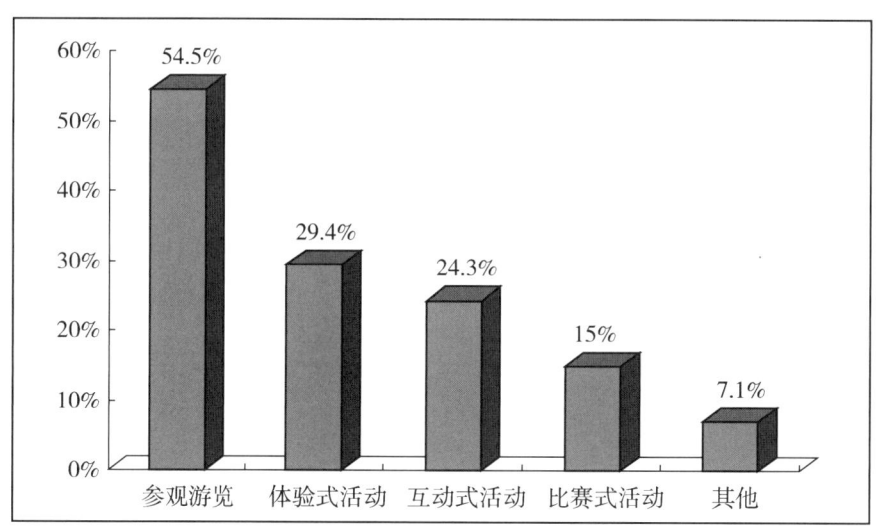

图 7-20 在穗外国人对宣传推广活动的参加意愿

对于当前广州城市形象推广工作,有超过30%的受访者表示当前的宣传推广"资讯较为单一""渠道不够丰富",有18%左右的人认为"内容吸引力不足""力度有待加强"。还有13.4%的受访者提出了包括"大多使用中文,对外语重视程度不够""所需要的信息难以找到""感觉不到有任何城市形象的宣传推广""文化活动缺乏"等在内的意见。(如图7-21所示)

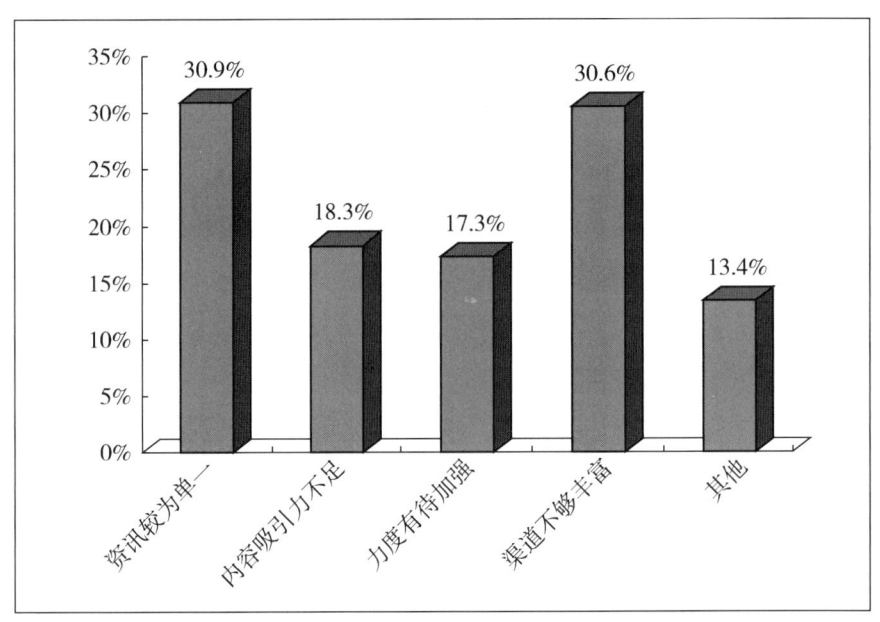

图7-21 在穗外国人对广州城市形象推广工作的评价

针对进行海外城市形象推广的方式和媒介,超过四分之三的受访者认为首选媒体是"互联网",其次是通过"电视"宣传推广,占四分之一多。选择"组织推广活动""报刊"和"电台"这3个选项的比例不高,反而有12.4%的人认为应该通过"大型广告牌、口口相传"等方式进行海外宣传推广。(如图7-22所示)

以打分的方式测量对广州城市形象的满意度,可以获知受访在穗外国人对广州不同方面的主观评价。调查结果表明,在穗外国人对广州的"购物服务"最为满意,在10分制的评分标准下,平均分值达到了7.79,

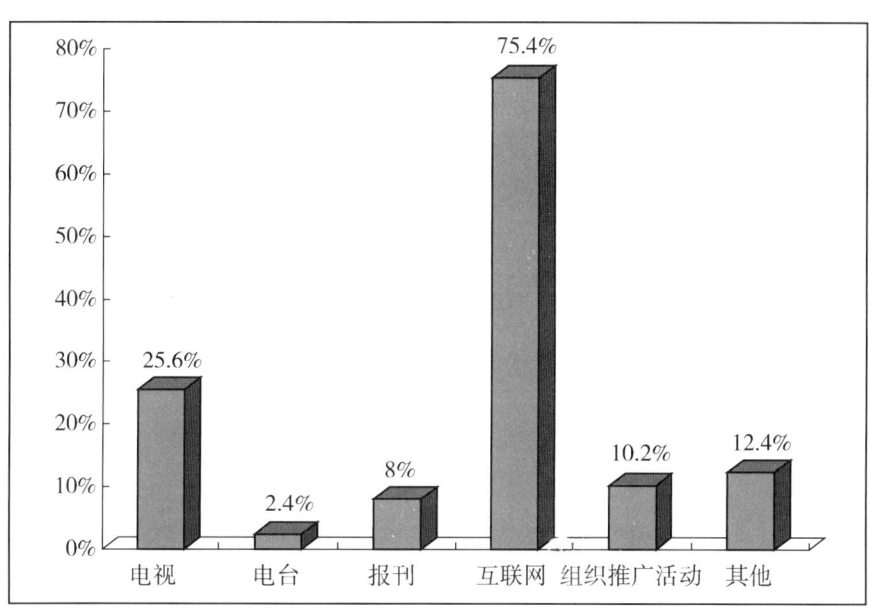

图 7-22 对在穗外国人进行广州城市形象推广的有效途径

其次是"公共交通"的 7.66 和"治安状况"的 7.55。10 个选项中得分较低的是"通信网络服务""市容卫生状况"和"旅游服务",只有 6.5 左右。(如图 7-23 所示)

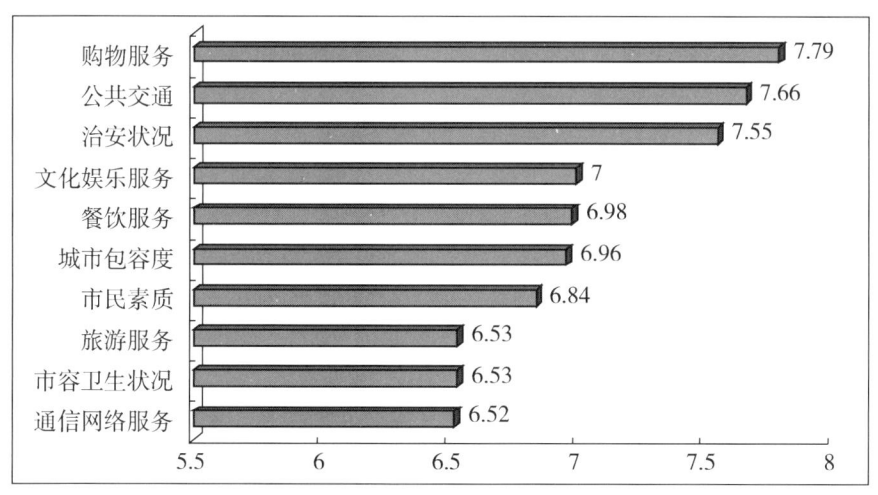

图 7-23 在穗外国人对广州城市形象不同方面的满意度

对于广州总体发展战略中的城市定位以及长期以来形成的城市形象，受访者打分最高的是"国际商贸中心城市"，为7.83，且分值统计离散度最低，表明受访者最认同这一城市的定位和形象；其次是"现代化国际大都市"，得分7.09；较不认同的是"世界文化名城"和"世界旅游目的地"，得分分别为6.45和6.14，其中"世界旅游目的地"的分值离散度最高，表明对这一定位和形象，受访者的认同差异最大。（如图7-24所示）

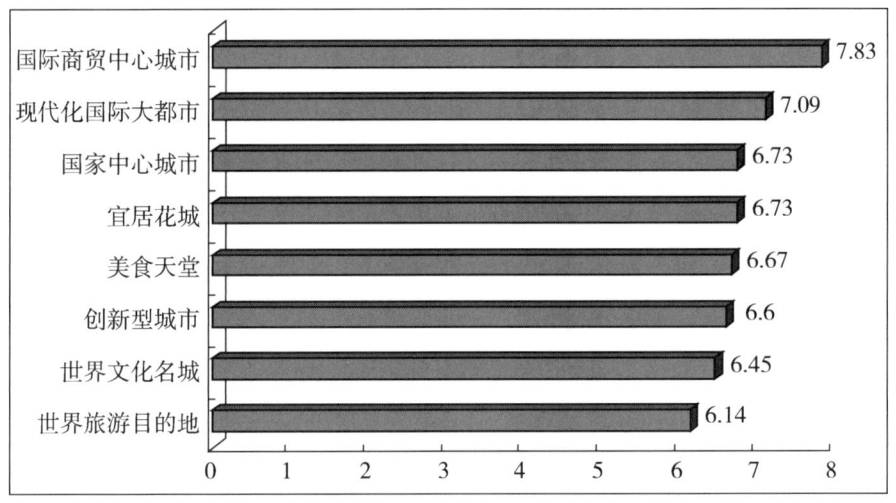

图7-24　在穗外国人对广州城市形象的认同情况

在被问及"是否愿意在广州长期居留"时，38%的受访者表示"比较愿意"，选择"非常愿意"的有将近五分之一，表示"非常不愿意"的则有1%（如图7-25所示）。选择"非常愿意"的原因包括"广州人很热情""气候很好""商业机会多"等，而"非常不愿意"的原因则有"卫生状况太差""文化差异大""交通不方便"等客观因素以及"只愿意来做生意""更喜欢某某城市""工作转换要求离开"等个人原因。

归纳和总结调查问卷结果，对于广州的城市形象，主要有以下几点评价和建议：一是对广州城市形象建设取得的进步表示赞许，如"比起五年前，变化很大""城市很美，市民很友善"；二是认为广州已经成为现

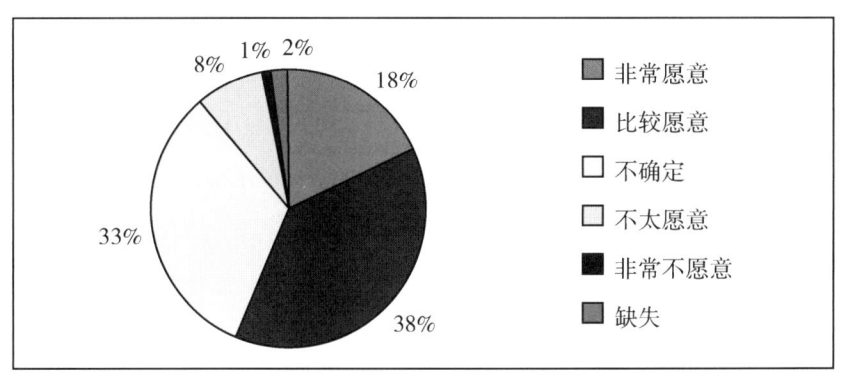

图 7-25 在穗外国人对长期居留广州的态度

代化的国际大都市,如"传统和现代交融的国际化城市""多元化的国际性城市""现代化和国际化的商业城市"等;三是提出了存在的问题,如"污染严重,环境质量需要提高""过分关注商业发展,缺乏文化艺术氛围""卫生状况太差"以及"有歧视存在,需要对任何人都好"等;四是提出了提升城市形象的建议,如"文化经济协调发展""以国际标准为参照提高服务水平""加强英语和其他外语的普及程度""提供更多旅游信息"等。

(二)交叉分析

在对每一问题进行描述分析的基础上,分析受访者的"国籍、年龄、性别、来穗频次、在穗时间和来穗目的"这 6 个自变量与其他因变量之间的关系,发现变量之间是否存在显著相关性,进一步加强对在穗外国人不同群体对广州城市形象看法和评价的认识。

1. 区域

根据所在国家区域将受访者划分为 9 个群体,分别观察不同群体对广州城市形象的看法有何区别。统计数据分析表明,来自不同国家和区域的在穗外国人在以下方面存在显著性差异。

从经济发达程度来看,来自美加、西欧、大洋洲、日韩和新加坡等发达国家的人群对历史文化、民风民俗、美食等文化因素和粤菜、早茶等特

色广州城市生活印象更深、更感兴趣,而来自非洲、中东地区、东南亚和南亚等发展中国家的人群则对广州的现代化城市建设以及商业、贸易、购物等方面更感兴趣,从而导致不同人群对广州的标志性建筑、常去的购物场所和休闲旅游景点都具有较大差异。从地理位置分布来看,美加、西欧国家人群对广州的市容市貌、饮食文化、历史人文等与本国城市具有很大差异的方面更有印象。基于相同的饮食习惯,日韩和新加坡人群对广州的特色餐饮评价较高,而中东、西亚和非洲地区的人群由于宗教和口味习惯的不同评价不高。

不同区域和国家的人群关注和需要的信息服务以及获取资讯的渠道存在显著差异。非洲国家人群大多来穗进行商贸活动,关注的方面集中在"商务信息",对其他方面信息的需求相对较少,更多通过电视而较少使用互联网获取资讯。美加人群来穗之前对广州大多有"一定了解",因此,相对西欧人群关注"日常生活"信息,他们更关注的是文化娱乐、医疗卫生等信息和环境卫生等情况;与西欧人群相同,他们更经常地使用现有的英文信息提供平台、更多地通过互联网得到有关广州的资讯信息,同时"人际传播"是美加人群经常采用的信息获取渠道。日韩和新加坡人群来穗前对广州不了解的比例最高;东南亚、南亚国家人群最关注"饮食"信息,更多通过广州本地媒体和内地其他媒体来获取资讯。从以上分析结果还可看出,"语言"是影响不同国家人群获取资讯渠道的一个重要影响因素,如广州电视台英语频道,是美加人群在互联网之外获取资讯的一个重要渠道,而日韩、东南亚及中东、西亚等国家人群则较少使用包括英语频道及其他英文资讯网站。拉美国家英语普及率不高,因此"语言交流"是来自拉美的人群最为关注的问题。

在对广州城市形象不同方面的满意度、居留意愿和愿意参加的推广活动等方面,日韩、新加坡人群对广州的"治安状况"不满意的比例较高,但对"生活便利"更为满意;美加人群对"文化氛围"较为满意,更愿意参加"参观游览"式的推广活动;非洲国家人群更愿意在穗长期居留和参加"比赛式"推广活动;东南亚、南亚国家人群对"市民素质"不满意的比例最高,对"文化氛围"表示满意的比例最低。

2. 年龄

根据年龄段的不同,将受访者分为5个不同的群体考察"年龄"这一变量对广州城市形象认知的影响。调查结果分析显示,不同年龄段的在穗外国人对广州的印象和喜好存在明显不同,尤其是50岁以上的老年人表现得最为突出。老年人对广州印象"很好"的比例在各年龄段人群中属于最高,他们对广州的历史文化、特色饮食和岭南文艺更感兴趣,对购物表现出来的兴趣最低。20岁以下的青少年则偏好北京路、天河城这样的商贸业发达、购物娱乐氛围浓厚的地方。20~40岁的中青年则对历史文化、粤剧等传统文化形式以及沙面等人文旅游景点印象不深。对于关注的信息以及获取资讯的渠道,20~40岁的中青年更常通过互联网获得需要的教育培训、就业等方面的信息。50岁以上的老年人则更希望获得旅游参观等资讯,这与不同群体来穗的主要目的有直接关系。20~30岁青年人更需要"语言交流"等方面的资讯,更常使用信息交流网站,也更愿意参加"互动式"的城市推广活动,表明他们与广州本地居民的沟通和交流意愿较为强烈。

3. 性别

男性和女性对广州的整体印象和具体看法存在显著差异。具体来说,女性中认为广州城市形象"一般"的较多,更喜欢购物、特色饮食等城市生活。在关注信息和获取渠道方面,来穗之前男性中对广州"非常了解"的比例高于女性。相对男性,女性更关注环境卫生,更需要文化娱乐、医疗服务等信息,也较少通过报纸获取资讯。

4. 来穗频次

按照受访者来穗频次的多少,划分为"首次来穗""多次来穗"和"经常来穗"3个不同群体。"经常来穗"和"首次来穗"的在穗外国人对广州的具体看法存在显著差异,经常来穗人群对广州的"商贸经济"印象最为深刻,更经常去北京路、天河城等休闲购物地点,更认同琶洲会展中心作为标志性建筑,与首次来穗的人群表现截然不同。考虑到经常来穗的人群以参加广交会的客商居多，如此认知可以得到合理解释，同时也说明了随着来穗次数的增加，对广州"商贸中心"和"购物好去处"的印象也随之进一步加深。在需要的信息服务以及获取资讯的渠道方面，经常来穗人群之前对广州"非常了解"的比例最高，更关注社会治安、交通状况等生活居住问题，更经常使用广州本地媒体和通过电视、报纸获取相关信息。这些方面"首次来穗"人群表现完全相反，更多通过互联网来获取信息，也更加关注"语言交流"方面的问题。在满意事项、居留意愿和愿意参加的推广活动等方面，经常来穗人群对广州的"文化氛围"满意的比例更高，也更愿意在广州长期居留。相比经常和多次来穗人群，首次来穗人群的居留意愿较低，但对"工作机遇"的满意比例最高。

5. 在穗时间

根据在穗逗留时间的长短，将受访者划分为"短期来访""中期逗留"和"长期居住"3个群体，考察在穗时间与广州城市形象认知之间的关联。在穗逗留时间不同的在穗外国人对广州的具体看法存在显著差异。在广州逗留6个月以上的人群对广州"商贸经济"更为认同，更喜欢早茶、白云山和天河城等广州本土因素，更接近广州本地居民的生活方式，而1个月内短期来访的人群则完全相反。

在信息需求和获取渠道方面，长期居住人群更加关注"社会治安"问题和"商务信息"，其资讯获取的渠道更多地通过电视、报纸，更多使用广州本地媒体和其他中国内地媒体。对于英文资讯信息平台，长期居住的人群使用《城市漫步》杂志、"大洋网英文网"和"www.gzstuff.com"的比例最高，而短期来访的人群则完全相反。中期逗留的人群对"饮食""旅游参观"等信息更加关注。长期居住人群对"市容环境""文化氛围""生活便利"认同的比例最高，更愿意在广州长期居留，而短期来访人群则完全相反。对广州城市推广中的不足，在广州逗留时间较长的人群认为"资讯单一""内容吸引力不足"的较多，更愿意参与"互动式互动"，而短期来访人群则更喜欢"参观游览"。

第七章　21世纪海上丝绸之路建设与广州城市国际形象

6. 来穗目的

根据来穗目的不同,将受访者划分为6大类,考察每一群体对广州城市形象认知的差异。来穗目的不同的在穗外国人对广州的具体看法存在显著差异,商务人群对"商贸经济"印象深刻,更喜欢"时尚购物",更认同"琶洲会展中心"作为广州的标志性建筑;旅游人群则对广州的"市容市貌"更有印象,更喜欢粤菜;相比旅游人群更经常去沙面,求学人群则更喜欢去北京路。在关注和需要的信息服务以及获取资讯的渠道方面,工作人群来穗之前对广州"非常了解"的比例最高,更关注"医疗卫生"信息,在资讯获取方面更多使用杂志和广州政府网站外文版、大洋网英文网等网络信息平台;商务人群更关注"交通状况""商务信息",而求学人群则关注"就业""教育培训"信息,更多使用广州本地媒体和其他内地媒体来获取相关资讯。对广州城市形象不同方面的满意度、居留意愿,商务人群对"治安管理"满意的比例最高,而旅游人群则对"文化氛围"最满意。求学人群认为广州城市推广"内容吸引力不足"的较多,更愿意参与"比赛式"推广活动。工作人群则更愿意参与"互动式"互动,而随家人迁居广州的人群中"不太愿意"在广州长期居留的比例则最高。

三、深度访谈分析

对于城市形象影响要素,不同职业、国籍和年龄的访谈对象的看法尽管有一定差异,但"城市文化"是受访者一致认为最重要的城市形象影响因素。城市文化是一个城市区别于其他城市的最具辨识性的城市特征,是塑造城市形象的核心。① 对于广州形象中的城市文化元素,有受访者认为广州"地方文化风格突出""具有多元化的文化",在广州的文化体验较为强烈,也有受访者认为广州与其他城市相比"文化氛围不浓""文化

---

① 李植斌:《城市文化形象特征与建设》,载《人文地理》2001年第4期。

活动较少"。对于广绣、粤剧、岭南音乐等地方文化的代表,只有非常少的受访者有一定了解,大多数人表示"非常想了解但没有渠道""不知道去哪里才能欣赏到"等。虽然看法上的差异与受访者的个体经验有很大关系,但受访者较为一致的观点是"相对于发达的商业和经贸,广州在文化发展方面不平衡"。对调查问卷中开放式问题的回答中,也有较多受访者表达了相似的观点,同时这与问卷中对广州城市细分形象的认知情况也较为一致,即相较于"国际商贸中心",对广州"世界文化名城"定位的认同度较低且一致性较差。由此可见,在未来广州城市形象的塑造和传播推广中,在大力推广"国际商贸中心"的同时,应将城市文化特别是非物质文化作为工作核心。

对于广州的城市整体形象与具体印象,访谈对象对广州整体形象的看法较为一致,即"经济发达,商业繁荣",是"现代化的国际大都市",表明广州"国际商贸中心"的定位与发展目标正在确立。在具体形象方面,不同背景的受访者的看法有较大差异,来自东南亚、非洲等地的受访者普遍认为广州"市容环境优美舒适、城市绿化较好、城市建筑现代"等,来自日本、新加坡、美国、英国等发达国家的受访者则较多认为"城市卫生情况不好、交通拥挤"等。由此可见,与发达国家的先进城市相比,广州在城市生活环境方面尚有一定差距。受访者对广州的城市形象较为一致的肯定看法包括"饮食有特色""购物环境发达""生活比较方便""地铁系统非常发达便利",其中最为突出的是"广州市民非常热情、乐于助人"。有多次来穗的访谈者特别指出,广州近年来的变化很大,城市形象有了很大改善,表明广州城市形象的提升获得了肯定。负面看法则包括"有特点的建筑不多""过于拥挤和嘈杂"等,其中最为突出的是"英文标识或提示太少经常造成不便"以及"英文信息缺乏或者难以获取",这一点与问卷调查结果也具有一致性。总的来看,访谈对象普遍对广州的整体印象较好,在自然环境、城市建设、市民素质等都有值得称赞的方面,同时在城市交通、市容环境、信息服务等方面也存在许多需要改进的问题,其中尤以"提供更多英文信息和指引"最为紧迫。此外,值

得注意的是,有较多访谈者表示广州的公共无线网络覆盖不高,而近年来广州大力推广在机场、政务机构等公共场所甚至部分公交车上提供免费无线网络服务,受访外国人基本上表示不知道这一信息,少数人则表示由于没有国内手机接收验证码而无法使用这一服务。这一细节问题说明,随着广州城市国际化程度的日益提升,需要更多地以国际视野和思维,在公众服务和信息的设计、提供等环节提高针对外国人的可及性和便利性,促进"软硬件"水平的同步提升。

关于城市宣传推广,访谈对象大多认为"互联网"是最为便捷、使用率最高的推广渠道。受访者纷纷表示,除了口口相授的人际传播之外,他们经常通过互联网来搜索和获取所需的有关广州的资讯信息。有相当多的受访者特别指出,在国外人们习惯于通过城市政府网站获取城市相关的旅游、交通、商务、生活等基本信息,而广州政府门户网站英文版的信息量太少,完全不能满足外国人的信息需求。此外,能通过互联网搜索的广州相关的外文信息十分有限,甚至连外国人最需要的外文版交通图都难以找到。由此可见,对外传播工作中的一项迫切任务就是要整合各类信息资源,借助或升级已有的信息发布平台,打造信息量大、实用性强、更新速度快、准确度高的具有广州特色的外文资讯服务平台。对于宣传推广方式,许多受访者表示"结合城市特色文化举办的活动能吸引更多关注",也有人表示"通过举办运动会、嘉年华等大型活动或者迪士尼等主题乐园"吸引外国人来穗或者关注广州。受访的外籍教师和留学生特别提到,具有一至两所世界著名的大学对城市形象的影响非常重要,例如美国波士顿,得益于拥有世界著名高等学府哈佛大学和麻省理工学院等,一提到波士顿人们就会想到"高等教育之城、科技文化名城"。在外资企业工作的受访者则表示,引领行业潮流的国际知名企业是宣传推广城市的重要途径,例如一提到电影业,人们就会想到"好莱坞",一提到"好莱坞"就会想到洛杉矶,说到金融业,人们就会想到英国伦敦。以此为借鉴,广州的城市对外推广工作可在传统的举办海外展或文化演出交流等"走出去"活动之外,创新"引进来"形式,进一步发掘和培育广州旅游、教育、

文化、餐饮、购物等"外宣点",做好配套的信息发布工作,从而吸引更多的外国人来穗、知穗。

第四节 广州城市国际形象及其对外传播分析

一、广州城市国际形象分析

(一)城市国际知名度

针对在穗外国人的调查分析表明,当前广州具有较高国际知名度。绝大多数受访者来穗之前均知道"广州"这个城市,有近三分之二的人通过不同途径对广州具备了一定了解,表明广州作为中国的重要城市在国际上享有较高知名度。具体来看,受访者认为广州的国际知名度与莫斯科、吉隆坡、开罗、圣保罗等国家首都城市和曼彻斯特、釜山、洛杉矶、阿雷格里港、墨尔本等重要城市相当。此外,结合相关研究结果可知,亚运会后广州的国际知名度有较大提升。而在 2009 年 12 月进行的一项"在穗外国人对广州城市印象调查"[①] 中认为广州知名度"一般""较低"和"很低"的占总受访人数的 62.3%,表明当时大多数受访在穗外国人认为广州国际知名度不高。对于广州来说,具有较高国际知名度,是积极参与 21 世纪海上丝绸之路建设、发挥"排头兵"和主力军作用的一个重要优势资源和支撑力量。

(二)城市形象总体特征

调查显示,80%以上的受访在穗外国人认为广州的整体形象较好,其

---

① 杨凯:《城市形象对外传播的思路——基于外国人对广州城市形象及媒介使用习惯调查》,载《南京社会科学》2010 年第 7 期。

中西欧国家受访者普遍对广州印象较好，50岁以上的老年人印象"很好"的比例最高，而20～30岁的青年人认为"好"的则相对较少。有近乎60%的受访者表示愿意在广州长期居留，只有10%的人"不愿意"在穗居留。对广州印象好和愿意长期居留的原因多样化，其中最主要的因素包括市民友好、商业发达、气候适宜等，"印象不好"及"不愿居留"的原因则主要集中在交通、污染、噪声等城市环境或者个人客观因素等方面，这也与深度访谈得到的信息相一致。具体到城市特征方面，"经济发达、商贸活跃"是受访在穗外国人对广州印象最为深刻的方面，其次是"特色饮食"，这两点是最能突出广州城市特征的城市元素。与此相关，"时尚购物"和"粤菜""早茶"是受访者最为喜欢、认为最能体现广州城市生活的两个方面，而代表岭南文化的粤剧、广绣和岭南音乐等，由于宣传推广度和可及性不高的缘故，受访在穗外国人对其了解不多、印象不深。对于广州的标志性建筑——"广州塔"获得了受访者的普遍推崇，受访者对其美誉度较高。相对于城市建筑、历史古迹等人工景观，受访在穗外国人更偏好自然景观，尤其是珠江和白云山，是受访者特别是长期居留在广州的在穗外国人较为喜爱的休闲旅游景点。在购物方面，受访者光顾最多的场所是"北京路"和"天河商圈"，来穗进行商贸活动的则较多集中在"站西路商圈"。

（三）城市形象定位

问卷调查受访者和访谈对象均对广州"现代化国际大都市"这一总体形象认同度较高，并将广州与莫斯科、吉隆坡等国家首都城市和釜山、洛杉矶、墨尔本等发达国家重要城市相提并论。对广州城市总体形象的直观感受与有关城市国际化的实证研究结果大致吻合。国际上公认的衡量城市国际化发展水平的"世界城市等级体系"排名中，将广州列为"全球城市第三层级"，即"区域性国际城市"，认为广州的城市国际化发展水平与莫斯科、胡志明市等首都城市和曼彻斯特、釜山、洛杉矶等重要城市

处于同一层级。① 由此可见,广州"现代化国际城市"的总体形象已经初步确立并正在获得广泛认同。

对于广州长期以来形成的"花城""美食之都"等城市形象和总体发展战略中提出的城市定位,"国际商贸中心城市"是受访在穗外国人认同度最高、一致性最强的细分城市形象,而对"世界文化名城"和"世界旅游目的地"这两个细分形象,受访者的认同度较低且差异最大,一方面表明"国际商贸中心城市"是推广城市形象的有力抓手,另一方面也说明未来对外传播工作中需要加大对城市文化各个方面的推介和宣传推广。对于构成城市总体形象的具体感知方面,受访者对广州的"购物环境和服务"最为满意,而"市民素质""市容卫生"和"旅游服务"等则满意度较低。结合对其他相关项目的考察,可以得知相对于宜居城市、旅游城市等形象细分,在穗外国人普遍认同广州是一个宜商城市。

二、广州城市形象对外传播

(一) 国际受众媒介使用习惯

在穗外国人来穗之前获知广州相关信息的主要渠道是朋友、家人介绍等"人际传播"和互联网,本国媒体的影响力较弱但仍强于中国媒体。在身处广州时,在穗外国人获取信息的渠道更为集中在"人际传播"方式上,其次是广州本地和其他内地媒体,本国媒体仍具有一定影响力,而港澳台媒体影响则最微弱。对于报纸、电视、互联网、广播、杂志等不同媒体类型,在穗外国人使用最多的是互联网,通过互联网获取信息的人数比例高达四分之五,远远超出"电视"等媒体。与 2009 年开展的调查结果相比,互联网的使用比例大大增加,这一现象表明"网络传播"这种新的传播形式已快速发展成为最主要的媒体方式,越来越多的受众在通过

---

① 姚宜等:《广州城市国际化发展形势分析与展望》,载《广州城市国际化发展报告》,社会科学文献出版社 2014 年版。

媒体获取信息时，更依赖于互联网而非传统的电视等媒体类型。

（二）国际受众信息需求情况

受访者最为关心的是"语言交流"，其次是"交通状况"和"社会治安"问题，对"饮食"的关注则最低；最需要的信息服务首先是"日常生活"信息和"商务"信息，其次是"旅游参观""文化娱乐"和"医疗卫生"，对"就业"的信息需求最小。以上结果表明，受访在穗外国人最为关心、最需要的仍是在广州居住和生活所遇到的衣食住行方面的问题。广州作为经济发达的商贸中心，来穗进行商务活动的在穗外国人士数量庞大，对开设机构、开展业务等商务信息和法律法规等需求也相应较大。此外，英语普及程度不高也导致了在穗外国人遇到较多的语言沟通和交流问题，在深度访谈中访谈对象均多次提及这一问题，表明这是在穗外国人关注的一个重要方面。

对于面向在穗外国人提供本土资讯的信息服务平台，整体上受访者的熟悉度和使用率不高，表示"没听说过"或者"从未使用过"超过了总数的四分之一。这一问卷调查结果与深度访谈中获取的信息较为一致，访谈对象中有较多人表示"未使用过"这些信息平台。从对不同信息服务平台的使用率来看，超过四分之一的受访者收看"广州电视台英语频道"，超过五分之一的人使用过"广州政府网站外文版"以及知名网站www.gzstuff.com，其次是"大洋网英文网"，而对《广州英文早报》的使用则最少。对于以上信息服务平台，来自不同区域的人群的使用习惯存在着较大差异。

对于当前广州的形象推广工作，"资讯单一"和"渠道不丰富"被认为是主要的不足。在"内容吸引力不足""力度有待加强"之外，还有受访者提出"外语内容和信息太少""文化宣传推广太少"等问题。在推广活动方面，"参观游览"式活动最受受访在穗外国人欢迎，有超过一半的人表示愿意通过此类活动了解广州，其次是到本地居民家做客等"体验式活动"和论坛、文化沙龙等"互动式活动"，而"比赛式活动"的参加

意愿最低。

(三) 国际受众偏好分析

1. 区域差异

来自美加、西欧、大洋洲、日韩和新加坡等发达国家的受访者和来自非洲、中东和西亚、中东欧、东南亚和南亚地区发展中国家的受访者,对广州的关注点和兴趣点有较大不同,因此其对广州城市形象的认知和信息需求也有较大差异。来自发达国家的受访者对广州的特色饮食、民风民俗、历史文化等城市文化因素更感兴趣,因此更喜欢展现广州城市特色的粤菜、早茶等餐饮文化,喜欢去沙面等具有历史文化气息的休闲娱乐景点,更关注和需要日常生活、旅游参观、文化娱乐和医疗卫生等方面的信息资讯。发达国家,特别是来自美加和西欧的受访者较少通过广州或者其他内地媒体获取需要的信息,而较多通过人际传播进行信息交换;基于语言上的优势,使用广州电视台英语频道、大洋网英文网、www.gzstuff.com以及面向在穗外国人的《城市漫步》杂志等信息服务平台获取资讯的比例较高。来自美加的受访者对广州的文化氛围满意度较高,也更愿意通过"参观游览"式互动了解广州,日韩、新加坡的受访者则对"生活便利"更满意,而发达国家的受访者普遍对"市容环境"最不满意的比例最高。

来自发展中国家的受访者对广州的现代化城市设施和商业、贸易、购物等方面更感兴趣,他们对广州的"商贸经济"印象更为深刻,对"市容环境"更为满意,更喜欢"时尚购物"和北京路、上下九等购物场所,更认同白云机场、琶洲会展中心等现代化建筑的标志性地位。来自非洲的受访者最关注的是"商务信息",获取资讯的渠道以"电视"居多,更愿意参加"比赛式"推广活动,也更愿意在穗长期居留;来自东南亚、南亚地区的受访者则更关注"饮食"问题,获取资讯的渠道也以广州本地和国内其他媒体为主,而通过"人际传播"方式的比例最低;来自中东、西亚的人群因为宗教和饮食习惯等因素,对广州的餐饮文化兴趣最低。

在"来穗前对广州的了解"方面,美加和澳新受访者来穗前对广州

"非常了解"和"有一些了解"的比例较高,其次是中东、西亚地区和东南亚、南亚国家的受访者。值得注意的是,对广州"不甚了解"或者"从未听说过"的比例最高的是来自日韩和新加坡的受访者,占这一区域受访人数的38.6%,其次才是西欧国家23.2%和非洲国家19.3%。来穗前对广州知之甚少的人数比例相对较高,一定程度上反映出广州在日韩和新加坡的城市知名度不高,考虑到广州与这些国家地理距离较近、交通便捷且相互间经贸往来频繁,这一现象表明广州在这些国家的城市形象推广工作有待加强。

2. 年龄影响

不同年龄段的受访在穗外国人对广州城市形象的认知和信息需求有显著差别,尤其是50岁以上的老年人和20～30岁的青年人。老年人对历史文化、特色饮食和岭南艺术更感兴趣,购物意愿和兴趣最低,更希望获得"旅游参观"等资讯服务。20岁以下的青少年则偏好北京路、天河城这样的商贸业发达、购物娱乐氛围浓厚的地方。20～30岁的青年人更需要"语言交流"方面的资讯,更常使用信息交流网站,也更愿意参加"互动式"推广活动。

3. 来穗频次差异

受访者中首次来穗和来穗5次以上的"经常来穗"人群之间存在明显不同。经常来穗人群对广州"商贸经济"的印象更加深刻,更经常去北京路、天河城等购物地点,更关注社会治安、交通状况等生活居住问题,更经常使用广州本地媒体和通过电视、报纸等获取资讯,也更愿意在穗长期居住。首次来穗人群则截然相反,他们更关注"语言交流"的问题,也更多地通过互联网来取得需要信息。

4. 在穗时间差异

受访者中在广州居留时间6个月以上的"长期居住"人群更喜欢早茶、白云山、天河城等广州本土因素,更关注"社会治安"问题和"商务信息",更多使用广州本土媒体和其他内地媒体获取资讯,对"市容环境""文化氛围"和"生活便利"等认同的比例最高,更愿意参加"互

动式"活动,也更愿意在广州长期居住。短期来访的人群则完全相反,而中期逗留的人群则更关注"饮食""旅游参观"等资讯。

第五节 广州城市形象及其对外传播的新思路

一、明确广州城市形象定位,提升城市国际知名度

关于广州的城市形象定位,不同时期曾提出过"花城商都""岭南历史文化名城""美食之都""购物天堂"等不同的宣传推广口号。这些城市形象定位的提出内外宣不分,没有对国外受众兴趣点和接受度进行考察与研究,并且缺乏持续性和统一性,导致广州的城市国际形象不够清晰,对外传播和推广缺乏主题,进而影响了工作效果和效率。本次调查研究结果表明,在"国际商贸中心""宜居花城""美食天堂""世界文化名城""世界旅游目的地""现代化国际大都市"和"国家中心城市"等众多定位和细分形象中,"国际商贸中心"这一形象受到一致认可与赞同,"经济发达、商贸活跃"是受访者对广州印象最为深刻的方面。由此可见,广州商贸发达的城市特征凸显,"国际商贸中心"的城市形象定位已经初步确立,对外传播工作应以此为抓手,在推进21世纪海上丝绸之路建设中,将"国际商贸中心"作为广州区别于其他城市的特有品牌形象,统一主题、统筹资源、加强规划,进行持续、广泛的城市形象推广。此外,针对"世界文化名城"认同度较低的现实情况,除了要着力发掘饮食文化和商业文化以外的广州城市建筑文化、历史文化、旅游文化、市民文化、民俗节庆文化等方面的宣传推广点之外,更要以"提高传播内容的可及性和到达性"为目标,加强文化传播的渠道和载体建设,使外国受众能够集中地、便捷地感受和体验广州城市特色文化与生活。

国际知名度是一个城市的品牌,意味着巨大的机会和资源。城市国际

知名度的提升将促进国际优势资源向其汇聚和靠拢,加速城市的经济、社会、文化和科技的发展与繁荣。从当前情况来看,2010年亚运会后广州的城市关注度大幅提升,现代化国际大都市的城市形象初步确立,但与北京、上海等内地城市以及香港、新加坡等国际城市相比在国际知名度方面仍有较大差距。促进城市国际知名度的提升是对外传播和推广工作的根本任务,本次调查的分析和研究结果表明,提升城市国际知名度,可借助在穗举办国际会议、展览、体育赛事和文化活动等高规格国际盛会吸引国际社会注意力的契机,进行广州城市形象的多方位宣传推广,进而达到事半功倍的目的。此外还需要实施差异化宣传推广策略,根据受众的年龄、国家和地区、职业分类、兴趣特点等因素,有针对性地调整宣传推广内容、方式和渠道。最后是注重区域均衡,在21世纪海上丝绸之路沿线地区国家之外,还要加大针对日韩、新加坡和西欧等国家的宣传推广力度,提高广州在这些地区的城市知名度。

二、遵循传播规律,提高对外传播的有效性

首先,要加大对在国内居住的在穗外国人的传播力度。本次调查表明,"人际传播"是在穗外国人获取广州相关信息的最主要渠道,这就意味着在穗外国人的经历和印象对广州的认知将成为他们本国人士获知广州信息的重要来源和参考,在广州城市形象的对外传播中承担着二级传播的"意见领袖"角色。由于他们身处广州或国内其他城市,接触本地媒体的机会较多,特别是来穗次数较多的人群和在穗长期居住的人群,使用中国媒体的比例较高,相对容易接受中国媒体的影响。因此,重视在广州居住的在穗外国人在对外传播中的作用,借助他们进行城市形象传播,不仅能间接影响更多的境外受众,而且相对于直接开展针对国外受众的境外宣传推广,更具有针对性和成效性。

其次,加强网络媒体的传播作用。调查结果显示,在穗外国人获取资讯时使用最多的媒体是互联网,融合了大众传播单向和人际传播双向信息

传播特征的网络传播已经快速发展成为当前最主要的资讯传播方式。广州城市形象对外传播工作中需要重视网络传播的作用,加大网络传播力度,发挥其信息多元化、表现形式立体化和传播互动化的优势,充实网络宣传推广内容,丰富文字、图画和视频等网络宣传推广形式,构建包括新闻门户网站、信息发布和交流论坛、微博、博客和社交网站等立体网络宣传推广格局,充分释放网络搜索和分享的能量,使网络传播成为广州城市对外传播的重要窗口。同时,也要针对网络传播速度快、监管难度大等特点,加强对负面和虚假信息的排查和处理,维护网络传播中的广州城市形象。

此外,要强化英语媒体的传播作用。调查显示,有较多人使用广州电视台英语频道、广州政府网站外文版和 www.gzstuff.com 网站等来获取和传播信息,由此可见,各类英语媒体是外国受众获取资讯的重要渠道,受访者也表示最关注"语言交流"问题以及需要更多的外语支持。然而,有超过四分之一的受访者表示"不知道这些信息资源",表明在对外传播中不仅要加大英语媒体中有关城市形象的信息投放,还需要加大对这些英语媒体的宣传推广力度,提高熟悉度和使用率,才能切实发挥英语媒体对城市形象的宣传推广作用。除了现有的英语媒体,还应扩大英语及其他主要外语的应用范围和频率,例如,部分中文电视节目可加入英文字幕,在出租车的视频播放终端投放英文宣传推广信息,以及在公交系统和旅游景点、购物中心等公共场所、政务机构等加大主要外语指南和服务力度。

三、面向需求重视受众差异,提高对外传播工作的针对性

对外传播首先要丰富信息资讯服务内容。在穗外国人最关心、最需要的是在广州居住和生活所需的衣食住行等基本方面的问题,而实际生活中却经常难以获得相关信息。以政府网站为例,国际上许多知名城市的政府网站,除了发布政务信息以外,还提供内容丰富的有关城市生活的各类资讯,为国外到访者提供信息便利。广州政府网站外文版作为在穗外国人了解广州的首要途径之一,相比许多国际城市的政府网站,存在信息发布力

度不大、应用时效性较差和网站建设水平不高等诸多问题,其中"信息资源不丰富"尤其受到诟病。因此,对外传播工作的一项重要任务就是要针对外国受众需求,丰富和系统化信息资讯服务内容,加大在各类媒体中的宣传推广和服务信息投放量,发挥媒体的城市形象宣传推广作用。

加强对外传播还需要根据受众调整信息服务重点。国籍、年龄、职业、来穗频次和居留时间的不同,导致不同受众对广州城市形象认知和信息需求的呈现较大差异。对外传播工作中应采取差异化的宣传推广策略,针对不同受众群体调整信息服务重点,通过提供多元化、定制化的信息资讯服务,予宣传推广于服务之中,实现城市形象的"软宣传推广"。根据来穗目的和职业的不同,针对来穗工作人士,着重提供相关政策法规解析、就业培训以及医疗卫生等方面的信息;针对商务人士,着重提供经济发展、基础设施、交通环境、企业信息、商务机会以及投资、经商方面的各类法规和优惠政策信息;针对旅游人士,着重推介广州的名胜古迹、旅游风貌、特色美食、购物场所、宾馆酒店、娱乐场所等信息;针对求学人士,着重介绍广州的教育机构、知名学者、科研机构、科研成果等相关信息。根据国籍的不同,对发达国家受众重点推介广州的历史文化、风土人情和旅游参观信息,对发展中国家受众则重点宣传推广广州的经贸发展、商务信息等。根据年龄的差别,针对青年人与广州本地居民沟通交流意愿更强烈的特点,通过"互动式"活动以及网络信息交流,加深这一群体对广州的了解与认识;针对老年人对文化艺术更感兴趣的特点,通过旅游参观等活动加深印象和扩展认知。

四、整合传播资源,推动对外传播创新发展

城市形象的传播是多元主体合力完成的,因此,首先需要整合传播主体。多元传播主体在统一的目标和理念下,各司其职、相互配合,协调一致发挥作用,是实现整合传播的基础。就当前而言,外宣部门是广州城市形象对外传播的主体,在实际工作中,要及时与政府其他部门沟通协调,

把城市形象的对外传播纳入城市规划、建设、管理的内容，各个部门在对外传播和推介城市时，对城市形象实行统一的传播；成立由城市规划设计、建设、管理、新闻宣传推广等部门组成的专门的城市形象对外传播工作组，统一规划部署城市形象传播，分配、指导、协调各相关部门以及社会团体、个人的具体传播行为与相关活动。

在传播主体之外也需要整合传播内容，细分传播对象。城市形象传播实质上是将城市内涵提炼后形成独特的形象，将传播作为一种沟通手段，将形象中蕴含的核心价值表达出来并为受众所认知和接受。在城市形象对外传播中，必须要对城市形象资源进行整合、提炼，围绕城市定位系统地进行城市形象传播，所传播的内容能让人清晰地感受到城市的特点，培养对城市的好感，增强城市吸引力。经过多年的发展，广州已发展成"国际商贸中心""宜居花城""美食天堂""世界文化名城""世界旅游目的地""现代化国际大都市"等细分形象。在对外传播中，要根据传播对象的不同，适当调整传播内容，实行差异性宣传推广，开展有针对性的对外传播。例如针对青少年，要突出"教育资源""现代化大都市""美食天堂"等宣传推广主题与内容；针对商务人士要突出"国际商贸中心"等内容；针对发达国家的受众和旅游爱好者要突出"宜居花城""世界旅游目的地"等内容；针对中老年人群要突出"宜居花城""美食天堂"等主题内容。

传播方式与传播工具是传播资源整合的另一个重要方面。城市形象的信息是通过多种渠道进行传播的，大众媒体、网络传播、人际传播和重大事件等都是城市形象传播的方式与工具。在整合传播过程中，应当充分运用城市现有的报纸、广播、电视节目、文学作品和网络等媒介以及重大的体育赛事、外事活动等事件统一传播口径，向国内外受众全方位传递城市的理念，以求最充分地发挥媒介整合传播的效应。要重视大众传媒的作用，使理念、风格相统一的城市形象信息反复刺激公众的视觉和听觉，不断加深公众对城市形象的心理体验，对城市形成整体上的、个性鲜明的印象和评价。同时，还应重视各种传播方式与传播工具之间的互动互补，以达到良好的传播效果。

第八章

21世纪海上丝绸之路建设与广州城市外交

城市外交的目标和功能在于集聚国际发展资源，创设良好的国际发展环境，服务国家总体外交政策、城市经济社会发展和人民群众的对外交往需求。随着全球化和信息化浪潮的纵深发展，城市的对外交往主体地位不断上升，拓展和深化城市外交成为城市集聚国际发展资源促进开放合作、深度参与国际事务增强话语权和影响力的主要手段。从广州城市外交实践来看，对外交往历史悠久、资源丰富，与国内其他城市相比具有较强优势；尤其是过去一段时期，以强化综合性门户功能为目标，大力推进国家对外交往中心建设，国际交往功能不断增强，现代化国际大都市建设成绩斐然。

习近平总书记在中国国际友好大会暨中国人民对外友好协会成立60周年纪念活动的讲话中指出，要更好地推进城市外交，大力开展中国国际友好城市工作，促进中外地方政府交流，推动实现资源共享、优势互补、合作共赢。[①] 在当前"一带一路"倡议进入务实合作阶段的新时期，广州作为对外开放前沿和对外交往枢纽，迎来了城市外交加快发展的良好契机。随着21世纪海上丝绸之路建设的全面铺开，广州与沿线国家和地区的经贸、社会和人文交流合作将更加紧密，对城市外交服务发展的要求也将不断扩大提高。踏入"十三五"新的发展阶段，广州进入深化对外开放、加快转型升级的攻坚时期，建设21世纪海上丝绸之路、建设重要枢纽城市的发力时期，以及实施创新驱动、不断增强城市国际竞争力和影响力的赶超时期。充分利用和发挥广州的比较优势，拓展和深化城市外交，进一步提升城市国际影响力，既是建设国家中心城市、强化对外交往功能的重要内容和实现经济转型升级、深化开放合作的迫切要求，也是广州助推21世纪海上丝绸之路建设的战略需求和建设国际化大都市、提升在全球城市坐标体系中地位的有力途径。

---

① 习近平：《在中国国际友好大会暨中国人民对外友好协会成立60周年纪念活动上的讲话》，载《人民日报》2014年5月16日。

第八章 21世纪海上丝绸之路建设与广州城市外交

第一节 城市外交理论探讨

一、城市外交的概念与内涵

在城市化和全球化浪潮的推动下,城市作为主要的次国家行为体在国际关系舞台上日渐活跃,城市外交随之兴起,成为全球化进程中地方和全球链接的重要纽带。① "城市外交"的概念最早出现于"全球本土化论坛"在2003年发布的关于"地方国际化"的报告,此后多次被诸如世界城市和地方政府联合组织(UCLG)等国际组织采纳引用。② 2007年,荷兰学者简·梅利森和罗吉尔·普拉伊吉姆对城市外交进行了定义,认为"城市外交是城市或地方政府为了代表城市或地区和代表该地区的利益,在国际政治舞台上发展与其他行为体的关系的制度和过程",③ 这一界定认为城市外交活动领域涵盖了安全、发展、经济、文化等领域,得到了国外学界的广泛接受。国内学者则更倾向于认为城市外交是国家总体外交的组成部分,2008年中国人民友好协会会长陈昊苏在中国国际友好城市大会开幕式上指出,城市外交在国家总体外交中占有重要位置,是一种半官方外交,相对于纯民间外交而言带有官方色彩,而相对于由中央政府推行的官方外交,又带有接近民间的非官方色彩;具有配合总体外交、参与全

---

① 陈维:《中日韩城市外交——动力、模式与前景》,载《国际展望》2016年第1期。
② 赵可金、陈维:《城市外交:探寻全球都市的外交角色》,载《外交评论》2013年第6期。
③ Rogier van der Pluijm, Jan Melissen. City Diplomacy: The Expanding Role of Cities in International Relations, Netherland Institute of International Relations, 2007.

球治理、促进地方发展的重要作用。① 赵可金、陈维在回溯城市外交发展历程的基础上,提出"城市外交是在中央政府的授权和指导下,某一具有合法身份和代表能力的城市当局及其附属机构,为执行一国对外政策和谋求城市安全、繁荣和价值等利益,与其他国家的官方和非官方机构围绕非主权事务所开展的制度化的沟通活动"②。总而言之,城市外交是一种正在发展、形式逐步完备的特殊的外交形态,具有"城市"和"外交"的双重特点,既是国家总体外交的重要组成部分,又具有民间含义,反映出城市国际交往活动主体多样和内容多样的特点。③ 从我国城市外交的发展实践来看,城市外交具有以下特征与内涵。

(1) 城市外交与国家总体外交之间具有统一性。从追求目标上来看,两者都致力于开拓更宽阔的国际发展空间,促进积极融入国际网络,相辅相成,具有一致性。一方面,国家总体外交为城市的国际生存发展空间提供了必要的条件,城市外交要服务于总体外交;另一方面,城市外交具有地域文化特征、经济驱动性、多元化与灵活性等国家总体外交无法发挥的优势,是对国家总体外交的有益补充。

(2) 城市外交与国家外交具有不同的内容特征。中央政府在政治、国家安全、军事等"高级政治"领域占据支配地位具有主导权;地方政府逐渐承接中央下方的更多权利,在经济、贸易、文化、教育、环境等"低级政治"领域自主开展对外交往。城市外交所处理的事务强调非主权性,在涉及主权性事务上必须获得中央政府的许可,不能逾越主权红线。

(3) 城市外交是城市自我发展的重要方法和策略。在捍卫国家利益、执行国家整体外交政策等传统外交功能之外,城市外交代表城市在国际政

---

① 陈昊苏:《在中国国际友好城市大会开幕式上的讲话》,http://www.cifca. org. cn/Web/csdh/List. aspx? id = 72,2008 年 11 月 8 日。

② 赵可金、陈维:《城市外交:探寻全球都市的外交角色》,载《外交评论》2013 年第 6 期。

③ 熊炜、王婕:《城市外交:理论争辩与实践特点》,载《公共外交季刊》2013 年春季号。

治舞台上参与和开展活动,担负着寻求多样化的国际利益、拓展城市发展国际空间、提升城市国际影响力等服务地方发展的职责,其追求的个别利益不必然与国家利益相一致,可以与中央外交保持合作共赢。①

(4)城市外交具有开拓性与灵活性。与国家外交相比,城市外交活动主要集中在经济贸易、文化体育、医疗卫生、社会管理、环境保护等领域,议题不涉及主权性问题,目标更加具体和聚焦,任务更具多样性,能够采取更灵活的形式开展工作,具有的半官方色彩往往能在总体外交统一部署下以官民并重的形式在新领域或敏感问题上有所开拓。②

二、城市外交的表现形式

当前,城市外交的表现形式主要有双边、多边和多形等形式。

双边城市外交的主要表现是国际友好城市。国际友好城市指两国城市之间,经由所在国中央政府授权的专门管理机构或由国际议会、地方议会批准建立的双边友好合作关系。友好城市起源于第一次世界大战后的西欧国家,目的在于通过城市民间交往的形式增进两国人民友谊、推动国家关系和睦。"二战"后这一地方政府间的交往形式逐渐扩散到欧洲和世界各地,成为不同国家城市之间开展交流、加强合作的桥梁纽带。

多边城市外交兴起于20世纪90年代。在经济全球化的带动下,国际组织作为国际事务的管理者、组织协调者和国际资源的分配者,在全球事务中的地位和作用日益增强。③ 随着国际组织,尤其是多边城市组织的兴起,基于国际组织平台上的城市多边外交逐渐发展成为一种独立的外交形态。这类国际组织往往具有严密的组织体系,通过召开会员大会、专业论

---

① 陈志敏:《次国家政府与对外事务》,中国长征出版社2001年版。
② 熊炜、王婕:《城市外交:理论争辩与实践特点》,载《公共外交季刊》2013年春季号。
③ 姚宜:《国际组织对提升城市国际影响力的作用——以广州为例》,载《改革与开放》2015年9月。

坛、技术援助、教育培训等方式，为城市发展提供支持和服务，同时积极建立世界性的游说网络，在国际政治舞台上为城市争取利益空间；城市借国际组织平台，与成员城市开展多边互动交往和交流合作。成立于2004年的世界城市和地方政府联合组织（UCLG）是其中最具影响力的国际城市组织，2008年该组织举办了第一届城市外交国际学术研讨会，首次明确了城市外交的概念和内涵，外交不再被视为中央政府垄断的领域，城市和地方政府也可以运用外交在国际社会中争取特定利益。[①]

多形城市外交指代表国家与官方的城市外交代表者与非官方行为体之间的互动。[②] 从我国城市开展城市外交实践来看，政府指导下的跨国民间友好交往即是多形城市外交的主要体现，是具有中国特色的城市外交表现形式。周恩来总理曾经指出，中国的外交是官方的、半官方的和民间的三者结合起来的外交；中国城市外交因此也具有综合性、全面性，集官方外交、民间外交、公共外交于一体，内涵丰富，形式多样，亦官亦民，方法灵活。

第二节　广州城市外交发展实践

多年来，广州城市外交一方面配合国家总体外交和重大发展战略，一方面服务城市发展与对外开放具体需求，不断扩大交往领域和渠道、丰富交往内容与形式，逐渐形成了面向世界的全方位、宽领域、多层次的对外交往格局。

---

① 赵可金、陈维：《城市外交：探寻全球都市的外交角色》，载《外交评论》2013年第6期。

② 熊炜、王婕：《城市外交：理论争辩与实践特点》，载《公共外交季刊》2013年春季号。

一、友好城市双边交往

友好城市是城市外交的重要资源，是城市开放合作、引资引技引智的重要平台，是增进城市间友好、拓展公共外交和人文交流的重要媒介，缔结友好城市促进双边交流合作已成为城市构建对外交往网络的主要途径。广州自1979年与日本福冈市结为友好城市以来，以服务国家总体外交、服务全市经济社会发展需求为目标，积极发展国际友城关系，促进友城务实合作，友城网络不断升级，尤其是近5年来，友城数量呈现飞跃式增长，到2017年缔结友好城市数量达到38个，友好合作交流城市27个，总量位居全国城市第三位；友好城市布局持续优化，友好城市遍布全球，建立了规模适中、布局合理的全球友城网络，形成了友好城市—友好合作交流城市—友好城区—友好单位"四位一体"的友城立体交往格局。[①]

友好城市作为广州城市外交的主阵地，在广州经济、社会和文化等各领域的对外开放与交流合作中发挥着重要作用。依托友城网络，广州与国外知名城市之间实现了较为频繁的高层互访，城市领导层和决策者开展直接会谈决策，推动城际互惠合作和友好交流；各级部门对外合作互动积极，招商引资、招才引智工作成效明显，经贸投资、科技教育、文化体育、旅游、医疗卫生、人才培训、城市建设和社会管理服务等友城间合作领域不断拓宽；各类国有、民营企业借助友城渠道，开拓国际市场、开展对外投资合作，加快"走出去"步伐；科教文卫各类机构、社团组织和城市居民之间的友好往来日益活跃，友好城市作为城市外交的"长效资源"作用不断凸显。

---

① 广州市外事办公室网站，http://www.gzfao.gov.cn/Item/2485.aspx。

二、国际组织多边交往

国际组织是当今国际社会舞台上的一支重要力量,积极参与国际组织活动,增强在具有全球影响力的国际组织中的话语权,是城市提升自身国际地位和影响力的有效途径。广州一直以来积极参与国际组织活动,依托国际组织开拓城市多边交往,扩大对外交往空间和辐射半径,1993年加入世界大都市协会,1996年成为董事会员城市,是中国最早加入该协会并成为董事会员的城市,2004年以创始会员身份加入世界城市和地方政府联合组织(UCLG)。以上两个国际组织均具有广泛国际影响,尤其UCLG,具有1000多个城市会员和112个全国性地方政府协会会员,是目前世界上最大的城市和地方政府组织,被誉为"地方政府联合国",是开展城市外交和合作最有影响力的国际舞台。随着对国际城市事务参与的不断深化,广州在这两个国际组织中的地位日益增强,2007年开始连续3次代表亚太地区城市成功竞选连任UCLG联合主席,2014年正式成为世界大都会协会亚太地区总部所在地并当选首任联合主席,负责统筹64个亚太城市的国际交往合作。

广州作为首个中国城市进入具有世界影响力的国际组织的核心决策层,标志着广州不断增强的对外交往能力获得了国际社会的高度认可。在此基础上,广州依托国际组织创设了"广州国际城市创新奖"这一在全球城市中具有影响的城市交流合作平台,在城市多边交往领域逐渐形成了"国际领导(城地组织联合主席+世界大都市协会联合主席)—国际智库(广州国际城市创新奖)—国际会议(广州国际城市创新大会)—理论研究(广州国际城市创新研究会)—专业平台(城地组织城市创新专业委员会)—区域中心(世界大都市协会亚太地区联络办公室)"的多位一体、主题鲜明、相互关联支撑的体系创新,① 不仅带动广州城市外交进入

---

① 广州市外办多边合作工作组:《创新转型发展之路——广州城市多边外交实践的机遇与挑战》,载《广州城市国际化发展报告》,社会科学文献出版社2015年版。

新的发展阶段,也对中国城市的对外交往实践起到了极大的示范带动作用。

三、跨国民间友好交往

跨国民间友好交往是以扩大民间友好往来、增进相互理解进而夯实城市合作共赢基础为目标,在政府指导下的,以非官方机构和市民群众为参与主体和受众的对外交往活动。长期以来,民间友好交往是我国城市外交的一大特色,随着城市外交主体性的不断上升,城市间的民间交往的国际舞台空间日益扩大。广州是我国对外开放的前沿和窗口,也是我国最早开展民间友好交往的城市之一,同时具有丰富的海外华侨华人资源。一直以来,广州依托对外开放优势和海外资源积极开展民间友好交往,工会组织、青年组织、妇女组织等社会团体、民间组织和个人交流互访活跃。随着对外交往的持续深化,民间友好交流交往范围由最早的港澳台、东南亚地区逐渐扩大到欧美乃至非洲、南美等地,交流对象从海外华侨华人向非华人社会和当地受众扩展,交流主题和形式日益丰富多样,逐渐形成了系统化、机制化的交流模式,并发展出"相约广州""友城之旅""中外友好运动会"等一批知名民间交往品牌活动。

随着民间对外交往的蓬勃发展及其在整体对外交往中作用的日益增强,民间对外交往在"民间性"之外表现出越来越强的"外交性",即在促进人民之间的相互了解和友谊互信之外,还担负着营造和推广城市国际形象的公共外交功能以及增强文化影响力、提升城市软实力的人文交流功能。近年来,广州大力实施"文化精品"对外交往战略,以展现城市文化魅力、扩大岭南文化对外传播为重点,组织开展民间对外交往交流,文艺展演、体育赛事、学术交流等活动,其中在国外城市举办的"广州文化周"活动已成为当地民众增进对广州文化和城市形象了解与认识的有力途径。此外,还利用举办大型国际活动契机,深化民间交往交流,例如将 2010 年亚运会办成"一场人民外交的盛会",不仅成功向国际社会展

现了城市经济社会建设成就,而且通过亚运信使团、志愿家庭、社区参观、传统文化展演等民间交流活动以及高质量的志愿者服务,增强了中外人民之间的相互了解,塑造了和谐、包容、友好的城市形象,促进了广州的城市美誉度和知名度在亚运会后的大幅提升。

第三节 21世纪海上丝绸之路建设的机遇与挑战

一、21世纪海上丝绸之路建设带来的发展机遇

广州是最早实行改革开放政策的城市之一,作为21世纪海上丝绸之路建设的重要枢纽城市,对外交往政策优势明显。20世纪50年代开始,广州持续独家举办中国进出口商品交易会("广交会"),中国对外开放窗口的地位突出;2010年,广州被赋予国家中心城市地位,承担着打造国际商贸中心、世界文化名城的建设任务;2013年开始实施旨在扩大对外交往、加速城市国际化的72小时过境免签政策;2015年南沙自贸实验区挂牌,为广州在"一带一路"建设的新时期展开新一轮对外开放打造了重大平台。一系列优惠政策的实施将有力助推广州的辐射和集散功能不断增强,引领力和影响力持续提升,为深化对外交往提供强大的政策保障。

广州是国家中心城市、华南经济圈和中国—东南亚区域的中心,是南中国最重要的海陆空交通枢纽,对内辐射华南以及西南、中南部分地区,对外在中国与东盟、环印度洋南亚地区以及西亚、非洲的经济文化往来中扮演关键角色,同时与欧美国家的往来活跃、合作积极。借助21世纪海上丝绸之路建设契机,广州要建成国际航运枢纽、国际航空枢纽和国际创新枢纽,形成21世纪海上丝绸之路建设的重要枢纽城市,枢纽建设将形成带动城市发展的新动力源和增长极,广州的对外连接能力将进一步提升,在国家经济社会发展和对外交往格局中承担更重要功能。深化对外交

往,广州拥有其他城市不可比拟的地缘优势和发展空间。

广州城市外交历史悠久、交往活跃,改革开放前沿和国家中心城市地位为广州集聚了丰富的国际交往资源。首先是国际友好城市资源,截至2017年,广州已缔结38个友好城市、27个友好交流合作城市,数量上在全国城市中仅次于北京、上海,分布上在世界七大洲和重要地区均建有友城关系,遍布全球的友好城市网络为广州进一步深化和拓展对外交往夯实了基础。其次是国际组织资源,广州与世界知名的城市国际组织联系密切、合作频繁,例如广州连续3次当选世界城市和地方政府联合组织(UCLG)联合主席并借此平台发起创立了"广州奖",2014年10月成为世界大都市协会联合主席城市和亚太区联络办公室所在地;与联合国人居署、教科文组织、C40城市气候领袖群等具有重要影响的国际组织建立了良好的沟通机制等。国际组织多边交往发展态势良好,广州在国际组织中的核心地位和话语权不断上升,为对外交往的纵深发展提供了具有突出效应的合作平台。再次是驻穗领馆资源,目前已有多达61个国家在广州设立领馆,设领馆数量多,仅次于上海,远远领先于其他国家中心城市;设领馆规格高,全部为总领馆。领馆掌握汇聚了丰富的企业、资金、科技、人才等信息和资源,作为广州对外交流合作的桥梁作用日益明显。随着21世纪海上丝绸之路建设的日益深化,沿线国家在广州开设领馆数量递增,与广州友城结好的数量持续上升,借助国际组织平台与亚太地区城市交流日益加强,未来开发利用各类资源助力对外交往前景良好。

华侨华人在21世纪海上丝绸之路建设中具有独特的优势和潜力。广州是全国著名的侨乡,是全国华侨人数最多的大城市。目前,海外华侨华人数量近两百万人,遍布全球各个国家和地区。[①] 改革开放以来,华侨华人作为广州城市外交的媒介和桥梁,发挥了重要作用;其在所在国拥有广泛社会关系、政治经济和信息人才资源等,为广州促进对外交往提供了宝

---

① 《广州华人华侨概况》,广东华侨史信息网,http://www.gdhqs.com/qxgk/2951.jhtml。

贵资源。在广泛的人脉关系之外，基于共同的语言文化形成的粤语文化圈是广州特有的人文优势和深化对外交往的另一个有利条件。

二、21世纪海上丝绸之路建设中面对的挑战

在经济进入新常态下转型发展、深化开放的发展阶段，面对复杂的国际政治经济局势和激烈的国内外城市竞争，提升广州珠三角世界级城市群核心城市地位、建设21世纪海上丝绸之路建设战略枢纽的发展目标为广州城市外交工作提出了更高要求。在错综复杂的国际政治经济发展格局下，广州深化发展城市外交面对一系列的问题和挑战。

广州城市外交资源具有比较优势，但资源开发利用不足，对于助推21世纪海上丝绸之路和广州国际化大都市建设实效有待进一步提升。广州长期的对外交往实践集聚了丰富城市外交资源，但对资源的开发利用尚不深入完全，有待进一步加强。友好城市数量众多，但交往频繁、合作产生实效的仍不够多，部分友城关系长期处于"休眠"状态，造成资源浪费；目前对国际组织的开发利用仍以UCLG、世界大都市协会等倡议型组织为主，与掌握行业标准、具有强大资源配置功能的国际组织还未形成实质性合作，还需要进一步拓宽国际组织交往范围；驻穗领馆数量多，但对其掌握各类资源和桥梁中介功能的利用尚处于初级阶段，未形成资源整合、统筹开发的整体格局。

近年来，广州城市外交取得一定成效，但对外交往的深度和广度仍需进一步拓展。城市外交的目标在于为城市发展集聚国际资源，创设良好的外部环境促成合作搭建交流平台，为城市经济社会发展带来实质性促进作用，塑造城市国际形象提升影响力，其实现程度与交往的深度与广度成正比。广州城市外交虽然在多方面均有一定创新，但从以上四个维度进行考察，可发现目前工作的实际效果与广州拥有的交往资源优势不相匹配，尤其是与21世纪海上丝绸之路沿线城市外交长效合作机制和平台为数不多，具有重大效益或影响力的合作项目有待实现。

从目前广州城市外交实际情况来看,形式众多但创新不足,内容上仍以经贸投资和以增进友谊为目的的友好往来为主,形式上多为各界互访、文艺演出、展览等,交往对象仍主要针对海外华人社会。以上传统交流交往形式在当前信息社会、创新时代的发展背景下显得滞后、脱节,其交往效果也逐渐减弱,例如,海外文艺巡演传统粤剧的受众越来越少,对新一代海外华侨华人的吸引力不断下降,故其岭南文化传播和输出作用需要根据时代发展进行调整;在友城举办的广州图片展仍多采用看板展览形式,在注重参与式体验的互联网和自媒体时代,此类传统的单向性传播方式对受众的吸引力大大下降。

城市外交是一个综合性概念,既涵盖政府间的高层交往与部门合作、以社会和民间为主体的民间交往,也包括政府主导下发动民间和社会力量开展的公共外交和人文交往等,是一项多主体、多维度的系统工程。目前,广州城市外交多采用政府主导下以行政手段为主开展的模式,民间外交企业、民间团体和个人等社会力量薄弱、参与度不深、积极性不足,多层次、多元化对外交往机制有待建立。

第四节 广州深化发展城市外交的思路与对策

在21世纪海上丝绸之路建设主旋律和深化开放合作的要求下,未来一段时期将是目光向外、利用战略机遇拓展对外辐射力和影响力的良好时期,城市外交作为城市集聚国际发展资源、参与国际事务增强话语权和影响力的重要手段,在广州未来发展总规划中占有重要的位置。与国内其他城市相比,广州具有强大的城市外交比较优势,有条件、有能力取得对外交往新突破,创出新成绩。未来一段时期,广州城市外交应以集聚发展资源、优化发展环境、提升城市国际形象、增强国际影响力为目标开展以下工作。

一、构建"外事+"理念下的城市外交工作格局

"外事+"的理念来源于"互联网+"概念。"互联网+"是互联网思维的进一步实践成果,代表信息化时代的先进生产力,是创新驱动发展的重要力量。在"互联网+"这一新的社会形态下,互联网在社会资源配置中的优化与集成作用得到充分发挥,互联网的创新成果深度融合于经济社会各领域中,进而提升全社会的创新力和生产力。实践表明,"互联网+"已经影响和改造了包括金融、地产、文化在内的多个行业。

2015年7月4日,国务院印发《关于积极推进"互联网+"行动的指导意见》,将"互联网+"上升为国家战略。在新时期面对新任务、新挑战,广州外事部门作为对外交往的开拓者和承担者,也需要以战略的高度和创新的思维科学谋划发展,借鉴"互联网+"在资源配置和成果创新中的功能与作用,以"外事+"的发展理念,发挥外事工作在广州城市外交资源中的集成、优化和配置作用,推动外事与全市涉外部门业务的深度融合,构建开放型、协同型、创新型的大外事工作格局。具体来说,就是要将城市外交工作与开放型经济发展和创新社会建设紧密联系,与全市各涉外领域和部门工作有机结合,切实发挥对外交往在各项涉外工作中的"前哨塔"作用。外事部门要进一步转变思维、创新工作模式,深入挖掘、综合利用广州城市外交优势资源,与商务委、科创委、文广新局、体育局以及外宣办等涉外部门以及台办、侨办等紧密配合,将外事部门的信息、渠道、平台等优势转化为各领域工作的资源和动能,以"外事"作为桥梁、媒介和推动,促进广州城市外交工作实现跨部门、跨领域的连接、融合和创新发展。

二、以"最先一公里"理念推动工作重心前移

"最后一公里"是公共服务和社会治理领域常用的概念,指在城市建

设管理服务等公共政策落实过程中,重视末端、重视衔接、重视联系和服务群众。与之相对,"最先一公里"则是要勇于破题,面对错综复杂的问题与挑战,从与发展最密切相关的问题入手勇敢迈出第一步,实现破局效应。2015年2月,习近平总书记在中央全面深化改革领导小组第十次会议上指出要跑出改革"最先一公里",即要打破万事开头难的规律,善于破局,抓住重点解决矛盾和难题。"最先一公里"的提出,既是改革攻坚战的指导思想,也为地方外交工作指明了发展的方向与目标。

在各地城市外交实践中,昆明已率先提出要做好"前面一公里",并将其作为指导思想融入外事工作规划中。从广州城市外交和城市发展需求来看,外事部门是全市对外开放合作的最前哨,是建设国际化大都市的第一线,做好"最先一公里"工作就是要牢固树立主动服务全市经济社会发展的理念,工作重心前移,以重点合作目标为对象深插触角,勇于探索、主动出击,发挥城市外交的探路者、对外合作的先遣队、海外利益的维护者的特色功能,集聚资源、拓展渠道、构建平台,为全市各领域"走出去"牵线搭桥、保驾护航。

三、实施"三驾马车"资源整合开发战略

各城市外交实践经验表明,友好城市、领馆资源是扩大开放、深化合作和提升城市国际化发展水平的有效途径,各地都高度重视并加大力度进行城市外交资源的开发利用。与其他省市相比,广州的友城、领馆资源具有极强的比较优势,更具有国际组织多边交往的独特创新,在开发利用城市外交资源上占有先发优势并积累了丰富实践经验。在当前新常态下的战略机遇期,广州城市外交整体工作需要进一步解放思想、转变观念、提高认识,提高对开发利用资源的认识与力度,实施友好城市双边外交网络、国际组织多边交往平台、驻穗领馆多元互动资源"三驾马车"整合开发、协同利用的发展战略,创建对外交往资源"1+1+1>3"的城市外交新局面。

构建21世纪海上丝绸之路友好合作网络,充分发挥国际友好城市在对外交往中的桥梁作用,进一步优化友城布局,增加结好的针对性,分层次、分类别、分特点地稳步发展友城关系。发挥友好城市"国际合作长效资源"作用,加大对东盟、西亚、北非和拉美地区国家重要城市的结好力度,将发展友城关系与构建国际港口城市联盟等工作紧密结合,构建21世纪海上丝绸之路友好合作网络,为广州发挥"排头兵"作用创设良好的国际环境。

以国际组织为依托,深化"两个办公室"作用,开发"世界城市和地方政府组织(UCLG)联合主席办公室"和"世界大都市协会亚太地区办公室"功能,积极开展和深化城市多边交往,增强广州在国际组织中的领导力和话语权,不断拓展国际活动空间;借助国际组织会员与合作伙伴网络,强化广州的国际区域中心城市辐射作用;做好做强"广州奖",以世界城市和地方政府组织城市创新专业委员会为平台,持续提升广州在全球城市创新中的引领作用;加强与具有重要影响力的国际组织的沟通合作。

增强开发利用驻穗领馆资源的主动性和积极性,以互惠共赢为目标,充分发挥驻穗领馆的桥梁中介作用和资源规格高、渠道广、联系多、成效好的优势,积极推进与驻穗领馆互动合作,强化牵桥搭线和联络协调功能,将合作延伸至领馆派遣国,深挖资源、扩展合作。结合广州经济社会发展目标及21世纪海上丝绸之路建设战略需求,采取分类开发、分层合作策略,加大与重点合作区域国家领馆的互动合作力度,在经贸商务、人文交流、科技创新、社会管理等领域,着力谋划一批重大合作项目,打造一批常态化的互动合作平台,组织一批具有重大影响的交流活动,促进外事资源"三驾马车"并驾齐驱,为城市外交创新发展增添新动力。

四、开拓思维创新城市外交合作模式

在服务国家外交方针大略的基础上,争取来自中央层面的更多支持,

利用各类合作机制、合作平台等国家资源更好地发展自己。例如，紧跟国家外交节奏，紧贴国家领导人的出访路线开展城市高层交往，形成"国家—城市国际合作之路"的出访模式，借助国家间合作的"东风"促成城市间高水平、高质量的合作和交流项目。

拓展思维，在友好城市"三城联盟""四城联盟"的基础上，借鉴"中俄两河流域合作机制"的理念与做法，依托广州在珠三角地区的中心地位和珠江流域沿岸城市"领头羊"地位，探索与欧洲莱茵河等河流流域沿岸城市建立城市联盟的合作模式，走出友城关系、国际组织平台、毗邻地区之外的一条城市间合作新路子。

参与竞办或积极发起，吸引具有全球影响力的国际组织、高端国际会议落户，尤其要借助21世纪海上丝绸之路建设的大好契机，以助推广州"三大战略枢纽"和"三中心一体系"建设为目标，发起和创建国际组织或高端国际论坛并将总部设在广州。

加快公共外交增强城市"巧实力"，践行人文外交、文化外交，打好广州"侨资源""粤语文化圈""世界文化名城"特色品牌，借鉴深圳、福建等省市经验，设立广州国际文化交流基金，面向友好城市、友好组织、21世纪海上丝绸之路沿线国家和地区等设立国际奖学金，借助来穗访学培训人员，传播城市文化、塑造城市形象，培育对穗友好力量；整合公共外交资源，坚持政府外交与民间外交相结合、官方与非官方相补充，充分调动和发挥民众、媒体、企业和学术界在对外交往方面的力量与优势，形成公共外交合力；重视运用网络外交等新型外交手段和灾难治理、海外领保、海外援助等契机，增强信息时代的"广州声音"，塑造负责任、有担当的国际大都市形象。

五、注重宣传打造城市外交品牌活动

品牌是体现核心价值、凝聚竞争优势和打造认知度的一项重要的无形资产，城市外交工作也需要注重品牌建设，以品牌项目、品牌活动推动全

社会对城市外交的认知度和影响力。其他城市例如昆明建设友城博物馆、重庆打造友城青年音乐节等宣传平台和品牌活动的经验表明，面向全社会加大活动宣传、品牌推广、教育培训，是城市外交直接服务人民群众的重要体现，也是丰富城市外交主体和交往内涵的有效途径。要精心策划活动、加大宣传力度、实施品牌营销战略，在友城交往、领事保护、多边交往、民间交往、公共外交等领域打造一系列主题活动，例如在"谊园"的基础上升级扩大，打造以友城交往和民间友谊为主题的广州"友城公园"，外事惠民，使得广大市民成为城市外交的受益者和主人翁，激发市民参与城市外交的热情与积极性；与广州图书馆、广州大剧院等演展场馆合作，宣传打造广州城市外交品牌。

第九章

21世纪海上丝绸之路与广州举办国际高端会议

举办国际会议数量是城市对外交往频度的直接反映,是衡量城市国际化发展水平的重要指标。当前国际上对外交往最活跃、最具影响力的国际化大都市往往都举办大量国际会议。举办国际会议尤其是高端国际会议,对提高城市的国际知名度和影响力具有强大推动作用,日内瓦、布鲁塞尔等城市即由于其国际会议数量多、规格高而分别成为世界和欧洲会议之都,进而在全球城市体系坐标中占据重要位置。从国内先进城市的办会实践和经验来看,举办高端国际会议是提升城市知名度的重要因素,也是增强城市国际影响力的有效途径。

近年来,广州城市对外交往纵深发展,国际化发展水平持续提升,城市国际影响力不断扩大,然而在举办国际会议尤其是高端国际会议方面与其他先进城市相比较为薄弱,举办会议数量明显偏少。2014年,在广州举办的经国际大会及会议协会(ICCA)认证的国际会议仅有9场,仅列全球城市第240位,与巴黎(214场)、新加坡(142场)、北京(104场)、上海(73场)等城市差距明显,甚至落后于杭州(17场)、成都(15场)、南京(10场)等国内城市。① 会议产业规模小、影响力弱,尤其是缺乏高端国际会议,与广州当前国家中心城市的综合实力和区域性国际大都市的国际地位不相匹配,与广州建设21世纪海上丝绸之路重要枢纽和"三中心一体系"的目标不相适应。从基础条件来看,广州举办高端国际会议优势突出;从发展前景来看,举办高端国际会议有助于集聚高端资源服务发展,有助于加快国际航运中心、贸易中心、物流中心和现代金融服务中心建设,有助于增强城市国际影响力和话语权。因此,在国家中心城市建设进入跃升阶段的关键时期,要借助21世纪海上丝绸之路建设国家战略的良机,将举办高端国际会议作为未来一段时期深化对外交往、提升城市国际化水平、增强国际影响力和辐射力的重要抓手,充分发挥利用现有优势条件,完善会展管理机制措施,积极寻求合作机遇,争取高端国际会议落户和举办具有本土品牌的高端国际会议,打造助推广州经济社会建设的新动力和城市对外交往的新名牌。

---

① ICCA Statistic Report 2014. International Congress and Convention Association.

第九章 21世纪海上丝绸之路与广州举办国际高端会议

第一节 高端国际会议的内涵与意义

一、国际会议的概念与分类

国际会议泛指与会者来自代表不同的国家或地区的会议。目前，国际上对国际会议进行认定的权威组织主要有国际大会及会议协会（ICCA）和国际协会联合会（UIA）[①] 等。国内对国际会议的界定一般是指来自3个或3个以上国家或地区（不含港澳台地区）的代表参加，与会人数至少50人，外国与会人士至少占20%以上，会期1天以上，为解决互相关心的国际问题、协调彼此利益，按照一系列的原则和程序规则，在共同讨论的基础上寻求或采取共同行动（如通过决议、达成协议等）而举行的多边集会。根据主题内容、与会者范围、举办周期、议题的专业性和规格、是否形成决议等的不同，国际会议可分为18种类型。（见表9-1）

表9-1 国际会议类型一览

划分标准	会议类型
主题内容	国际政治会议、国际经济会议、国际学术会议
与会者范围	全球性会议、洲际性会议、区域性会议
举办周期	定期会议、非定期会议
议题专业性与规格	例行性会议、专题性会议、特别会议
是否形成决议	正式会议、非正式会议

[①] 国际大会及会议协会（International Congress & Convention Association，简称ICCA）对国际会议的评定标准为：（1）固定性会议；（2）至少3个国家轮流举行；（3）与会人数至少在50人以上。国际协会联合会（Union of International Associations，简称UIA）对国际会议的评定标准：（1）至少5个国家以上轮流举行；（2）与会人数在300人以上；（3）国外人士占与会总人数40%以上；（4）3天以上会期。

续表9-1

划分标准	会议类型
会议组织者	政府会议、协会会议、学术性会议、公司会议、专门组织策划的会议

根据主题内容可分为三类：国际政治会议。这类会议既是外交斗争的讲坛也是国际合作的舞台，一般内容较宽泛，各国共同关注的政治、外交、军事、社会等方面的重大问题都可以成为会议议题，出席会议代表规格较高、影响也较大。国际经济会议。这类会议讨论或解决有关世界经济问题、协调国际经济关系、促进经济合作，可由政府组织主办，也可由企业或民间组织主办。国际学术会议。这类会议围绕自然科学或人文社会科学研究领域中的特定话题而举行探讨和交流，会议主题明确，主要活动为报告、演讲、讨论，除了事务性安排外，一般不就讨论的议题做出具有约束力的决定或决策。

按与会者范围可分为全球性会议、洲际性会议、区域性会议等。全球性会议如"联合国大会""世界贸易组织成员大会""世界妇女大会"等，参加会议的对象来自世界各地；洲际性会议指世界上两个大洲若干国家之间举行的多边会议，如"欧亚论坛""中非合作论坛"等；区域性会议指同一洲或同一地区内的若干国家之间举行的多边会议，如"东北亚合作论坛"等。

按照举办周期划分，首先是定期会议。一般来说，国际会议周期以一年居多（年会），也有三年、两年不等，会期基本固定，如联合国大会开幕时间就定于每年9月。其次是非定期会议。周期和会期根据实际情况确定，有客观需要或条件成熟便举行，必要时也可以举行临时会议、紧急会议和特别会议。

按议题专业性与规格可分为例行性会议、专题性会议和特别会议三类。例行性会议指按照会议规则举行的、以例行性议题和议程为主的国际性会议，联合国大会的一般性辩论就属于例行性会议。专题性会议指在例行性会议之外，就某个专门性问题进行研究、讨论、决定的国际性会议，

世界人权大会以及世界妇女大会等国际会议都属于联合国有关机构召开的专题性会议。特别会议指会议议题特别重要、会议规格较高的国际会议，如联合国安理会为制止某些国家或地区的战争冲突曾举行过多次特别会议。

是否形成决议可分为正式会议和非正式会议两类。正式会议指与会各方为解决共同关心的问题并旨在形成具有法律效力的共同文件，依据事先约定的有关规则和程序而举行的会议；非正式会议一般是指以协商、交流、宣传为目的，不形成正式的决定或决议，或者无确定的议事规则。

从会议组织者角度划分，主要有五类：政府会议，即各国政府部门出于政治经济文化等原因而组织举办的各种类型和规模的大会、论坛、研讨会等，如 APEC 峰会即由各成员国政府组织；协会会议，由社会组织或国际组织通过会议交流、协商、解决行业问题，例如协会每年召开的年会、专业会议、研讨会、培训会等；学术性会议，指大学和学术研究机构等针对某一个话题组织的会议；公司会议，如销售会议、培训会议、奖励性旅游会议等；专门组织策划的会议，这类会议往往通过会议输出组织者的理念、思想、见解等。

二、国际会议对城市发展的带动作用

国际会议举办地是会议的一个重要组成部分，随着国际会议及会议产业的发展成熟，会议与举办城市之间的关系日益密切，国际会议对于城市经济、社会、文化的促进带动作用愈加明显。首先，举办国际会议有利于城市现代服务经济发展。会议产业作为与展览业、旅游业密切相关的新兴产业，是现代服务业的一个重要分支，其产业关联作用表现为产业结构发展沿着第一、第二、第三产业逐步递进的方向演进，其中又以提升第三产业比重的作用最为明显。会议产业中国际会议附加值高、带动力强，据 ICCA 统计，全球每年召开大约 16 万次会议，产值超过 2800 亿美元；有研究表明，参加国际会议和展览会者的消费能力是普通旅游度假者的 2～

3倍,① 举办国际会议能拉动交通、旅游、餐饮、住宿、商贸、保险、视听等相关产业的发展、增加就业机会,并通过乘数效应使之不断优化,从而提高城市社会经济的运行效率,带动城市服务经济的繁荣与发展。

举办国际会议有利于塑造传播城市国际化品牌形象。国际会议作为"城市的窗口"受到媒体的广泛关注和报道,是外界民众了解城市的最佳途径,也是打造和推广城市形象走向世界的主要手段之一。通过举办国际会议,城市能够增加国际媒体曝光度,进而提高国际知名度。许多城市通过主办一次大型国际盛会在世界民众心目中留下深刻印象甚至载入史册,例如北京奥运会、上海世博会等;还有很多城市作为国际会议的固定主办地与会议紧密地联为一体,甚至城市因会而兴,如博鳌亚洲论坛,使得一个海南小镇扬名世界。此外,举办国际会议也为举办地城市展示产业优势、风土人情、旅游资源、文化传统等提供了良机,对于城市形象塑造有着明显提升作用。

举办国际会议有利于优化城市服务设施功能。国际会议的举办必须依托城市良好的基础设施和完善的城市功能,如先进的会议设施、便捷的交通、优良的餐饮服务以及可供休闲旅游的自然风光和人文景观,尤其是高端国际会议更加需要具备优良基础条件,同时还要求举办城市具有优质的生活环境、浓郁的地方文化氛围、良好的城市治安管理等优点。举办国际会议有助于推动城市将城市规划与管理的视角上升到全球竞争层面,有助于城市基础设施功能、城市治理和公共服务能力的优化升级。

三、高端国际会议的特征

在种类繁多的各种国际会议之中,高端国际会议是国际会议发展的顶端形态,代表了全球国际会议的最高水平。目前国内外对"高端国际会

---

① 李芸:《扬州市旅游产品体系的开发研究》,载《扬州教育学院学报》2001年第4期。

议"的认定尚未有公认的统一标准,但从其发展来看,高端国际会议具有以下特征。

(1) 与会人员的层次高。高端国际会议聚集了各个领域各行业具有权力和权威的精英,与会人员层次相对较高,如政界人士主要是各国政府的领导人、部长等高级官员或前任官员,商界人士为跨国公司、大型企业的高层管理人员,学界人士则包括各学科的顶尖学者等。高端国际会议为这些高层人士交换意见、协调行动提供了平台,他们的意见和观点对于各自领域的事务通常有着决定性的影响。因此,高端会议的决议或结论能够在很大程度上反映国家意志、行业意愿,甚至会影响到世界对重大问题的态度和决策。

(2) 讨论议题的内容新。高端国际会议讨论的议题往往都是世界经济社会发展最前沿、最热点的问题,信息含量大、价值高、时效强,讨论结果发布的也通常是该领域最权威的信息。高端国际会议作为知识密集、智力密集、信息密集的平台,汇聚多领域、多学科和高精尖人才进行思想碰撞和信息交流,是政府决策者、行业精英和管理者快速获取相关领域发展最新动态、未来发展趋势以及最新产业讯息的窗口,因此可以称作经济社会发展的风向标。

(3) 社会关注的范围广。由于高端国际会议的参与人员层次高、讨论议题内容新,对经济社会发展中重大问题能够形成趋势性判断,即使是一些专题性的会议也可能引发连锁反应,使得世界各国的诸多领域都可能受到相应影响,因此受到社会各界广泛关注,也吸引世界各国主要媒体进驻会议举办地,开展全方位、大篇幅、持续性报道。

(4) 带动辐射的能力强。高端国际会议相比一般国际会议,其标准和要求更高,对于推动举办地进一步提高各项基础设施建设及服务水平的作用更大,也能更有力地带动当地旅游、宾馆、广告、交通、餐饮等相关产业结构优化升级。同时,高端国际会议提供了与世界各国众多领域精英建立多方面广泛交往联系的渠道,对举办地乃至东道国的带动辐射作用更强,是推动城市国际化的更有力杠杆。(如图9-1所示)

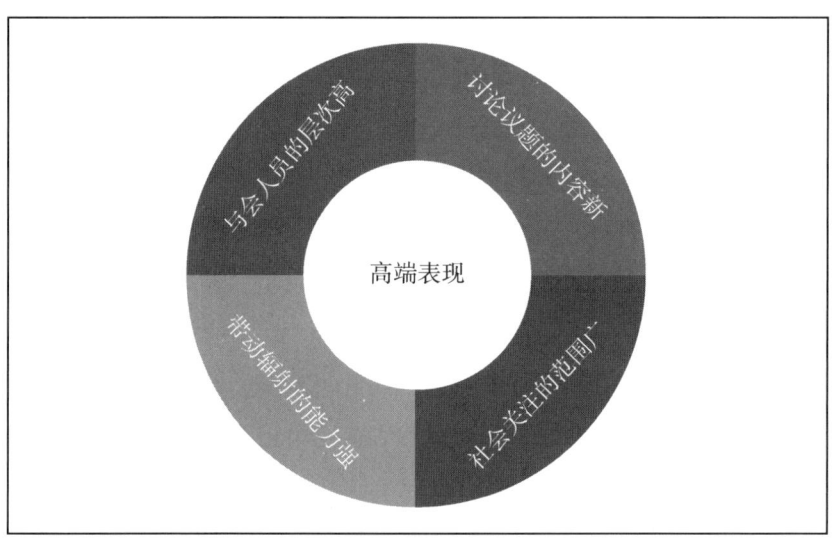

图 9-1 高端国际会议的高端表现

第二节 国内城市举办高端国际会议情况

一、举办高端国际会议类型

随着国家经济实力的增强和国际地位的提高,中国城市越来越多地参与到国际事务中去,也有越来越多的国际会议在国内城市举办。目前,国内城市举办高端国际会议主要有以下类型(见表9-2)。

表9-2 国内城市举办高端国际会议的类型

会议类型		典型案例	举办地
政府间国际组织会议		G20峰会	杭州
	上合组织	国家元首会议	北京、上海
		政府首脑会议	北京、郑州
		金砖国家领导人峰会	三亚
		APEC领导人会议	上海、北京
国际论坛	国际机构主办	《财富》全球论坛	上海、香港、北京、成都
	中外合办	夏季达沃斯论坛	大连、天津
	中国主导	博鳌亚洲论坛	博鳌
	中国主办	世界互联网大会	乌镇
		中国发展高层论坛	北京
国际行业协会/学会会议		世界港口大会	上海
		国际航运协会年会	北京
中国与区域合作国际会议/展览	区域合作会议	中阿合作论坛	北京、天津
		中欧领导人会晤	北京、天津、南京
		中国与中东欧国家首脑峰会	苏州
	区域合作展览	中国-东盟博览会	南宁
		中阿博览会	银川
地方主办的国际会议/展览	综合性	西湖博览会	杭州
	专题性	亚洲金融论坛	香港
		陆家嘴金融论坛	上海
		深圳国际BT领袖峰会和生物/生命健康产业展览会	深圳

（一）政府间国际组织高端会议

政府间国际组织的领导人峰会以及各种级别官员出席的高端会议一般轮流在成员国举办；中国参加了多个国际组织，中国的许多城市也抓住机遇举办了多个政府间国际组织的高端会议。此类会议主要采取国家元首或政府首脑峰会的形式，如2016年杭州举办G20峰会，2013年三亚举办金砖国家领导人峰会，2015年郑州举办上海合作组织总理会等；或者部长级会议及工作会议，如上海2001年、北京2014年举办APEC部长级会议。政府间国际组织高端会议的特点为出席人员层级较高、影响力大，尤其是领导人会议，讨论协商的议题重大，舆论和公众的关注度高，国际众多媒体聚集报道，对举办地的知名度和影响力提升作用非常显著。由于政治性意涵比较浓且一般由各成员国轮流主办，中国往往需要数年甚至数十年才有一次举办的机会；举办地点一般由中央综合考虑决定，地方的自主性相对较低。

（二）国际论坛

除了政府间国际组织，非政府国际组织和商业机构主办了大量国际性论坛，广泛邀请来自政府、企业、学术、媒体等领域的专业人士参加，形成广泛影响。根据主办方差异以及中国在论坛中的话语权不同，又可以细分为以下几种模式（见表9-3）：国外机构主办的国际论坛，如1999年上海、2005年北京和2013年成都举办的《财富》全球论坛；中外合办的国际论坛，如2007年起世界经济论坛（达沃斯论坛）夏季会议每年轮流在大连和天津举办；中国主导的国际论坛，其中影响力最大的是博鳌亚洲论坛；中国主办的国际论坛，如2014年在乌镇举办的世界互联网大会，北京连续举办了15届的中国发展高层论坛等。国际论坛模式多样，这类国际会议政治色彩相对比较淡，更多关注经济社会发展中的重要议题；一般不采取会员国轮流举办的形式，因此会议举办地或经挑选确定或永久落户某地；主办会议的国际机构历史悠久、经验丰富，在邀请国际高端人士参与方面具有一定优势，但会议品牌的所有权也掌握在其手中。中国从与国际机构合作举办国际会议起步，逐步发展为独立举办论坛，自主权和话语权随之加大；随着中国的国际影响力日益增强，中国自身主办的国际论坛吸引着越来越多的国际嘉宾。

表9-3 中国举办国际论坛的模式

模式	国际机构主办	中外合办	中国主导	中国主办
典型案例	《财富》全球论坛	夏季达沃斯论坛	博鳌亚洲论坛	世界互联网大会
举办地	不固定	天津、大连	博鳌	乌镇
主办方	美国《财富》杂志	世界经济论坛	博鳌亚洲论坛	国家互联网信息办公室和浙江省政府
中国话语权	一般	较强	强	很强
品牌	品牌专有	品牌延伸	共创品牌	自创品牌

（三）国际行业协会主办的会议

国际行业协会、学会众多，每年主办大量会议，ICCA认证的国际会议大部分也是此类会议。中国城市逐步开始承办越来越多的此类国际会议，如2005年上海举办世界港口大会、2008年北京举办国际航运协会年会等。此类会议政治色彩较淡，行业特色突出，专业性较强；主办方属于社会组织，对举办地的选择除了考虑一定的政府支持因素外，更多的是考虑商业因素，甚至很多是通过竞标的方式获得举办权，会议的机制比较灵活。同时，此类会议的影响力参差不齐，受主办会议的国际组织自身影响力以及会议自身具体因素的影响较大；中国城市一般只是纯粹的举办地，与会议的联系非常薄弱。

（四）中国与区域国际合作会议和展览

随着中国国际地位的提升，通过进行整体性外交合作与区域多个国家进行磋商的机制逐步形成，洲际层面上有中非合作论坛、中拉合作论坛、中欧领导人会晤等，地区层面上有中阿合作论坛、中国-中东欧国家领导人会议等。相比参与国际组织，这种区域合作机制带来高端国际会议的机会大大增加，例如中阿合作论坛2006年在北京、2010年在天津、2014年

在北京举办了部长级会议,中国与中东欧国家首脑峰会 2015 年在苏州举办等。此类会议与政府间国际组织的会议有相似之处,如主要参会人员为政府高级官员,但主办机制不是成员国轮流主办,而是中国作为一方、合作区域作为另一方,因此由中方举办会议的频率相对较高。从历史来看,此类会议因为涉及国家众多,在中方举办的会议往往都在北京;近来也出现举办地外移的迹象,在苏州举办的中国与中东欧国家领导人会议就是一个例子,将来这种机会应该会更多。

除了以合作论坛等形式开展的区域国际合作之外,中国还针对周边国家和地区举办了一系列区域国际合作展会,如在银川举办的中阿博览会,在南宁举办的中国-东盟博览会,在乌鲁木齐举办的亚欧博览会,在长春举办的中国-东北亚博览会,在成都举办的中国西部博览会等。这类博览会一般都是由原地方性商务洽谈会或经贸合作论坛升级为综合性展会,以经贸合作作为主要内容,在展会期间套开多种类型的会议,如在 2015 年第 12 届中国-东盟博览会期间举办的高层论坛包括中国-东盟信息港论坛、智库战略对话论坛、文化论坛电子商务峰会、市长论坛等论坛以及研讨会和圆桌会议等。这类区域合作的展会活动一般由商务部门主办、地方政府承办;往往以展览为主、会展合一,兼办多场会议论坛;与地方经济发展的关联性强,主题多为加强对外贸易、投资合作、洽谈、推介等。由于举办城市固定,展览和会议品牌与城市的联系密切,展会发展成为地方"名片"的机会较大;地方在展览和会议的安排中有较强的主动性。

(五)地方主导的国际会议

由于我国涉外管理体制的特殊性,大部分高端国际会议的主导权集中在中央,地方政府主动权不多,但也有地方结合自身优势,主办具有地方特色的国际会议和展览并逐渐形成了具有城市特色的会展品牌,综合性的有杭州举办的西湖博览会,形成了一个在"西湖博览会"品牌之下由政府统筹主导的会议、展览、节事活动群;专题性的有香港亚洲金融论坛、上海陆家嘴金融论坛、深圳国际 BT 领袖峰会等。这类国际性展会由地方

政府作为主办方或者联合中央以及其他部门共同主办；会议品牌由地方所有，与城市联系比较密切，城市的特色比较鲜明，尤其是会议与展览融合、与城市产业发展联系紧密，既基于优势产业基础，同时有助于提升产业影响力和集聚力，因此地方政府具有较强的主动性。

二、国内城市举办国际会议发展趋势

（一）中国在高端国际会议领域的话语权逐渐增大

从国际会议发展情况来看，伴随世界经济增长中心东移，国际会议中心由欧美发达国家逐渐向亚太转移，亚洲正在成为世界会议旅游的热点和新兴的国际会议目的地地区。随着我国经济的持续快速发展、国际影响力的提升以及城市化进程的推进，中国一大批城市在世界城市体系中的地位不断提升，逐渐具备了举办各类高端会议的能力，发展会议经济的条件正日趋成熟。同时，许多国际会议讨论的议题都与中国对接，中国正日益成为世界许多国际组织关注的会议目的国，因此，中国城市承接的高端国际会议将日益增多。此外值得注意的是，随着中国对国际事务话语权的提升，中国正在成长为一个重要的国际会议产生地区，中国与其他国家之间的互动协商越来越多，以中国作为重要成员的国际组织和合作论坛越来越多地将会议安排在中国举办，形成"国际会议引入中国"的发展态势。中国自身主办的国际会议吸引参会人士层次越来越高，影响也越来越大，中国主办的国际会议品牌逐渐出现并走向成熟，形成"中国会议走向世界"的另一趋势。

（二）地方的主动性不断增强

从国内视角来看，大部分高端国际会议尤其是政治性较强的会议的决定权由中央掌握，影响力越大的国际会议，中央的主导性越强。涉及国家政治敏感问题的高层领导人会议基本选址首都北京；金融、经济、其他专业性产业会议则主要根据城市的基础与条件以及与会议主题的契合度选择不同城市举办；此外，均衡全国城市发展、城市争取举办权的意愿与工作积极性等，也是影响中央会议选址决定的重要因素。近年来，地方政府在主办高端会议上，出现了较大的争取空间。地方在国家总体战略框架下，结合自身经济社会发展特色举办的国际会议逐渐增多，影响力不断提升，大量政治色彩较淡、主题专业性较强的国际协会和学会会议成为地方政府竞相争夺的热点。

（三）城市与会议之间的联系更加密切

国内城市之间的竞争日益激烈，会议主办地更加分散化。各地城市根据自身的发展方向、产业优势、城市特色，积极承办或举办高级别的国际会议。越来越多的城市对国际会议的参与不再仅限于举办地，而希望能够以一种更加紧密的合作方式达成双赢，例如固定高端国际会议会址，借此促进会议与城市的有机融合、共同发展；有实力的城市也开始创办或者主导举办国际会议，借会议影响力的扩大打造城会一体的城市名片。

（四）会议和展览日益相互促进

会议与展览的关系越来越密不可分，越来越多的国际性协会举办年会时还举办小型的展览活动，提供与会人员了解新技术、新产品的平台；许多大型展览也同时举办主题相关的研讨会、圆桌会等，以增加参展人员的信息交流和沟通，提升展览在行业中的话语权。会展融合、会展互促已成为趋势，尤其是对地方城市来说，会议与展览以及其他活动的融合促进有利于与城市优势产业建立密切联系，对城市产业经济发展的推动和提升作用更为明显。

第三节 广州举办高端国际会议现状及条件

一、广州举办国际会议概况

广州得益于"广交会"优势，成为国内国际会议展览业起步最早的城市之一，经过长时间发展，已成长为国内三大会展中心城市之一。目前广州拥有会展业企业 215 家，星级酒店 234 家，其中五星级酒店 23 家，具有一流的服务设施体系和地面交通体系，承接国际会议能力较强；尤其是 2010 年以来，经过举办亚运会等大型国际盛会的能力考验，广州的会议组织接待能力得到突飞猛进的发展。

国家中心城市地位、良好的展会集聚基础和较强的办会能力，使广州成为国际会议在中国的首选举办城市之一。广州举办国际会议数量在亚运会后急剧增多，仅 2014—2015 年间达 35 场，已初步形成了涵盖多种行业和领域、形式多样、内容丰富的国际会议格局，在举办规模和层次上取得了明显进展。（见表 9-4）

表 9-4 近年来在广州举办的主要国际会议一览

会议类型	会议名称
政府间国际组织高端会议	亚信首届高官会
国际论坛	1998 年世界大都市协会董事年会、2009 年世界城市和地方政府组织（UCLG）世界理事会议暨广州国际友城市长大会等
国际行业协会/学会主办的会议	2010、2013 国际海运年会等 2015（第十届）城市发展与规划大会

续表9-4

会议类型		会议名称
中国与区域国际合作会议、展览		中非产能合作论坛——聚焦东非三国会议、2015广东21世纪海上丝绸之路国际博览会主题论坛、港口城市发展合作高端论坛等
地方主导的国际会议	综合性	广州国际城市创新大会
	专题性	大型：广交会、金交会、留交会、国际纪录片大会等 小型：建设国际航运中心圆桌会议、全球生物医药健康产业发展圆桌会议等

广州举办国际会议与城市国际化建设息息相关。一方面，城市功能的优化和城市地位的提高使得举办国际会议获得了更好的发展前景；另一方面，国际会议作为广州城市对外交往的重要资源和城市经济发展新引擎，其成长过程不断为广州城市国际化贡献力量。20世纪90年代中后期，城市国际化战略正式提出，国际会议规格和规模实现质的转变；进入21世纪，随着城市国际化发展提速，一大批本土会展品牌不断壮大并形成国际影响；"十二五"时期，广州提出建设"面向世界、服务全国的现代化国际大都市"的决策，举办国际会议的数量和品牌影响都创下历史新高。

二、广州举办高端国际会议的必要性

举办高端国际会议有利于集聚国际高端资源，再造对外开放龙头。党的十八届五中全会第一次提出了提高我国在全球经济治理中的制度性话语权问题，并将"开放"作为五大发展理念之一，对开放发展提出了更高的标准和要求。广州举办更多高端国际会议，集聚各国政要、行业顶尖人物、高端人才等各类资源，在国际交流中发出更有力的"广州声音"，是提高广州在相关国际区域中的国际地位和话语权，服务国家战略大局的必然要求，也是广州建设21世纪海上丝绸之路重要枢纽，贯彻实施"一带一路"倡议的重要支撑。

举办高端国际会议有利于增强广州产业优势，助推"三中心一体系"建设。广州作为千年商都，是华南地区制造业和服务业最发达、门类最齐全的城市，拥有全国40个工业大类中的34个，有完善的产业配套和集聚能力。建设国际航运中心、国际物流中心、国际贸易中心和现代金融服务体系的新发展定位，突出了广州作为国家中心城市向区域性国际中心城市迈进的方向。高端国际会议除了本身蕴含巨大的经济效益之外，参会者也会带来世界最前沿的行业信息，同时也提供了与城市进行经贸合作、技术交流的良好机遇。高端国际会议从更高的层面，为广州创造了与世界其他国家和地区开展高层次、全方位、多领域合作的契机，也为广州打造三大国际枢纽和"三中心一体系"建设增添了新的动力。

举办高端国际会议有利于完善国家中心城市功能，塑造国际会展之都形象。举办高端国际会议，对城市各项设施和功能的要求高，需要内外联系通道、会议设施、住宿接待设施及服务、城市环境的全套完善，能够促进生产、流通、服务等城市功能的发展，有助于广州进一步完善国家中心城市的设施和服务功能。广州作为千年商都，会议展览是商贸领域最有价值、最具影响的环节，举办更多高端国际会议，能够有力提升广州在会展领域的地位和话语权，塑造国际会展之都的城市形象。

举办高端国际会议有利于提升城市国际化水平，增强国际影响力、竞争力。举办国际会议是城市对外交往和国际化发展的重要手段，尤其是高端国际会议数量是衡量城市国际影响力的重要指标。举办更多的高端国际会议将促进广州与世界在政治、经济、科技、市场信息及整体文化等方面的相互往来与交流活动，进一步扩大广州城市影响力，提升国际竞争力。广州要在国际城市体系中脱颖而出，实现更高层次的对外开放，逐步增加经济、政治、科技、文化方面的话语权，高端国际会议的积极作用不可或缺。

三、广州举办高端国际会议的条件分析

(一) 广州举办高端国际会议的基础优势

广州是国家中心城市之一,城市功能完善。广州已经形成服务导向型经济体系,高度发达的经济、庞大的消费市场、四通八达的交通网络、悠久的岭南文化已对珠三角乃至全国经济均已形成了强大的辐射和带动作用。在这种良性互动中,珠三角经济以及全国经济也对广州形成了强大的支撑效应。在全球产业大变革大调整的背景下,作为全球高端服务中重要组成部分的会议展览业将随着全球高端产业向中国转移而转移,在内部支撑外部转移的双重驱动之下,以广州为中心,辐射珠三角、长三角乃至环渤海的全球新的会展中心聚集区域将逐步形成,这对广州发展高端会议业形成强大的支撑。

广州举办国际会议基础设施条件较好。依托空港、海港和集疏运体系,以及快速发展的会展业和酒店业,广州的城市基础设施不断完善,会议配套服务能力不断增强。2014年,广州航空港旅客吞吐量高达5478万人次,国内排名第3(仅次于北京9105.7万人次,上海8965万人次),高于新加坡(5409.307万人次)等城市。2013年,广州酒店客房总间数达到7.23万间,与国内外会展城市相比,居于较高水平。同年,广州会展场馆总面积达到53万平方米,高于北京(44.79万平方米),高于上海(44.40万平方米),以及高于国际会展中心城市慕尼黑(44万平方米)、伦敦(20.7万平方米)。

广州城市国际化发展程度较高,在全球国际城市网络中已占据一定地位。从城市国际化各评价指标排名来看,广州当前处于世界城市等级体系划分中的第三层级,即"区域性国际城市",与卢森堡、布达佩斯、约翰内斯堡等国家首都城市和曼彻斯特、西雅图、奥克兰、福冈等发达国家重要城市位置相当,在中国城市中仅次于北京、上海、香港和台北,领先于

深圳、重庆等城市。① 随着广州开放型经济的持续发展和对外开放领域的不断拓宽,贸易投资、文化教育、医疗卫生、体育旅游、科技人才等领域的对外交流日渐频繁,国际合作需求旺盛,在国际组织核心层中的话语权和决策能力日益增强,参与国际规则制订、参与全球治理与合作的能力逐步提升,广州城市国际影响力不断扩大,为举办高端国际会议创造了良好的发展环境。

(二) 广州举办高端国际会议的制约因素

广州举办高端国际会议,可从中央得到的支持力度相对较弱。广州国际会议业态发展良好,但是在政府间国际组织高端会议承办方面机会不多、经验较少,尤其是没有举办过领导人峰会。以往这类会议集中在北京和上海。近年来,中央开始放开此类会议的承办地点,天津、杭州、南京甚至郑州、苏州等城市都先后承办了一些重要国际组织的领导人峰会,而广州在这方面还是空白。形成当前局面的原因有多方面,例如,从地理上与首都北京相隔较远,对会议议程的安排、人员协调或安全保障带来不便等,但总的来说,这类会议的举办地主要由中央决定,广州在举办高端国际会议尤其是政府会议中,还需要进一步加强工作,争取更多来自中央的支持。

广州本土国际会议业虽具一定规模,但与国际会议行业机构联系尚不够紧密。国际上会议业已形成多个较成熟的行业领导组织,如 ICCA、UIA 等,为会员间信息交流提供便利,为会员最大限度的发展提供商业机会,是促进国际会议业发展事半功倍的重要途径。北京、上海等城市都将与国际会议行业机构密切联系作为会议业发展的重要工作来抓,并先后承办了 2010 年世界旅游及旅行理事会 (WTTC) 全球峰会、2013 年 ICCA 第 52 届年会等该机构的重要会议,在业内形成较好的口碑。广州虽已加

---

① 杜家元等:《广州城市国际化发展形势分析及趋势预测》,载《广州城市国际化发展报告》,社会科学文献出版社 2015 年版。

入ICCA，但实质性合作开展不多，未来还需进一步加强联系与合作，拓展合作空间，共同吸引和争取更多适宜广州举办的高端国际会议。

高端国际会议作为国际会议发展的顶端形态，要求汇聚知识技术信息前沿，具有高产业带动力和创新传播力，因此具有高度发达的现代产业体系，是吸引甚至主办经济类高端国际会议的重要支撑，例如，深圳BT峰会的发展壮大有赖于全国领先的生物和生命健康产业的蓬勃发展，上海举办陆家嘴金融论坛更是与上海发达的金融产业和国际金融中心的定位密不可分。目前，广州在现代服务业、先进制造业等方面具有一定的综合性优势，但是从高端产业引领来看，能在国际上具有较大影响、独具优势的产业并不突出，尤其是现代服务业、高新技术产业和自主创新能力等与北京、上海、深圳等城市相比仍有一定差距，难以为吸引或主办行业性高端国际会议提供足够有力支撑。

国际会议的举办一般都有专业的会议组织者（Professional Conference Organizer，简称PCO）和目的地管理公司（Destination Management Company，简称DMC）协助会议主办方运作，尤其是国际协会的全球性或地区性的年会或大会，更是要经过多个会议申办地的竞标、实地考察、投票选择等一系列程序来决定，专业性组织者在其中发挥了重要的作用。从国际知名会议城市的形成与发展机理可以看出，具有强大实力的组织者和相关企业是这类城市会议产业发展的推动主体。众多国际知名会议城市更是设立了专门的会议服务机构为各类会议举办提供支持，如布鲁塞尔会议局、雅典会议局、布拉格会议局、新加坡展览和会议署等。从国内城市发展近况来看，上海、北京均已形成较为明确的专业会议组织机构（PCO）和目的地管理公司（DMC）的分工，成都、杭州、西安、海口等城市纷纷成立了会展局、博览局或大型活动办，负责国际会议展览的管理与开发。广州具有影响力和竞争力的专业会议企业较为缺乏，在市场主体薄弱、力量不足的情况下，要承接更多高端国际会议，需要发挥行政主导和扶持带动作用。在当前广州分散型、以审批为主的管理模式下，对高端国际会议的开发处于真空状态，对国际会议的招揽能力较弱，以广州作为国际会议目的地的形象塑造、包装策划和宣传推介,无论在力度和广度上都远远不够。高端国际会议的引进和举办涉及多方面的协调,需要借鉴国内外先进城市经验,设立专门机构,负责对国际会议的统筹开发、宣传推介和协调运作。

大型国际会议参加人数多、规格高、事务繁杂且常与展览套开举办,对会议举办地、住宿、餐饮、交通、娱乐等会展软硬件设施要求非常高。中国香港、新加坡等重要国际会议目的地都具备了承办超大规模会议的场地,例如新加坡 SUNTEC 国际会展中心有亚洲最大的无柱大会议厅,面积达 12000 平方米,可举办容纳超过 10000 人的大型会议(剧院式),还可举办演唱会、展览和大型宴会等其他大型活动。从目前广州的会议设施功能和水平来看,承办大型综合性高端国际会议和展览的能力有限,主要反映在场地配套设施方面无法满足举办大型国际会议和展览的需要,会议与展览的场馆相互分离,会议和展览场馆分布较为不合理等方面。尤其是缺少综合性、集多种功能于一体、具有较高整体硬件设施和管理服务水平的大型会展中心,对广州承接大型高端国际会议有较大的影响。

第四节　广州举办高端国际会议的路径选择

一、广州举办高端国际会议的目标

坚持分类推进,突出重点,统筹资源,形成品牌的原则,以加快广州城市国际化发展为宗旨,以助推广州三大战略枢纽和"三中心一体系"建设为目标,区分层次、多元发展,构建金字塔型的国际会议体系,服务全市对外开放,助推国家中心城市和 21 世纪海上丝绸之路建设重要枢纽建设。

(1) 顶层争影响。争取国家支持,三到五年内举办一次政府领导人峰会或工商界峰会。

（2）中层树品牌。每年举办一到两次广州主办、掌握主导权的高端国际会议，形成品牌。

（3）底层扩数量。统筹各方资源，发挥各部门、各行业积极性，每年举办一批行业性、专业性国际会议。

广州培育国际会议体系如图9-2所示。

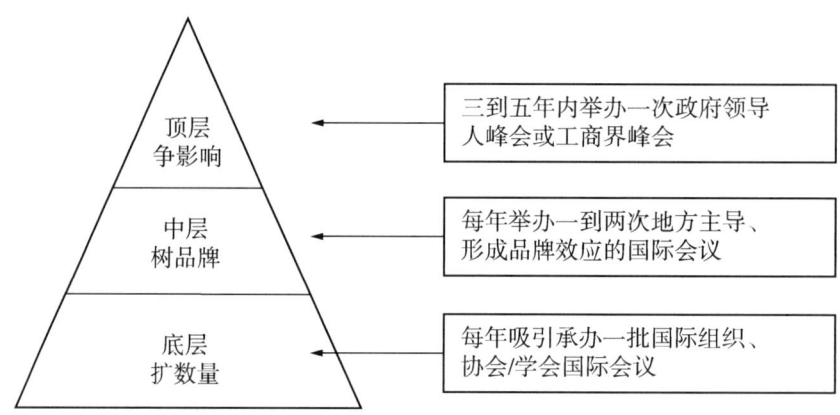

图9-2　广州培育国际会议体系

二、广州举办高端国际会议的路径

（一）政府间国际组织会议：把握机遇，争取突破

政府间国际组织的领导人会议包括国家元首、政府首脑以及部长级会议等，参会人员代表政府，讨论议题涉及面广，引发的关注度也最高，对举办地的知名度提升非常显著，同时相应地承办会议的成本也相应较高。从广州的发展现状来看，尚缺少主办此类高端会议的经历，在未来3~5年内如能举办一次这类会议，对于提升广州在世界的知名度和国际影响力将产生积极作用。广州应该充分调动各种资源，提前谋划，积极争取，力争实现举办政府间国际组织领导人会议零的突破。

（二）国际论坛：优中选优，适当引进

各类国际论坛的差异较大，尤其是在当前各城市加快发展国际会议的情况下，许多商业性国际会议公司纷纷来华开拓市场。广州作为国家中心城市和具有一定区域影响力的国际城市，需要在目前的高起点上，优中选优，综合社会影响、经济辐射等多方面的考虑因素，选择具有独特资源的国际论坛主办方，适当引进举办一些与广州经济社会发展现状紧密对接、与全市中心工作相契合、国际影响力较大的国际论坛。

（三）国际行业协会会议：政府统筹，抓大放小

各种国际行业协会、学会数目众多，每年在世界各地举办的国际会议数以千计。各个协会、学会的实力有很大差别，举办的国际会议影响力也参差不齐。这类会议是国际会议市场的主体，广州作为对外开放的门户城市，多举办这类会议，对于发展壮大行业规模、提升人才队伍素质、提高会议场馆的使用效率等都有着积极意义。对此类会议，政府部门应统筹协调，结合广州发展的中心工作，主动策划积极申办影响力较大、对广州经济社会发展有明显带动作用的会议，如国际航运业、航空业、港口业、商贸业等行业的重要会议；同时鼓励各相关部门、行业协会、高校科研机构积极申办其他一些行业性、部门性、专业性的国际会议和小型的圆桌会议，发动各方力量共同推动国际会议市场的发展壮大。

（四）中国与国际区域合作会议：创新模式，持续推进

中国与世界的区域合作越来越紧密，相应地各类区域合作会议也不断增多。这类会议的国际关注度和影响力相对地低于政府间国际组织的领导人会议，但优势在于中国作为区域合作的一方与另一方轮流主办相关会议，因此举办会议机会相对较多。从历史经验来看，这类会议多集中在北京召开，但是近年来出现在其他城市举办的势头，因此广州在未来积极争取，在中国与国际区域合作论坛中举办一次领导人会议具有较大可能。

中国为加强与周边国家的区域合作,也在多个城市举行了面向特定区域开展经贸合作、会展一体的博览会。这类会议国际影响力相对而言是区域性的,主办权在中央部委(主要是商务部)或省级政府,城市的话语权相对较弱,但其与地方经贸发展结合较为紧密且固定地点持续举办,也使得博览会能够发展成为当地的一张城市名片。广州可借建设"一带一路"倡议重要枢纽城市的机遇,围绕该主题主要面向沿线国家举办相应的国际会议或展会,在办会模式上寻找突破与创新,结合"一带一路"推进进程选择适当主题,争取打造成为广州具有独立主办权的高端国际会议品牌。

(五)地方主办的国际会议:自创品牌,扩大影响

在城市国际化的推动下,各城市充分发挥自主性,聚集各方资源主办国际会议并不断探索创新、扩大影响,形成各具特色的会议品牌。这类会议最大的特点是城市具有绝对主导权,会议的成功举办得益于城市经济社会发展提供的坚实基础,会议也有力地促进城市经济发展和品牌提升。从广州现实情况来看,"广州国际城市创新奖"是广州自主创办的具有一定国际影响的重要奖项,在此基础上举办的广州国际城市创新大会具备较大潜力,有望发展成为广州自主举办高端国际会议的典范。

第五节 广州举办高端国际会议的对策建议

一、成立专门负责机构,完善统筹管理体制

广州要争取吸引和举办更多高端国际会议,打造国际会议之都,必须首先理顺工作体制机制,明确相关职责。建立统筹国际会议工作的领导机制,成立全市层面的国际会议工作领导小组,办公室设在市外办,相关职

能部门负责同志作为领导小组成员,定期通报相关工作进展,协调解决推进国际会议工作中遇到的问题。顺应国际会议承办机构专业化的趋势,成立专门负责机构。目前,成都、杭州等很多国内城市成立了专门机构,例如会展局、博览局或大型活动办,作为国际会议、会展的统筹管理单位。建议设立大型活动办或会议办,集中力量进行国际会议的开发组织工作,具体承办政府承接的高端国际会议,同时以此为龙头加强专业化会议组织开发能力建设,统筹市内相关职能部门形成合力,协调支持各个机构申办更多国际会议。

二、争取上级部门支持,提升会议影响力

地方城市要举办影响力最大的政府领导人峰会、工商界峰会等,都离不开上级部门特别是中央的支持。积极争取中央支持将领导人峰会放在广州,从统筹国家不同区域协调发展的大局出发,考虑选择适当的时机,将中国主办的国际组织领导人峰会放在广州举办。争取外交部以及有关上级部门的支持获取更多会议资源,外交部相关业务司掌握大量国际会议的资源和信息,与外交部亚洲司、非洲司、欧洲司、国际司以及相关国家部委保持密切沟通,获取更多会议信息和资源。积极争取重要国际机构的支持。加强与重要国际机构的联系,争取举办机会,同时密切协调沟通,选择契合广州经济和产业发展的主题,切实发挥带动效果。

三、整合内外优势资源,逐步创立独有会议品牌

广州创立自有高端会议品牌有着良好的工作基础,要在此基础上进一步整合国内国外各种优势资源,汇聚在广州平台上形成合力。深化与城市多边交往国际组织合作,世界城市和地方政府联盟组织(UCLG)、世界大都市协会等国际组织在联合国等国际舞台上非常活跃,在全球城市发展中具有强大带动和影响力,广州与以上国际组织具有良好的合作基础,共

同举办的广州国际城市创新大会已举办三届,影响力日益扩大。此外,还应加大对正在成长中的创新大会的培育和扶助力度,在"城市创新"的主题和框架下结合城市发展热点和展会资源,通过会议套开、会展结合等途径,将其打造为广州自有的高端国际会议品牌。更加积极地加强与全国友协等部门沟通,工作目标更加明确、重点更加突出,在配合国家领导人外访工作中积极根据外访目的,整合地方资源,扮演更加重要的角色。充分发挥21世纪海上丝绸之路枢纽定位优势,优化友城布局,发掘探索与沿线国家城市的合作潜力和空间,主动发起相关主题论坛、会议,有重点地开展双边、多边友好城市经贸、人文等领域的合作。

四、加强与国际组织和机构合作,争取更多会议举办机会

国际组织是国际会议的主要发起方,同时也是信息来源的重要渠道。要争取更多举办国际会议的机会,必须切实加强与相关国际组织和机构的合作,充分借助利用其优势资源。强化与会议行业国际组织合作,全球会议的相关国际组织有十多个,其中最主要的有国际大会及会议协会(ICCA)、国际专业会议组织者协会(IAPCO)、会议策划者国际联盟(MPI)、国际协会联盟(UIA)、国际展览局(BIE)等,目前,广州已加入ICCA但实质性合作开展不多,未来需进一步密切联系深化,借助诸多国际会议组织的渠道和网络,加强与国际知名会议城市、会议机构的联系合作,吸引该类平台上的国际会议来穗举办,同时依托其专业平台,丰富举办国际会议经验,开展会议设施、人员培训、信息咨询、秘书服务等方面的合作,培养与国际接轨的专业会议人才。加强与专业性国际组织、行业协会合作,面向构建国际航运中心、贸易中心、物流中心和现代金融服务体系的发展目标,优先发展符合广州产业发展方向的品牌会议和国际大会,重点开展与港口、航运、贸易、物流、金融类国际组织合作,积极吸引专业性国际会议来穗举办乃至落户,进而增强广州在该专业领域的知名度和影响力。密切与国际会议展览公司联系,开拓市场化国际会议来源。

大量国际知名会议展览公司也是国际会议的重要发起者,密切与国际会议公司如英国博闻集团、法国智奥公司等的联系,对接各自资源优势,创造更多合作举办国际会议的机会。

五、整合统筹会议场馆资源,扩展国际会议承载容纳能力

会议场馆是举办国际会议的核心硬件,在充分利用现有场馆资源,优化设施条件的基础上,也要适度超前谋划,扩展国际会议承载能力。整合统筹现有会议场馆和设施,制定明晰的会议场馆设施指引,并通过各种有效渠道公开发布。努力形成功能先进、特色鲜明、优势互补、错位发展,与广州的城市总体规划相结合,与国际会议重要举办地地位相匹配的会议场馆体系。以国际化的标准鼓励要求会议场馆的完善相关基础设施条件,争取更多酒店、会议中心等场馆都具备国际会议的条件,包括同声翻译系统、图文传输系统和网络会议系统等,提升广州国际会议的承载力和容纳力。适度超前谋划布局大型会议展览中心建设,在充分调研考察的基础上,瞄准未来承办高端国际会议的需求,对新建符合大型国际会议和展览要求的国际展览中心进行可行性研究。

六、建设专业人才队伍,提升会议组织和服务水平

专业人才队伍是会议组织服务管理水平的重要支撑,以提升人才队伍素质为抓手,切实提高国际会议的组织管理水平和经营理念。加快培养国际会议专业人才,积极发挥广州地区高校科研机构众多的优势,鼓励教育和培训机构针对国际会议的要求开展会议策划组织、国际交流等相关专业方向、学习课程和培训项目,注重培养一批既有创新和策划能力又有现代经营理念的会议业中高级管理人才,打造一支规范性、高水平、宽领域的国际会议人才队伍。加强学习交流,组织会议相关机构工作人员加强与境内外会议企业、机构、团体、行业协会和院校间的交流、学习,了解国内

城市举办国际会议的服务准则和运行模式,完善符合国际标准的专业化服务,探索建立专业化、全方位的会议服务运作模式。鼓励智库机构积极开展对国际会议领域的前瞻性研究,掌握国际会议领域最新趋势和动态,吸收国外先进城市举办国际会议的做法和经验,深入分析广州举办国际会议的条件和机遇,为广州举办更多高端国际会议提供有价值的咨询参考意见。

七、构建多元参与机制,促进会议产业蓬勃发展

举办更多高端国际会议,形成推动会议产业蓬勃发展的局面,需要在政府的统筹协调下,构建多元参与机制,鼓励社会各方面力量共同参与。明确政府统筹职能,充分发挥政府在统筹协调大型国际会议的职能,在提供国际会议公共服务中发挥主导作用。与此同时,充分发挥市场力量,鼓励市场主体积极参与不同类型国际会议的营销、申报、承办以及相关服务,推动国际会议产业规模整体扩大,形成较为明显的产业集聚效应。加强与其他职能部门的协作,鼓励会议与会展、节庆活动相互融合促进,推动与赛事、旅游等其他产业共同发展,延伸会议和展览产业价值链,增强国际会议辐射作用。鼓励支持具有一定规模,在行业内有影响力的展览项目创设或配套召开相关题材专业会议;优化提升在广州举办的购物节、旅游节、美食节、服装节、艺术节、文化节等各类节事活动,鼓励开办与节事活动相配套的会议研讨。积极引导有实力、符合资格的市场主体加入国际知名会奖旅游组织积极开展会奖旅游业务,促进旅游资源、文化娱乐资源与会议的对接。积极培育市场主体,大力发展为国际会议提供设计策划、组织联络、广告宣传和各类专业化服务的公司企业,扶持一批能够承接大型国际会议或者策划组织大型国际会议的专业服务机构,对会议主办单位和承办公司的资质进行动态评估和认证。鼓励市场主体积极申办中小型国际会议、固定型会议以及公司会议,培育国际会议市场发展壮大。积极发挥社会组织作用,条件成熟时,支持成立广州市会议产业协会或产业

联盟，或在广州市会展业行业协会下设会议业分会，构建政府与企业、企业与企业之间的联系与沟通渠道，积极推动业界交流合作，搭建信息共享、产业协作的载体和平台。由行业协会配合政府部门承担行业发展和自律监管职能，巩固形成良性竞争的国际会议产业市场，提升广州国际会议产业专业水平和国际竞争力。

八、推广会议目的地形象，树立广州国际会议之都品牌

进一步明确广州国际会议之都的定位和品牌，塑造国际会议目的地的良好形象，并加强宣传推广。加强部门协作并形成对外宣传合力，积极加强外事与旅游、商务、交通、外宣等部门的协作，塑造广州作为国际会议目的地的城市形象，大力开展对外宣传推介交流活动，积极参加国外的会议及节事类展会，增强作为国际会议目的地的知名度。充分利用新媒体做好对外宣传，利用网站、微博、微信等新媒体的条件，建设国际会议宣传推广网站以及其他新媒体账户，推出多语种版本，提高推广会议目的地的效果。积极参加国内重要会议城市的沟通协作，国内重要会议城市发起成立了中国会奖旅游城市联盟，联盟成员将相互支持各自举办的高端会奖旅游活动和重要的大型国际会议。广州应积极构建国内重要城市的会议网络，引进先进城市的会议经营机构和专业人才，融合共享城市之间的会议产业资源，在学习交流中加快自身的发展。

参 考 文 献

[1] Scott J. Global City-Regions and The New World System [OL]. http://www.kas.de/upload/dokumente/megacities/megacities1/allgemein/scott-global-city-regions.

[2] Derudder B, et al. Pathways of Changes: Shifting Connectives in the World City Network, 2000—2008 [J]. Urban Studies, 2010 (47).

[3] Godfrey B J, Zhou Y. Ranking Cities: Multinational Corporation and Global Urban Hierarchy [J]. Urban Gerography, 1999 (20).

[4] Abbott C. The International City Hypothesis: An Approach to the Recent History of U.S Cities [J]. Journal of Urban History, 1997, 24 (1).

[5] Ross C. Public Diplomacy Comes of Age [J]. The Washington Quarterly, 2002 (25).

[6] Nicolson H. Diplomacy [M]. London: Oxford University Press, 1963.

[7] ICCA Statistic Report 2014 [R]. International Congress and Convention Association.

[8] Friedman J. The World City Hypothesis [J]. Development and Change, 1986 (17).

[9] Beaverstock J V, Smith R G, Taylor P J. A Roster of World Cities [J]. Cities, 1999 (16).

[10] Knox L, Taylor P J. World Cities in a World System [M]. Cambridge: Cambridge University Press, 1995.

［11］Hall P. The World Cities［M］. London：Heinemann，1966.

［12］Hall P，Pfeiffer U. Urban Future 21：A Global Agenda for Twenty-First Century Cities［M］. London：Routledge，2000.

［13］Pluijm R V D，Melissen J. City Diplomacy：The Expanding Role of Cities in International Relations［R］. Netherland Institute of International Relations，2007.

［14］Sassen S. The Global City：New York，London，Tokyo［M］. Princeton：Princeton University Press，1991.

［15］白芳. 文物里的广东海上贸易史［J］. 大众考古，2014（3）.

［16］蔡旭初. 国际城市综合竞争力比较研究［J］. 统计研究，2002（8）.

［17］曹随. 城市形象细分［M］. 北京：中国建筑工业出版社，2003.

［18］陈昊苏. 在中国国际友好城市大会开幕式上的讲话［N］. http://www.cifca.org.cn.

［19］陈冀，等. 外国人管理新课题［J］. 瞭望，2008（10）.

［20］陈建良. 高雄设立国际会议中心之评估研究［J］. 户外游憩研究，1995（8）.

［21］陈琳. 全球化时代国际大都市的营销策略——香港、伦敦、上海案例研究［D］. 同济大学，2006.

［22］陈龙江. 广州会展业的差距与发展对策：基于与先进城市的比较［J］. 广东外语外贸大学学报，2013（7）.

［23］陈平. 上海开发国际会议市场对策研究［D］. 上海交通大学，2007.

［24］陈维. 中日韩城市外交——动力、模式与前景［J］. 国际展望，2016（1）.

［25］陈映，董天策. 本地媒体与城市形象之形塑：再现、场域与认同——以广州为个案的实证研究［J］. 城市观察，2012（1）.

［26］陈正良. 中国"软实力"发展战略研究［M］. 北京：人民出版社，2008.

[27] 陈志敏.次国家政府与对外事务［M］.北京：中国长征出版社，2001.

[28] 程小华.新加坡政府在提升国际竞争力中的作用［D］.华东师范大学，2004.

[29] 单国铭，梅广清.国际大都市及其中心区发展的特点与借鉴［J］.上海综合经济，2004（9）.

[30] 丁秀清，张义.城市营销［M］.兰州：兰州大学出版社，2005.

[31] 杜家元，等.广州城市国际化发展形势分析及趋势预测［R］.广州城市国际化发展报告，北京：社会科学文献出版社，2015.

[32] 范红.城市形象定位与传播［J］.对外传播，2008（12）.

[33] 方立.美国对外文化交流中的政治因素（一）：美国"文化外交"的真面目［J］.高校理论战线，1994（3）.

[34] 方仁林.广州城市形象规划［J］.城市规划汇刊，1998（5）.

[35] 方婷.文化的对外开放研究概述［J］.科技信息，2007（15）.

[36] 冯志成，赵光洲.中国城市形象研究［M］.昆明：云南人民出版社，2001.

[37] 傅朗.以世界眼光谋划广东外事［N］.南方日报，2008-04-01.

[38] 傅云新.城市形象的综合评价——以广州市为例［J］.城市问题，1998（5）.

[39] 傅云新，唐文雅.广州海上丝绸之路旅游资源及其开发探讨［J］.经济师，2003（5）.

[40] 高建华.新形势下加强外国人居留管理的几点思考［J］.中国人民公安大学学报，2009（2）.

[41] 高尚寿，等.国际关系中的城市行为体［M］.北京：世界知识出版社，2010.

[42] 龚铁鹰.国际关系视野中的城市——地位、功能及政治走向［J］.世界经济与政治，2004（8）.

[43] 辜应康，等.新加坡与杭州政府主导会展产业发展比较研究［J］.

企业经济，2011（3）.

[44] 广州市外办多边合作工作组. 创新转型发展之路——广州城市多边外交实践的机遇与挑战［R］. 广州城市国际化发展报告，北京：社会科学文献出版社，2015.

[45] 顾朝林，孙樱. 经济全球化与中国国际性城市建设［J］. 城市规划汇刊，1999（3）.

[46] 郭建国. 中国国际化城市研究述略［J］. 中山大学研究生学刊，1998，19（2）.

[47] 郭妍，张立光. 我国经济开放度的度量及其与经济增长的实证分析［J］. 统计研究，2004（4）.

[48] 韩方明. 公共外交概论［M］. 北京：北京大学出版社，2011.

[49] 何大进. 略论明末清初广州在中西文化交流中的地位［J］. 历史教学，2006（8）.

[50] 何国平，王瑞应. 广州亚运会与广州城市形象对外传播［J］. 对外传播，2010（11）.

[51] 贺龙德. 台湾香港新加坡产业升级经验借鉴研究［OL］. http://www.doc88.com/p-11746917820.html.

[52] 胡惠林. 文化产业发展与国家文化安全［M］. 广州：广东人民出版社，2008.

[53] 花建. 文化产业竞争力［M］. 广州：广东人民出版社，2005.

[54] 黄海. 试论我国文化产业"走出去"战略［J］. 新闻天地，2008（6）.

[55] 黄启臣. 广东海上丝绸之路史［M］. 广州：广东经济出版社，2003.

[56] 黄启臣. 广东在贸易全球化的中心市场地位——16世纪中叶至19世纪初叶［J］. 岭南文史，2004（1）.

[57] 简涛洁. 霸权文化与文化威胁——美国文化外交及其对中国和世界的影响［J］. 太平洋学报，2011（6）.

[58] 凯文·林奇. 城市的印象 [M]. 项秉仁, 译. 北京: 中国建筑工业出版社, 1990.

[59] 肯尼思·华尔兹. 国际政治理论 [M]. 上海: 上海人民出版社, 2003.

[60] 蓝庆新. 世界生产性服务业发展特点及趋势 [J]. 天府新论, 2009 (1).

[61] 李庚, 等. 东京的国际化发展态势与国际化政策 [J]. 城市问题, 1996 (4).

[62] 李国华, 刘文俭. 衡量城市国际化发展进程的基本指标体系研究 [J]. 青岛大学师范学院学报, 2000 (9).

[63] 李江涛. 当代文化发展新趋势研究 [M]. 北京: 中央编译出版社, 2009.

[64] 李静. 北京市会展业国际竞争力研究 [D]. 首都经济贸易大学, 2004.

[65] 李拉. 国际化城市建设的金融支持综述 [J]. 中国管理信息化, 2013 (16).

[66] 李丽纯, 等. 长沙城市国际化水平比较研究 [J]. 经济地理, 2011 (10).

[67] 李明华. 广州: 岭南文化中心地 [M]. 香港: 中国评论学术出版社, 2007.

[68] 李青. 城市形象塑造的新思路 [J]. 职业时空, 2010 (2).

[69] 李青. 全球化的城市形态——世界城市的伦说及现实涵义 [J]. 数量经济技术经济研究, 2002 (1).

[70] 李芸. 扬州市旅游产品体系的开发研究 [J]. 扬州教育学院学报, 2001 (4).

[71] 林兰, 曾刚. 纽约产业结构高级化及其对上海的启示 [J]. 世界地理研究, 2003 (3).

[72] 林震. 拉美和东亚现代化模式之比较 [J]. 拉丁美洲现代化进程研

究学术讨论会文集，2007.

[73] 林子雄. 海上丝绸之路与中西文化交流 [J]. 广东史志视窗，2006（1）.

[74] 刘方，吴德晖. 伦敦金融中心发展的背景、特点冀对上海金融中心的启示 [J]. 海南金融，2010（8）.

[75] 刘雅. 上海市国际会议产业竞争力研究 [D]. 华东师范大学，2009.

[76] 刘雅. 香港国际会议市场发展分析 [J]. 会议，2007（7）.

[77] 刘彦武. 论世界经济转型背景下的文化竞争 [J]. 四川行政学院学报，2007（4）.

[78] 刘益. 岭南文化的特点及其形成的地理因素 [J]. 人文地理，1997（1）.

[79] 刘玉芳. 国际城市评价指标体系研究与探讨 [J]. 城市发展研究，2007（4）.

[80] 刘照清，刘家岷. 关于广州城市形象感知的实证研究 [J]. 商业时代，2010（19）.

[81] 刘中起. 国际化社区治理进程中的公众参与及其路径选择 [J]. 中共浙江省委党校学报，2010（5）.

[82] 陆杰华，朱荟. 创新社会管理背景下首都外国人口服务管理问题的理论思考 [J]. 学术前沿论丛，2012（3）.

[83] 鲁毅. 外交学概论 [M]. 上海：复旦大学出版社，2000.

[84] 罗小龙，等. 中国城市国际化的历程、特征与展望 [J]. 规划师，2011（2）.

[85] 马学广，李贵才. 全球流动空间中的当代世界城市网络理论研究 [J]. 经济地理，2011（10）.

[86] 马勇. 东南亚与海上丝绸之路 [J]. 云南社会科学，2001（6）.

[87] 孟建，董军. 软实力视阈中的城市形象塑造与传播 [J]. 现代传播，2011（8）.

[88] 苗月霞. 借鉴发达国家先进经验完善我国外国人管理体制[J]. 人事天地, 2011 (6).

[89] 倪鹏飞. 中国城市竞争力报告[M]. 北京: 社会科学文献出版社, 2007.

[90] 倪鹏飞, 侯庆虎. 全球城市竞争力的比较分析[J]. 综合竞争力, 2009 (1).

[91] 欧内斯特·萨道义. 萨道义外交实践指南[M]. 上海: 上海译文出版社, 1984.

[92] 潘向泷, 秦总根. 广州外国人犯罪与防控机制研究[J]. 政法学刊, 2011 (5).

[93] 彭新良. 文化外交与中国的软实力: 一种全球化的视角[M]. 北京: 外语教学与研究出版社, 2008.

[94] 邱伟年, 隋广军. 广州建设国际商贸中心城市研究——国际大都市发展转型的经验与启示[J]. 国际经贸探索, 2012.

[95] 丘志鑫. 对在粤外国人管理服务工作的探讨[J]. 政法学刊, 2011 (4).

[96] 任剑涛. 重新嵌入世界城市体系——从广州的世界贸易史地位看其当代城市定位[J]. 学术研究, 2012 (1).

[97] 邵志勤. 东亚经济复兴与东亚经济发展模式[J]. 东南亚纵横, 2009 (2).

[98] 盛文, 翟宝辉, 张晓欣. 城市国际化评价研究述评[J]. 中华建设, 2009 (4).

[99] 沈福伟. 中西文化交流史[M]. 上海: 上海人民出版社, 1985.

[100] 沈金箴. 东京世界城市的形成发展及其对北京的启示[J]. 经济地理, 2003 (4).

[101] 沈金箴, 周一星. 世界城市的含义及其对中国城市发展的启示[J]. 城市问题, 2003 (3).

[102] 沈孔忠. 广州城市形象的历史演进和未来形象塑造初探[J]. 城市

研究，1998（6）.

[103] 汤丽霞. 国际湖发展与城市外交［J］. 当代中国，2013（10）.

[104] 唐·舒尔茨. 整合营销传播［M］. 北京：中国财政经济出版社，2005.

[105] 唐晓松，王义桅. 美国公共外交研究的兴起及其对美国对外政策的反思［J］. 世界经济与政治，2003（4）.

[106] 汤伟."一带一路"与城市外交［J］. 国际关系研究，2015（4）.

[107] 陶建杰. 城市形象传播的误区突破与策略选择［J］. 城市问题，2011（2）.

[108] 屠启宇. 全方位把握世界城市发展新趋势［N］. 解放日报，2012-04-09.

[109] 屠启宇. 世界城市指标体系研究的路径取向与方法拓展［J］. 上海经济研究，2009（6）.

[110] 苏永华，王美云. 基于整合营销传播理论的杭州城市形象国际传播研究［J］. 东南传播，2011（4）.

[111] 王成荣. 基于世界城市目标的北京国际商贸中心城市建设研究［J］. 商业时代，2010（12）.

[112] 王成至，金彩虹. 世界城市的经济形态与空间布局——经验与启示［J］. 世界经济研究，2003（7）.

[113] 王发明. 城市国际化水平综合评价指标体系的构建［J］. 决策参考，2009（2）.

[114] 王莉. 论城市形象的内涵及构成［J］. 长沙大学学报，2011（6）.

[115] 王朴. 国外历史经验对中国国际金融中心合理定位的借鉴［J］. 特区经济，2008（9）.

[116] 王青道. 新加坡何以位居亚洲第一国际会议城市［N］. 中国贸易报，2015-04-21.

[117] 王山河，陈烈. 基于机构方程式模型的广州城市形象元素分析评价［J］. 经济地理，2010（1）.

[118] 王晓德. 美国文化与外交 [M]. 天津：天津教育出版社, 2008.

[119] 王燕. 刍议广州城市形象存在的问题及对策 [J]. 城市研究, 1997 (5).

[120] 王朝阳. 英国金融服务业的产业发展和地理布局 [J]. 银行家, 2001 (10).

[121] 魏琪. 外国人管理制度比较 [J]. 政法学刊, 2006 (5).

[122] 魏士洲. 世界城市会展业发展的借鉴作用研究 [J]. 技术经济与管理研究, 2012 (9).

[123] 吴洁. 城市现代化与国际化程度评价指标体系的研究 [J]. 武汉城市建设学院学报, 2000 (2).

[124] 吴沙. 国际友好城市交流的问题与对策研究——以长沙为例 [D]. 国防科学技术大学, 2005.

[125] 吴姗姗. 国际组织在国际会议城市建设中的功能 [N]. 中国旅游报, 2014-05-28.

[126] 习近平. 在中国国际友好大会暨中国人民对外友好协会成立60周年纪念活动上的讲话 [N]. 人民日报, 2014-05-16.

[127] 冼庆彬. 广州：海上丝绸之路发祥地 [M]. 北京：中国评论学术出版社, 2007.

[128] 夏莉萍. 论北京市涉外突发事件管理 [J]. 北京行政学院学报, 2011 (2).

[129] 萧遥, 等. 招商引资：美国驻外使领馆的新使命 [N]. 第一财经日报, 2007-06-01.

[130] 肖燕春. 我国文化产业对外开放政策研究 [D]. 南昌大学, 2012.

[131] 肖耀球. 国际性城市评价体系研究 [J]. 管理世界, 2002 (4).

[132] 谢守红. 西方世界城市理论的发展与启示 [J]. 开发研究, 2008 (1).

[133] 熊炜, 王婕. 城市外交：理论争辩与实践特点 [J]. 公共外交季刊, 2013 (春).

[134] 许桂灵, 司徒尚纪. 广州海上丝绸之路与世界文化名城的建设 [J]. 城市观察, 2011（3）.

[135] 徐琨琳. 回顾国内外城市外交理论研究成果 [J]. 才智, 2008（21）.

[136] 徐雅坤, 胡平. 上海与国际著名城市的会展业发展情况比较研究——以巴黎和伦敦为例 [J]. 旅游论坛, 2011（3）.

[137] 徐颖. 浅谈使领馆机构在华运作的工作目标和财务难题 [J]. 时代金融, 2014（1）.

[138] 徐宗华. 现代化的政治文化维度 [M]. 北京：人民出版社, 2007.

[139] 言靖. 传播视野下的舆论形成机制研究 [J]. 新闻知识, 2009（2）.

[140] 严荣. 大伦敦政府：治理世界城市的创新 [J]. 上海城市管理职业技术学院学报, 2005（3）.

[141] 杨殿钟. 关于西安打造国际化城市的思考和展望 [N]. 西安日报, 2010-01-22.

[142] 杨定明. 东西文化冲突与岭南文化 [J]. 时代文学, 2009（9）.

[143] 杨宏烈. 广州跻身"世界历史文化名城"路径研究 [J]. 中国名城, 2012（1）.

[144] 杨加成, 杨军. 城市形象的功能及其塑造策略 [J]. 知识经济, 2009（1）.

[145] 杨凯. 城市形象对外传播的思路——基于外国人对广州城市形象及媒介使用习惯调查 [J]. 南京社会科学, 2010（7）.

[146] 杨立英. 近年来中国文化"走出去"战略研究综述 [J]. 探索, 2009（2）.

[147] 杨立勋. 深圳建设国际性城市的指标选择与对策建议 [J]. 深圳特区理论与实践, 1999（10）.

[148] 杨亚琴, 王丹. 国际大都市现代服务业集群发展的比较研究——以纽约、伦敦、东京为例的分析 [J]. 世界经济研究, 2005（1）.

[149] 杨毅.全球视野下的中国城市外交［J］.理论视野,2015（8）.

[150] 杨勇.论广州城市外交［J］.云南行政学院学报,2008（1）.

[151] 杨勇.全球化时代的中国城市外交——以广州为个案的研究［D］.暨南大学,2007.

[152] 姚宜.广州城市国际形象及其对外传播研究［J］.城市观察,2013（6）.

[153] 姚宜.国际组织对提升城市国际影响力的作用——以广州为例［J］.改革与开放,2015（9）.

[154] 姚宜,等.广州城市国际化发展形势分析与展望［R］.广州城市国际化发展报告,北京:社会科学文献出版社,2014.

[155] 姚宜,等.外国人眼中的广州城市形象——在穗外国人调查［R］.广州市社会科学院,2012.

[156] 叶珊珊,翟国方.基于要素贡献率和弹性分析的城市国际竞争力驱动因子研究——以沪宁杭甬沿线城市为例［J］.经济地理,2010（11）.

[157] 叶泰民.台北市发展国际会议观光潜力之研究［J］.观光研究学报,2005（2）.

[158] 易斌,等.城市国际化水平综合评价体系构建与实证研究［J］.经济地理,2013（9）.

[159] 于宏源,周亦奇.城市对外交往活力指数的初步构建［J］.国际观察,2015（4）.

[160] 喻国明.建设现代化国际城市的基本指标体系及操作空间——来自青岛市建设现代化国际城市"特尔斐法"研究的报告［J］.城市问题,1995（1）.

[161] 于涛,徐素,杨钦宇.国际化城市解读:概念、理论与研究进展［J］.规划师,2011（2）.

[162] 余万里.从城市外交案例到城市外交理论［J］.公共外交季刊,2013（秋-2）.

[163] 于雁群.改革开放思潮中外国人管理工作的探索和思考［J］.广州

公安研究，2010（3）.

［164］余越，王海运. 次国家行为体视阈中的城市外交与形象传播［J］. 青年记者，2012（11）.

［165］袁瑾. 岭南文化与广州城市形象［J］. 粤海风，2011（6）.

［166］袁钟仁. 古代广州地区是东西方经济文化交流的重要枢纽［J］. 暨南学报，1994（2）.

［167］约瑟夫·奈，约翰·唐纳胡. 全球化世界的治理［M］. 王勇，等，译. 北京：世界知识出版社，2003.

［168］张开城. 论广东海上丝绸之路文化资源的开发利用［J］. 南方论坛，2011（11）.

［169］张琳夏. 浅谈社会转型期在华外国人管理问题［J］. 华北科技学院学报，2012（4）.

［170］张楠楠. 城市形象问题研究［J］. 商业经济，2008（1）.

［171］张强，刘江华. 广州与若干国际中心城市的竞争力比较［J］. 城市观察，2009（2）.

［172］张祎. 城市形象定位、塑造与设计研究［J］. 当代建设，2003（6）.

［173］张志洲. 文化外交与中国文化"走出去"的动因、问题和对策［J］. 当代世界与社会主义，2012（3）.

［174］赵可金. 嵌入式外交：对中国城市外交的一种理论解释［J］. 世界经济与政治，2014（1）.

［175］赵可金. 中国城市外交的若干理论问题［J］. 国际展望，2016.

［176］赵可金，陈维. 城外外交：探寻全球都市的外交角色［J］. 外交评论，2013（6）.

［177］赵可金，倪世雄. 中国国际关系理论研究［M］. 上海：复旦大学出版社，2007.

［178］赵可金，等. 中国文化对外交流的四个问题［J］. 公共外交季刊，2012（夏）.

[179] 赵有广, 盛蓓蓓. 中国文化产业外向国际化发展战略及其实施[J]. 国际贸易, 2008 (10).

[180] 周家雷. 北京建设世界城市的对策研究[J]. 中国特色社会主义研究, 2007 (3).

[181] 周建平. 拓展文化产业的外宣功能[J]. 文化教育, 2001 (2).

[182] 周鑫宇. "城市外交"的特殊作用[J]. 世界知识, 2015 (7).

[183] 周晔. 国际大都市发展的新趋势[J]. 城市问题, 2011 (3).

[184] 周艺平. 影响和制约地方对外传播能力的主要因素及对策建议[J]. 对外传播, 2010 (4).

[185] 周肇光, 宗永平. 韩国开放型经济发展模式对中国的启示[J]. 亚太经济, 2006 (4).

[186] 周振华. 崛起中的全球城市——理论框架及中国模式研究[M]. 上海: 上海人民出版社, 2008.

[187] 祝东颖. 充满潜力的中国文化外宣[J]. 对外传播, 2009 (7).